필사에서 인쇄로

루터성서 이전에 인쇄된 독일어성서를 중심으로

필사에서 인쇄로

루터성서 이전에 인쇄된 독일어성서를 중심으로

최 경 은 지음

한국문화사

필사에서 인쇄로
루터성서 이전에 인쇄된 독일어성서를 중심으로

1판1쇄 발행   2016년 2월 20일

지 은 이   최 경 은
펴 낸 이   김 진 수
펴 낸 곳   **한국문화사**
등   록   1991년 11월 9일 제2-1276호
주   소   서울특별시 성동구 광나루로 130 서울숲 IT캐슬 1310호
전   화   02-464-7708
전   송   02-499-0846
이 메 일   hkm7708@hanmail.net
홈페이지   www.hankookmunhwasa.co.kr

책값은 뒤표지에 있습니다.

ISBN 978-89-6817-328-8 93230

이 도서의 국립중앙도서관 출판예정도서목록(CIP)은 서지정보유통지원시스템
홈페이지(http://seoji.nl.go.kr)와 국가자료공동목록시스템(http://www.nl.go.kr/kolisnet)에서
이용하실 수 있습니다.(CIP제어번호: CIP2016004454)

이 저서는 2012년도 정부 재원(교육과학기술부 학술연구 조성비)으로 한국연구재단의
지원(인문저술사업)을 받아 이루어졌음 (과제번호: 2012S1A6A4016448)

　2017년은 종교개혁 500주년이 되는 해이다. 독일 학계는 500주년을 맞이하여 루터성서의 다섯 번째 개정판을 예고해 놓고 있다. 500년 전 비텐베르크라는 유럽의 변방에서 이름 없는 신학과 교수 마르틴 루터가 교회 대문에 내걸었던 95개조 테제로 점화된 종교개혁은 기독교 유럽사회를 송두리째 뒤엎어 버렸다. 종교개혁의 원인은 과연 무엇이었을까? 당시 유럽사회는 기독교라는 단일 종교를 믿는 안정된 사회를 구가하고 있었다. 그 중심에 성서가 있었다. 성서의 해석은 교회의 고유 권한이었다. 그 누구도 교회의 승인 없이 성서를 자의로 해석하면 안 되었고, 심지어 교회의 허락 없이 성서를 소유하거나 강독하는 행위조차 엄격하게 금지되었다.

　교회가 인정한 라틴어 성서를 민중어로 번역하거나, 성서를 교회가 지시한 방향으로 해석하지 않으면 죽음에 상당한 처벌을 받아야 했다. 영국의 존 위클리프와 윌리엄 틴데일, 보헤미아의 얀 후스가 그런 경우였다. 그러나 이런 상황은 중세 말 구텐베르크의 인쇄술 발명으로 성서가 대량 보급된 후 급변하게 된다. 종교개혁 연구의 대가인 괴팅엔 대학의 카우프만교수는 종교개혁의 주원인으로 주저 없이 성서를 꼽는다. 16세기 초 루터성서 이전에 인쇄된 독일어성서, 에라스무스의 그리스어 신약성서, 그리고 루터성서 등 이 3종의 성서가 종교개혁을 유발하고 발전시킨 견인차 역할을 했다는 주장이다.

　에라스무스의 그리스어 신약성서나 루터성서와는 달리 루터성서 이전에 인쇄된 독일어성서는 한국 학계에서는 아주 생소한 연구 대상이다. 이에 대한 연구서는 전무하다. 필자는 2014년도에 뮌헨의 바이에른 국립도서관과 마인츠의 구텐베르크 박물관을 방문하여 루터성서 이전에 인쇄된 18종의 독일어성서를 직접 열람하면서 새삼 그 가치를 되새겨 볼 기회를 가졌다. 서구 사회에서 성서가 없었다면 인쇄술과 종교개혁이 가능했을까? 이 가상의 질문에 대한 대답은 동양의 경우를 대입시켜보면 추론해 볼 수 있지 않을까? 인쇄술이라는 책의 복제 기술은 원래 동양, 특히 우리나라가 역사적으로 제일 앞서 시도했고, 그 증거물도 존재한다. 그렇지만 이런 신기술을 활용하며 발전시켜나 갈 콘텐츠, 말하자면 서구의 성서와 같은 책을 동양은 가지지 못했다.

이 책은 인쇄문화의 요람기에 독일어성서라는 동일한 콘텐츠가 50여 년에 걸쳐 어떤 식으로 계속 18번에 걸쳐 인쇄되었는가를 서지학적으로 추적하고 있다. 중세가 끝나기 직전까지 단순한 장식품이었던 성서가 인쇄술을 통해 어떻게 정보 전달이 가능한 실용서로 거듭나고 있는지 독일어성서는 일목요연하게 보여준다. 필사문화가 서서히 저물고 인쇄문화가 차츰 자리를 잡아가는 그 시대를 독일어성서라는 매개물을 통해 추적해보는 과제는 인쇄문화에서 디지털문화로 급변하고 있는 현재에 많은 시사점을 제공해 줄 것이다.

이 책은 한국연구재단 인문저술 프로젝트의 후원을 받아 이루어졌다. 출판을 가능하게 해준 한국문화사 관계자분들께 감사드린다.

2016년 2월 백련산 기슭에서

■ 차례

■ 그림차례

서론

　종교개혁가 루터의 업적을 이야기할 때 빠질 수 없는 것은 성서의 독일어번역이다. 1522년에 신약성서의 출간을 시작으로, 1534년에 완역 출간된 소위 루터성서는 네 번의 개정[1]을 거쳐 오늘날에도 여전히 독일 개신교의 예배용 성서로 남아있다. 루터성서의 문화사적 의의 중 하나는 로마교회의 '성서금지'Bibelverbot에 반기를 들고 유럽전역에 민중어성서, 즉 자국어성서의 출간을 불러왔다는 점이다. 1534년 루터가 성서를 독일어로 번역 출판하자, 곧 이어 대략 100년 동안 성서는 영어를 비롯하여 프랑스어, 네덜란드어, 이탈리아어, 스페인어, 포르투갈어, 덴마크어, 노르웨이어, 스웨덴어, 아이슬란드어, 헝가리어, 보헤미아어, 폴란드어, 러시아어, 근대 그리스어 등으로 번역되어 인쇄되었다.

　그러나 루터가 성서를 독일어로 번역한 최초의 사람이 아니라는 사

---

1 『루터성서』는 1892, 1912, 1975, 1984년에 각각 개정되었고, 종교개혁 500주년을 기념하여 2016년 10월 19일에 다섯 번째 개정판을 출간 예고하고 있다.

실을 알게 된다면 조금은 의아스러울 것이다. 사실 루터성서 이전에 무려 18종에 이르는 독일어성서가 이미 출판되어 통용되고 있었다. 물론 루터성서에 비해 번역의 질은 언급할 수 없을 정도로 차이가 나지만, 대부분 인큐내뷸러시대1454-1500년에 인쇄된 독일어성서들은 초기 인쇄문화의 발전에 필요한 콘텐츠를 끊임없이 제공해 주었고, 또한 종교개혁을 가능하게 만든 평신도 계몽에도 지대한 기여를 했다. 그 당시 성서는 '책 중의 책'으로 초기 인쇄문화를 주도해 나간 콘텐츠였다. 마인츠대학 서지학과 교수인 퓌셀도 "서적인쇄술의 역사는 성서의 확산과 밀접하게 연결되어 있다"Füssel 1999, 106고 확언한다. 이것은 구텐베르크가 최초로 인쇄한 책이 바로 '42행성서'였으며, 구텐베르크의 인쇄소를 인수한 푸스트와 쇠퍼의 최고 작품도 1462년에 인쇄한 라틴어로 쓰인 소위 '48행성서'였다는 사실Kapp 1886, 68에서도 알 수 있다. 이런 의미에서 성서의 자국어번역 및 인쇄는 상업적으로 경쟁력 있는 상품 소재였다. 성서의 자국어번역은 그 당시 로마교회의 언어정책과 대치되는 사건으로 기독교도들 사이에서도 많은 논란을 가져왔으며, 로마교회도 성서의 소유는 물론 강독도 금지시키는 교황의 교서를 지속적으로 발표하였다최경은 2015 참조. 그러나 성서가 어려운 라틴어로 작성되어 있고 필사본성서는 평민이 구입하기에는 턱없이 비쌌기 때문에 교회의 '성서금지'는 평민에겐 유명무실한 정책이기도 했다.

이런 상황은 인쇄술의 발명으로 급변하게 된다. 이제 평민도 인쇄된 자국어성서를 값싸게 구입할 수 있게 되고, 라틴어가 아닌 자국어로 된 성서도 읽을 수 있게 되었다. 이런 상황에서 독일어성서의 출판과 보급, 성서의 삽화, 두문자, 책 장식 등은 필사문화에서 인쇄문화로 넘어가는 과도기를 단계적으로 보여주는 중요한 사료이기도 하다. 그리고 성서에 삽입되어 있는 구매자의 메모는 당시 성서의 가격이나 용도 등을 추론해 볼 수 있는 중요한 정보를 제공하기도 한다.

이 책은 1466년에서 1522년까지, 즉 구텐베르크 인쇄술을 발명한 후 10년이 지난 후부터 루터가 성서를 번역 출간하기 시작한 시기까지 약 56년에 걸쳐 대략 2, 3년 간격으로 인쇄된 18종의 독일어성서를 서로 비교 분석하는 것으로 근대초기 책 제작에 있어 필사에서 인쇄로 넘어가는 과정, 예컨대 필사본 시대의 서체나 책의 장식, 삽화, 언어, 간기 등이 인쇄본 시대 초창기에 어떻게 점차 변화하고 있는지 구체적 사례를 들어 추적하고 있다.

01 연구사

    루터성서 이전에 인쇄된 14종의 고지독일어성서와 4종의 저지독일어성서는 오래 전부터 연구자와 책 애호가들의 호기심을 유발하였다. 수많은 단행본과 논문들이 이 주제를 다루고 있는데, 얼핏 보면, 잘 연구된 것처럼 보인다. 그러나 실상은 그렇지 못한데 그것은 연구사를 일별해 보면 분명히 드러난다.

    최초의 루터성서가 출간된 후 그 선구자, 즉 루터성서 이전에 인쇄된 독일어성서들은 거의 200년 이상 잊혀졌다. 18세기에 들어서야 비로소 연구가들은 도서관에서 먼지에 쌓여있었던 인쇄된 독일어성서에 주목했으며 독일어성서의 서지학적 가치를 조사하고 학계에 그 결과를 내놓았다. 나스트는 1767년 루터성서 이전의 고지독일어성서에 대해 처음으로 개괄서를 저술했는데, 거기서 그는 에게슈타인성서를 최초로 인쇄된 독일어성서로 보았고 멘텔린성서는 두 번째로 보았다. 첫 연구를 발표한 후 12년 뒤 나스트는 연구서의 긴 제목에서 이미 알 수 있듯이 Nast 1779 - 전체적인 조망에서 시작하여 각 성서 간의 관계를 규명하려 노력하였다.

　1780년 이래 성서의 독일어 번역이 어디서 유래했는가에 대한 갑론을박이 팽팽했다. 구체적으로 말하면 왈도파가 독일어성서의 번역에 관여했는지에 대한 논쟁이었다. 이런 논쟁은 종파적인 관점으로도 그 특색을 드러낸다. 몇몇 연구가들은 왈도파의 '이단적인' 세계관을 입증할 수 있다고 생각했고, 다른 이들은 이에 반박했다. 이런 논쟁은 빌헬름 발터의 연구Walther 1889-1892로 그 종지부를 찍게 된다. 결론적으로 번역의 기원이 왈도파라는 주장은 입증될 수 없었다. 개신교 목사였던 발터의 저서는 인큐내뷸러 독일어성서뿐만 아니라 그 당시 알려졌던 독일어성서의 필사본까지도 다루고 있으며 후속 연구에 많은 자료를 제공해 주었다. 발터가 언어에 중점을 둔 반면, 다른 연구가들은 삽화나 책 장식으로 연구의 대상을 바꾸었다. "가장 오래된 성서 그림"에 대한 무터의 서술Mutter 1883은 주로 루터성서를 연구하고 있지만, 루터성서 이전의 성서도 다루고 있다. 쾰른성서의 목판화와 이야기성서의 펜 소묘에 대한 관계를 연구한 카우취의 저서Kautzsch 1896는 오늘날까지도 중요하다.

　20세기 초 빌헬름 쿠렐마이어Kurrelmeyer 1904-1915의 10권짜리 멘텔린성서 텍스트 비판본이 출간되었다. 멘텔린성서는 다른 13종의 고지독일어성서와 비교해보면 아주 중요한 차이점을 지니고 있다. 이 비판본이 없었다면 고지독일어 인쇄성서의 언어 연구는 불가능했을 것이다. 쿠렐마이어의 저서는 언어에 대한 몇몇 연구들을 유발시켰다. 고지독일어 텍스트의 간행을 통해 비교적 쉽게 접근할 수 있고 단행본을 통해 다루어졌기 때문에 이 주제는 아마 충분히 연구된 것으로 간주되었다. 왜냐하면 1930년대 이래 이 주제에 대해서는 더 이상 포괄적인 연구서는 나오지 않았기 때문이다. 쿠렐마이어의 연구 성과와 견줄 수 있는 것으로 알베르트 슈람의 독일어성서 목판화 연구Schramm 1920-1943를 들 수 있다. 이 연구서는 쇤스페르거성서의 삽화를 제외했는데, 쇤스페르거성서의 삽화는 쾰른성서의 삽화를 그대로 따와 축소했기 때문이었다. 슈람은 그림 연작에 요약된 목록을 작성했지만, 목판의 복잡한 내용을 상세히 서술하진 않았다.

2차 세계대전 후 게르하르트 이징은 2종의 쾰른성서뿐만 아니라 뤼벡성서와 할버슈타트성서의 텍스트도 출판하였다Ising 1961-1976. 그 외에도 언어학Ahtiluoti 1967, 예술사Reitz 1981, 그리고 서지학적Corsten 1981으로 연구된 단행본도 출판되었다. 쾰른성서에 대해서는 주해를 포함시킨 팩시밀리Kölner Bibel von 1478/79. 1979가 제작되었고, 멘텔린성서도 베를린 판을 원본으로 팩시밀리가 제작되었다Berndt 1987.

루터성서 이전에 인쇄된 독일어성서의 최근 연구로 아이헨베르거와 벤드란트의 저서를 꼽을 수 있다. 그들은 서지학으로 관심이 있는 일반 독자와 전문가를 위해 루터성서 이전에 인쇄된 18종의 독일어성서를 개괄해 보려고 시도했다. 여기서는 언어적 분석이 제외되었고, 14종의 고지독일어성서와 4종의 저지독일어성서에 대해 범례적으로 목판화, 두문자 알파벳, 타이포그래피를 선정하여 일목요연하게 분석되고 있다. 특히 삽화를 보기로 들어 간단하고 입문으로 볼 수 있는 내용을 명확하게 기술하였다. 그들은 루터성서 이전의 성서를 하나의 단위로 파악하였으며, 각 성서들의 직접적인 비교를 통해 많은 개별적 특징과 공통점을 예시하고 있기 때문에 다양한 관찰 방식이 제공되고 있다Eichenberger/Wendland 1980.

　바이마르 루터전집이 이미 루터성서 이전에 인쇄된 성서에 주목했다면, 비슷한 방식으로 루터 탄생 500주년인 1983년은 중세성서에 대한 연구가 활발히 진행되었다. 예컨대, 함부르크 성서 기록보관소의 소장인 하이모 라이니처의 카탈로그 '독일어성서'Biblia deutsch와 '성서의 발자취'Vestigia Bibliae 시리즈는 독일어성서 연구에 꼭 필요한 자료를 제공하고 있다Reinitzer 1983. 여기서는 18종의 독일어성서 중 멘텔린과 차이너의 성서가 연구대상으로 가장 많이 다루어진다. 그리고 성서의 내용이나 언어보다는 삽화가 연구의 주 대상이었다. 삽화 연구는 슈람의 연구서에 많은 부분이 연구 발표되었지만, 충분하지 못하며, 특히 체계적으로 연구되지 못했다.

02 중세의 번역 유형과 성서의 독일어 번역

2.1. 번역 유형

　루터성서 이전에 인쇄된 독일어성서의 텍스트는 『불가타』를 원본으로 하고 있다. 『불가타』는 번역 작업 시점으로 이미 1천년 이상 된 텍스트이며 중세 동안 광범위하게 그 경쟁자, 고대 라틴어 성서 텍스트, 즉 『베투스 라티나』와 비교해서 확고한 위치를 점하고 있었으며 거의 평가 불가능할 정도로 중요하였다. 프리드리히 슈툼머는 『불가타』의 번역자에 대해 다음과 같이 요약하고 있다Stummer 1928, 130.

> a) 히에로니무스가 히브리어로 쓰인 구약에서 시편을 제외하고 번역함
> b) 현악기 반주에 맞추어 부르는 형태로 시편이 번역됨
> c) 히에로니무스가 작업하지 않았던 구약의 책들은 고대 라틴어 텍스트에서 그대로 따옴
> d) 신약은 고대 라틴어 텍스트가 히에로니무스에 의해 수정됨

따라서 슈툼머의 주장을 받아들인다면, 『불가타』에 대해 통일적인 번역 혹은 개정 작업이 완벽하게 이루어졌다고는 결코 말할 수는 없을 것이다. 게다가 히에로니무스는 몇 가지 문제에 직면하게 되었는데, 그것은 후에 성서를 독일어로 번역한 중세의 번역자가 직면하게 될 문제이기도 했다. 즉, 성서의 원문이 미사 전례와 교회의 언어 사용에 너무 깊이 침투해 있어 그런 표현을 바꾸는 데는 용기가 필요했다. 분명히 히에로니무스에 의해 번역되었거나 개정되었던 책들조차도 고대와 현대의 언어 형태 혼용이 나타난다.

성서 텍스트는 수백 년이 흐른 뒤 빈번한 필사로 변화할 수밖에 없었으며, 이런 변화들이 번역을 더욱더 어렵게 만들었다. 발터는 멘텔린성서가 "원래 스페인에서 유래한 『불가타』 텍스트에 기반을 두고 있으며"Walther 1889-1892, 54, 두세 가지 필사본성서 이본으로 보완되었다고 주장하지만, 이런 주장이 분명하게 입증될 수는 없었다.

히에로니무스가 중세에 성서의 가장 중요한 번역자로 간주되었기 때문에 번역 이론적 질문에 대한 그의 판단은 중요하다. 그러나 교부 히에로니무스의 번역 관점을 분명하게 정의하기란 어렵다. 왜냐하면 그의 번역 원칙이 부분적으론 서로 모순되는 것도 드물지 않게 나타나고 있기 때문이다. 번역자가 성스러운 것, 즉 어떤 경우라도 변조되어서는 안 되는 신의 말씀으로 간주되는 텍스트에 직면했을 때 어떤 어려움에 처하게 될지 생각해본다면 그것은 그리 놀라운 일도 아니다. 이런 문제를 해결하려고 여러 방법론이 계속 시도되었다. 베르너 슈바르츠는 고대의 성서 번역이 크게 두 가지 방향에서 이루어졌다고 보고 있다. 즉. 단어 대 단어의 번역과 의미에 적합한 번역이 그것이다.

번역자가 소위 예언자로서 등장하는 영감 원칙도 고려되었다. 이것은 오늘날의 관점에서는 쉽게 이해되긴 어렵지만, 그 당시 올바른 표현들이 신 앞에 있는 번역자에게 솔직하게 다가온다고 많은 사람들이 생각하고 있었다.

히브리어로 된 구약을 그리스어로 번역한 최초의 텍스트인『70인역 성서』Septua Ginta는 여러 명의 번역자가 협의해서 작업했음이 분명하다. 문헌학적 원칙을 추종하는 사람과 영감 원칙을 추종하는 사람들 사이에는 이미 초창기부터 의견이 팽팽했다. 히에로니무스는『70인역 성서』가 '영감을 받은' 번역이라고는 생각하지 않았고, 오히려 히브리어 텍스트와 그리스어 텍스트 사이의 차이점을 인지하였고,『70인역 성서』도 원본을 참조해서 해석해야 한다고 생각하였다. 그에 반해 아우구스티누스는『70인역 성서』의 번역자들이 성령에 의해 충만 되었다고 믿었으며, 문헌학적 방식, 특히 단어 대 단어 번역을 비판하였다Schwarz 1986, 38.

히에로니무스는 단어 대 단어의 번역 추종자는 아니었으며, 자신의 글「훌륭한 해설을 위한 서한」Epistola de optimo genere interpretandi에서 단어 대 단어의 번역을 비교적 분명하게 비판하였다. 그는 단어 대 단어 번역 방법의 경우 번역이 우스꽝스럽고 통일적이지 못하게 울릴 수도 있다고 주장한다. 그러나 그는 성서의 경우 단어 대 단어를 선호했는데, 왜냐하면 어순의 변화가 성서의 신비로움을 파괴할 수 있다고 믿었기 때문이다. 이런 히에로니무스의 견해는 여러 가지 결과를 낳았고, 보이티우스를 통해 심화되고 확장되었다. 보이티우스는 단어 대 단어 방식을 성스럽지 않은 문헌에도 요구했다. 그래서 성서에서 출발한 단어 대 단어 번역 원칙이 성서가 아닌 문헌에까지 적용되었다. 단어 대 단어 번역 원칙은 결국 중세를 지배하게 되었고 더 이상 문제로 제기되지 않았다.

베르너 슈바르츠는 중세의 번역 이론을 다음과 같이 요약하고 있다.

1. 고대에는 번역에 두 가지 방법, 즉 단어에 충실한 번역과 의미에 적합한 번역이 발전되었는데, 히에로니무스에 의해 서구 중세에 전달되었다.
2. 보이티우스 이래 단어에 충실한 번역 방식만이 유효하게 되었다.
3. 단어 대 단어 방식이 선호되었는데, 그 이유는
   a. 원본의 사고가 변화되지 않으며,
   b. 번역자의 순종과 겸손이 원본을 건드리지 않고 두는 것을 요구하기 때문이며,
   c. 어떤 이단적 견해도 번역자에게 전가되지 않기 때문이었다 Schwarz 1986, 47-48.

단어 대 단어 번역 원칙에 대한 비판이 행해지면 그 비판은 원칙에 반대하는 것이 아니라 그 원칙의 오용과 번역자의 무지가 문제시되었다. 히에로니무스와 보이티우스가 특히 그리스어에서 라틴어로의 번역을 생각했다면, 중세 동안에는 라틴어에서 민중어로의 번역이 이제 문제가 되었다. 민중어성서 번역자에겐 그리스어가 아니라『불가타』의 라틴어가 성스러운 텍스트였으며, 사람들은 가능한 한 라틴어를 따르려고 했는데, 왜냐하면 이런 '원본 텍스트'만이 "신의 말씀의 제약이 없고, 무제한적인 인식"을 보장해 주기 때문이었다. 그에 반해 번역은

단지 "성서의 한정된 이해"Kartschoke 1982, 27에 지나지 않았다.

인큐내뷸러시기인 15세기에도 여전히 단어 대 단어 번역 원칙이 지배적이었는데, 예컨대 니콜라우스 폰 빌라의 『번역』Keller 1861 서문에서 나와 있듯이 이론적으로도 정당함을 인정받았다. 의미에 따라 번역하는 사람은 소수에 지나지 않았다. 루터성서 이전에 인쇄된 독일어성서가 얼마나 밀접하게 『불가타』를 따르고 있는지, 그리고 그들이 어떤 자유를 누렸는지 6장에서 언급될 수 있을 것이다. 여기선 그 당시 번역 이해를 위한 몇몇 근본적인 원칙만을 언급해보자.

2.2. 성서의 독일어 번역

최초로 인쇄된 독일어성서인 멘텔린성서의 텍스트는 15세기가 아니라, 이미 14세기에 번역된 성서에서 유래한다. 빌헬름 발터에게 14세기는 중세 독일어성서의 역사에서 새로운 시대가 시작되는 중요한 세기였다Walter 1889-1892. 카르트쇼케는 이것을 좀 더 조심스럽게 표현하고 있지만, 그 역시 "14세기 중엽에 제작된 독일어성서 필사본이 주로 보존되었다"Kartschoke 1981-1983, 96고 단정한다. 막스 벨리는 몇몇 시편 번역, 특히 노트케의 작품을 제외하면, "14세기 이전에는 원문에 충실한 번역이 존재하지 않았다"고 주장한다. 독일어성서 필사본은 『불가타』와 비교해보면 중세에는 아주 드물었다. 필사본의 수는 세기에 따라 많은 차이가 있다. 벨리는 "중세의 초기와 중기에 평신도에겐 성서 텍스트가 원문으로 존재하지 않고, 예컨대 타티안의 산문 공관복음서 혹은 헬리안트나 오트프리트 같은 복음서 문학처럼 '간접적인

판본'Wehli 1980, 59으로만 존재했다.

그럼에도 불구하고 특정한 성서의 책이 아주 빈번히 번역된다거나 개정되었다는 사실이 특이하다. 그 사례로 시편이 언급될 수 있다. 시편은 의식이나 설교에 아주 중요했다. 그 밖에도 복음서, 요한계시록, 아가서 등이 언급될 수 있다. 독일어 번역 성서 혹은 성서 개작의 확산에 대해 신뢰할 만한 숫자를 언급하는 것은 불가능하다. 보존된 원고를 기록한 충분한 목록을 작성한 것도 오늘날 존재하지 않는다. 레온하르트는 1982년에 독일어성서를 40여 가지로 규정할 수 있는 대략 800권의 독일어번역이 현재까지 알려져 있다고 조심스럽게 추정하며, 항상 새로운 것이 추가된다는 점을 환기시키고 있다Biblia 1982, 57. 시기적으로는 8세기에서 13세기까지 모두 합해도 얼마 되지 않은 텍스트가 알려져 있으며, 14세기에 이르러 비로소 하인리히 폰 뮈겔른이 주해를 넣은 시편 번역본, 클라우스 크랑스의 예언서 번역, 『벤첼성서』 등이 제작된다.

2.3. 중세 독일어성서의 번역자와 독일어성서에 대한 교회의 태도

인쇄된 성서를 역사적 맥락에서 좀 더 잘 이해하기 위해서는 어떤 조건 하에서 필사본성서들이 제작되었는지 살펴보는 것도 중요하다. 현재 성서 번역자의 이름에 대해서만 알고 있을 따름이다. 예컨대, 노트케, 빌리람, 하인리히 폰 뮈겔른, 크라우스 크랑크 그리고 대부분 익명으로 머무는 작품들이 이에 속한다. 그러나 시간이 흐를수록 필경사들이 자신의 이름과 프로젝트를 준 사람들을 언급하는 것이 점차 빈번해졌다Walther 1889-1892, 725-728. 초기에는 교회의 고위 성직자들이 번역자로 등장했고, 독자로서 대부분 성직자를 생각했다. 대략 13세기부터 점점 많은 평신도들이 성서 제작의 주문자나 구입자로 등장했다.

중세 독일어성서가 왈도파에 의해 제작되었는지, 특히 『코덱스 테플렌시스』Codex Teplensis[1]와 루터성서 이전에 인쇄된 독일어성서가 왈도파에 의해 제작되었는지 19세기에 열띤 논쟁이 벌어졌다. 연구자들은 특정 표현이나 개념들을 근거로 왈도파 번역 작업에 대한 보다 분명한 증거를 제시할 수 있다고 생각했다. 발터는 이런 주장에 대해 확실한 증거를 지니고 반박했다. 그에 의하면 독일어성서는 왈도파의 수중에 있었다는 사실이 증명될 수는 있지만, 번역 텍스트가 왈도파에서 유래했을 것이라는 주장은 순수한 가정에 불과하다는 것이다.

콘라트 부르다흐는 독일어성서를 보다 큰 문화사적인 틀에 넣으려고 시도했다. 그는 이탈리아, 프랑스 혹은 영국에서 성서 번역의 발전을 고려했을 경우에만 독일어성서의 번역 상황을 광범위하게 이해할 수 있다고 주장했다. 예컨대 그는 이탈리아에서 시작되어 후에 유럽 전역으로 퍼졌던 르네상스가 "심리적으로 열정적인 종교적 자극에 많은 영향을 받았다"Burdach 1924, 14고 보고 있다. 유명한 르네상스 학자들은 대부분 고대뿐만 아니라 그리스도교 내지는 교회를 긍정적으로 평가하고 있었으며, 그리스도교에 대해서도 그 기원과 원천을 찾으려 노력했다. 이것은 성서와의 관련성을 의미하며, 그들은 문헌적인

---

[1] 15세기 초에 중세고지독일어로 제작된 신약성서.

작업으로 가능한 한 원본에 가까운 텍스트를 얻으려 노력했다.

르네상스, 인문주의, 종교개혁 등의 움직임은 비록 후에는 여러 가지 대립이 등장했을 지라도, 그것들의 가장 내부적 본질에 관련해서는 서로 밀접하고 분리될 수 없게 연결되어 있다. 그리고 이런 배경하에서 민족의식과 연결된 민중어성서 텍스트 혹은 설교에 대한 필요성이 증가한 것처럼 보인다. 독일어도 포함된 민중어를 향한 강력한 지향이 관찰될 수 있고, 특히 자국어 성서는 종교적 개혁 운동에 의해 등장한다. 비록 왈도파가 『코덱스 테플렌시스』의 제작자가 아니라 할지라도, 독일어성서에 대한 문화사적인 중요성은 직시해야 하며, 왈도파가 최소한 간접적으로나마 민중어성서의 확산을 위해 노력했다는 사실도 잊지 말아야 한다. 왈도파는 이미 12세기의 프랑스에서 그 기원을 찾을 수 있으며, 13세기 초 남부독일로 확산되었다. 초대교회에 대한 고려, 수도사로서의 청빈한 생활, 삶의 지침으로서의 성서 등이 그들의 가장 중요한 기본 원칙이었다. 왈도파는 민중어로 설교하고 또한 민중어로 제작된 성서를 강독했는데, 처음에는 교회 내부에서 이단으로 배척을 받았으며, 심지어 파문으로까지 이어졌다. 물론 왈도파의 활동이 유일한 개혁 운동은 아니었지만, 가장 중요한 개혁 운동 중 하나라고 분명 단정할 수 있다.

'데보티오 모데르나'[2]devotio moderna에 대해서도 유사하게 언급될 수

---

2 '현대적 신심信心'이라는 뜻으로, 개인적이며 내면적인 그리스도교 신앙을 추진하였다. 이 운동은 1379년 이후, 네덜란드 데벤테르의 사제 G.그로테를 중심으로 정신과 생활을 함께 하는 단체인 '공동생활 형제회'에 의해 추진되었다. 그 후 일반 신도운동으로 발전하여 정통신앙성과 교회에 대한 충실성의 의지나 순수한 세계정신, 내적 공동체와 현실적 활동 등에서 초대교회의 복음적 생활을 지향하는

있다. 이 단체는 네덜란드에서 시작하여 15세기 독일 전역으로 퍼졌다. 여기서 '공동생활 형제회'Brüder vom gemeinsamen Leben가 유래한다. 이 단체는 쾰른성서와 관련이 있으며 인문주의와 독일어 발전에 결정적으로 기여했다.

이런 흐름에 대해 독일어 성서번역이 직면할 수밖에 없는 교회의 태도에 대한 질문이 제기된다. 여기선 교회와 그 대표자들의 공식 입장이나 개별 포고문의 실제적 이행에 관련해서는 어떤 통일적 그림도 제공되지 않는다. 구체적인 개별 경우를 주목할 수밖에 없다. 독일어성서의 번역자 혹은 주문자가 교회와 어떤 관계에 있는가와 같은 정반대 관점의 질문도 복잡하다. 이와 관련해서는 독일어성서의 머리말이 특히 주목받는데, 예컨대 하인리히 폰 뮈겔른이 교회의 검열에 대해 "독일어성서 텍스트의 종교재판적인 억압"이라고 비난하였다. 쾰른성서의 머리말 혹은 14세기 후반기 벤첼 왕을 위해 제작된 유명한 『벤첼성서』의 운율화된 머리말에도 이런 사실을 말해 주고 있다. 이 두 경우에 사람들이 민중어성서의 텍스트를 보길 원했지만, 교회를 적으로 만들려 하지는 않은 그 당시의 시대적 상황을 추측할 수 있다.

교회의 태도와 관련한 중요한 자료로서 이미 발터가 지적한 바 있듯이

신앙쇄신에 힘썼으며, 15세기에는 독일에서 특히 수도원 개혁을 촉진하였다. 따라서 신학적 사변이나 외면적 신심 형식보다는 영적 내면성의 충실을 주장하였다. 정신사적으로 볼 때 이 운동은 중세적이기는 하나 인문주의와 르네상스 정신을 도입하여 그 길을 개척했다고 볼 수 있다. 이 운동에는 토마스 아 켐피스도 참가하였으며, 그의 명저인 『그리스도를 본받아』Imitatio Christi는 그리스도교적 영성에 커다란 감화를 끼쳤다.

민중어성서에 대한 일련의 포고문을 들 수 있다. 예컨대 1229년 툴루즈에서 열린 주교회의는 평신도가 성서의 소유는 물론이거니와 민중어로 된 성서의 강독도 금지시켰다. 성서강독의 금지는 1233년과 1246년 공의회에서 반복하여 거론되었고, 성직자조차도 지역어로 된 성서의 소유를 금지시키고 평신도의 신학적 문헌을 일반적으로 인정하지 않음으로써 한층 더 엄격해졌다. 신성로마제국의 황제 카를 4세는 1369년 성직자와 평신도를 오류나 이단으로부터 보호하기 위해 독일어로 번역된 종교 서적을 제한하는 칙령을 선포하였다Walther 1889-1892, 738-741.

이런 포고문을 어떻게 평가할 것인가? 마우러는 교회를 통한 평신도의 일반적인 성서금지는 존재하지 않았고, 성서 그 자체에 대한 금지도 행해지지 않고 성서를 사용하는 경우 교회의 권위를 위협하는 구체적인 오해에 대한 금지 사항이라는 주장을 하고 있다. 우선 그런 경우는 프랑스에서, 그 이후엔 보헤미아와 15세기 후반기 독일에서 일어났다. 독일에서 비교적 늦게 시작된 성서금지가 지역어 성서로 인해 축발되었다는 발터의 견해에 반대하여 마우러는 이런 현상을 단순히 교회 권위의 위협으로 보고 있다Maurer 1929, 20.

이와 관련하여 또 다른 질문은 성서금지가 어떤 영향을 보여 주었는가 하는 것이다. 다시 말해 교회 혹은 세속 권위의 범위가 어디까지 미쳤는가 하는 점이다. 독일에서는 마인츠와 쾰른의 대주교가 15세기에 서적 시장을 조종하려고 시도했고, 이것은 분명 급속도로로 퍼진 인쇄술의 영향이었다. 마인츠의 선제후 베르톨트 폰 헤네베르크1441-1504는 1486년 자신이 관할하는 지역에 칙령을 근거로 사전 검열을 도입

했지만, 형식적으론 세속의 지배자가 아니라 대주교로서의 그의 권한으로 인한 것이었다. 그는 또한 프랑크푸르트 시와 함께 일했으며, 그 결과 그곳에서 열린 매세에 추가로 통제 가능성, 즉 사후 검열을 제정하였다. 마인츠 대주교의 서적금지는 일차적으로 그리스어와 라틴어에서 민중어로의 번역이었다. 여기에 대해선 프리드리히 카프가 자신의 저서 『서적거래역사』에서 상세히 추론하였다. 특히 마인츠 대주교가 독일어 성서번역의 확산을 저지하고자 했음을 그는 상세히 기술하고 있다Kapp 1886, 529 이하.

1486년 1월 4일 검열 칙령과 1월 10일 시행세칙을 통해 선제후이며 대주교인 마인츠의 베르톨트 폰 헤네베르크는 마인츠, 에르푸르트, 프랑크푸르트 등 독일어권에서 최초의 검열 규정을 선포하기에 이른다. 여기선 독일어로 번역한 종교텍스트, 특히 독일어성서가 문제였다. 그는 잘 표현된 라틴어와 그리스어 텍스트를 번역하기에는 독일어가 너무 빈약하다고 생각했다. 이 교서에서 독일어성서와 관련된 부분을 인용해보면 다음과 같다.

> 신적인 서적 인쇄술은 온 세상에 교리와 구원을 위한 서적의 사용을 가능하게 했다. 그러나 많은 사람들이 우리가 알고 있듯이 이런 기술을 명예욕이나 금전욕으로 오용하고 있다. 그럼으로써 이 기술이 인간성을 계몽시키지 못하고 오히려 타락시킨다. 그래서 라틴어에서 독일어로 번역된 종교의 최고 서적들의 가치 하락이 민중의 손에서 경험하게 된다. 그러나 성스러운 율법과 정경은 현명하고 달변의 남성들에 의해 아주 세심하고 숙련되게 편집되며, 그 이해는 너무 어려워서 그것을 완벽하게 습득하기

위해선 아주 명석한 사람조차도 평생 동안 거의 도달할 수 없을 정도이다. 그럼에도 불구하고 몇몇 뻔뻔하며 무지한 자들이 학자들조차도 자기의 작업을 통해 커다란 오해로 들어가기 쉬운 그 서적들을 형편없이 단순한 독일어로 감히 번역하고 있다. 이런 번역자들은 그들이 좋은, 혹은 나쁜 신앙에서 번역하든 간에 독일어가 훌륭한 그리스어 작가나 라틴어 작가가 아주 세심한 표현의 정확성과 그리스도교 신앙의 고상한 사색에 대한 대상의 아주 완벽한 지식을 통해 저술한 것을 정확히 재현할 수 있다고 주장할 수는 없다. 오히려 그들은 우리 언어의 빈곤함이 자신들의 노력을 좌절시키고 있다는 사실을 인정해야만 하며, 자신들이 이런 이유로 새로운 표현을 찾기 위해 자신들의 두뇌에 고통을 주고 있으며, 혹은 몇몇 작가들의 경우 그 의미를 왜곡하고 있다는 사실도 인정해야만 한다. 성서와 결부된 위험 때문에 우리는 이런 것을 더 두려워하는 것이다. 왜냐하면 우리는 그들이 옛 서적만을 사용한다면, 그리고 공개된 진실의 내용을 바꾸어서 거기로부터 성서에 대한 엄청난 위험이 생겨나는 것을 아주 걱정하기 때문이다. 성서를 소유하게 되었지만 문자를 모르는 남성이나 여성들에게 올바른 의미를 찾을 능력을 누가 주겠는가? Kapp 1886, 529-530에서 재인용

이듬해인 1487년에 교황은 주교들에게 전체 교회 내부에 있는 모든 종교적 문헌의 사전 검열을 요구했다Breuer 1982, 24. 예컨대 쾰른 대주교는 교황의 칙령에 근거하여 자신의 지역에 검열을 하게 만들었으며, 1496년부터 자신의 허락 없이 책을 인쇄한 사람에겐 파문을 하겠다며 위협했다. 이 칙령은 아주 엄격하고 포괄적이었으나, 바라든 효력을 발휘하지는 못했다. 14종의 고지독일어성서와 4종의 저지독일어성서가

루터의 '9월성서' 출간 이전에 이미 나왔다는 사실은 새로운 기술인 인쇄술로 제작된 문자의 힘을 통제하려는 이런 교회의 노력이 성공적이지 못했음을 말해주고 있다.

03 필사본 시대의 성서 삽화

조형예술에서 성서 각 권이 내포하고 있는 모티브의 역사를 초창기까지 거슬러 올라가 본다면 종종 고대 후기에서 시작해야만 한다. 이미 이 시기에 15세기에도 여전히 특별한 위치를 점하고 있는 개별 소재들이 그림으로 그려졌다. 예컨대 로마 카타콤의 그림들에는 창세기, 출애굽기, 다니엘서 등에서 유래한 많은 장면이 등장한다. 이런 것들은 초기 인쇄성서에도 어렵지 않게 관찰될 수 있다Stützer 1983.

초기 기독교시기에는 성서 개별 책의 내용들이 삽화로 아주 많이 그려졌다. 『빈 창세기』5/6세기 혹은 『여호수아·로툴루스』10세기를 그 예로 들 수 있다. 두 작품 모두 후에 많은 그림들이 삽입된 성서로 유명해졌다.

아일랜드, 카롤링거, 오토-잘리엔 왕조시대에 제작된 성서에는 화려한 장식이 첨부되어 있다. 구약의 서적에 삽화가 들어있다면 무엇보다도 창세기와 시편에서였다. 예컨대 창세기의 경우 I-두문자가 하느님의 창조 작업을 묘사하고 있고, 시편의 경우 두문자 B에는 대부분

연주하고 있는 다윗이 그려져 있다.[1] 두문자 그림 외에도 초창기에 이미 독립적으로 등장하는 삽화도 있었는데, 이것은 중세 후기에 이르면 점점 더 자주 등장하게 된다. 이런 두 가지 형태의 발전 과정은 독일어성서의 경우에도 비슷하다. 즉, 초창기 독일어성서에 속하는 차이너성서는 두문자 그림을 보여주고 있는 반면, 쾰른성서 이후에는 두문자 그림이 독립적인 목판화로 대체되었다.

중세 초기까지 성서의 개별 책들만 제작되지만, 로마네스크 시기인 12세기에 이르면 독일어권에서는 최초의 삽화가 들어간 라틴어 전체 성서가 제작되었다. 고딕시대에는 다윗의 생애와 구약의 장면들을 재현한 삽화가 많이 들어간 시편 필사본, 예컨대 구약의 내용을 200점 이상의 삽화로 묘사한 「퀸 메리 시편」과 같은 필사본들이 제작되었다. 구약의 장면들은 종종 신약의 내용으로 보완되기도 했으며, 그 내용은 대부분 구약을 그리스도와 관련지으려는 것이었다. 성서를 소재로 하는 다른 책들도 제작되었는데, 예컨대 『이야기 성서』, 『빈자의 성서』, 『구원의 거울』 등이 이에 속한다. 이런 본격적인 '그림책'은 인큐내뷸러시기에 인쇄된 성서의 목판화 시리즈에 영향을 미쳤으며, 민중어 텍스트가 첨부되어 다양하게 출판되었다.

구약 장면의 삽화에 대해서는 독일어 『벤첼성서』가 가장 중요한 필사본이다. 『벤첼성서』는 거의 매장마다 그림을 삽입하였는데, 레위기, 신명기, 집회서Ecclesiasticus[2]와 같은 책에조차 그림을 삽입하였다.

---

[1] I는 창세기의 시작 구절, "In principio…", B는 시편의 시작 구절 "Beatus vir…"의 두문자이다.
[2] 구약 외경 중의 한 권이다.

풍부한 소재로 인해 '중세의 성서 삽화'라는 주제가 개관될 수 없을 정도지만, 인큐내뷸러 독일어성서의 이해를 위해 꼭 필요한 두 가지 점만 언급해보자. 첫째, 창세기와 출애굽기에는 서적인쇄술 발명 이전에도 오래 동안 많은 그림들이 삽입되었으며, 둘째, 다윗의 생애를 그린 장면들은 무수히 제작된 시편 필사본에 반드시 삽입되는 중요한 삽화였다. 이 두 가지 사항이 인쇄된 독일어성서의 삽화에 많은 영향을 주게 된다.

중세 초기에 삽화가 있는 신약필사본이 구약필사본보다 더 많이 전래되었다. 복음서와 요한계시록은 점차 많이 제작되고 그림으로 장식되었다. 복음서의 경우 카롤링거 시대 직전부터 카롤링거 시대 내내 화려한 장식으로 제작되었다. 오토 시대의 예술은 예수의 생애에 중심 사건들을 연대기 순으로 보여주었던 그림 시리즈가 텍스트와 상관없이 독립적인 삽화로 나누어지기도 했지만, 이런 경우는 그리 흔하진 않았다. 이 시기 제작된 성서가 교회의 고위성직자 혹은 고관대작의 주문을 받아 제작된 화려한 필사본이었다는 사실을 잊어서는 안된다. 이런 필사본 성서들은 예배에서 사용될 수 있었고, 또한 중세적 신앙에 따르면 성서는 신의 말씀을 내포하고 있었다. 여기서 독립적으로 그려진 삽화는 두문자 그림에 비해 적었다. 신약성서의 내용을 소재로 그린 삽화도 복음서 저자의 묘사, 정전 목록, 헌정 그림, 장식 페이지 등과 비교해 극히 드물었다. 이런 경향은 중세 후기에 와서야 비로소 변하게 된다.

그러나 『코덱스 에그베르트』Codex Egberti와 아헨성당에 보관되어 있는 오토 3세의 복음서는 이른 시기에 이미 복음서들이 광범위하게 텍스트의 내용과 관련 없는 삽화를 넣었음을 입증하고 있다. 거기에 반해 복음서 내용과 관련이 있는 묘사, 정전 목록, 헌정 그림은 텍스트보다 앞서 등장한다. 트리어 대주교 에그베르트950-993를 위해 제작되었던 『코덱스 에그베르트』는 4점의 복음서 저자그림과 51점의 복음서

〈그림 1〉 『코덱스 에그베르트』에 들어있는 삽화
예수가 물고기를 잡아 돌아오는 제자들을 맞이하고 있다.

장면 묘사를 담고 있다. 이것은 복음서 모음집인데, 예배에서 강독될 수 있는 복음서 부분들을 교회 년도에 따라 정렬해 놓은 의례서이다.

오토 3세 복음서의 경우 4복음서가 순서대로 그리고 통상의 장 순서로 제작되었다. 모든 복음서에는 그림이 삽입되었는데, 모두 합쳐 29점의 미세화가 44개의 장면을 보여주고 있다. 여기선 다른 필사본, 제단화, 판화에서 이미 알려져 있는 수난 이야기가 핵심 내용이다. 그러나 그리스도의 유년기 이야기, 여러 기적들, 공식적인 설교 행위 등도 그림 소재로 등장한다. 따라서 언급한 두 가지 사례는 최상위 계층에서도 예수의 삶에서 나온 장면을 그리는데 주저하지 않았다는 사실을 보여주고 있다.

중세 후기에는 부분적으로 텍스트들이 광범위하게 삽화들을 동반한다. 그 예로 『오토 하인리히 성서』약 1425/30, 뮌헨, 바이에른 국립도서관 소장를 들 수 있는데, 신약성서로 장식 부분에서는 『벤첼성서』와 대등한 작품이다. 언어적 관점에서 보면 레겐스부르크 내지는 바이에른 지역에서 제작된 것으로 추정된다. 이 성서는 8권으로 구성되어 있으며, 내용은 신약성서만을 다루고 있으며 복음서 내부에 화려한 그림 장식을 많이 지니고 있다.

그러나 복음서 저자 묘사나 헌정 그림을 제외한다면 전반적으로 예수의 생애 장면을 재현한 중세의 복음서는 거의 존재하지 않는다. 후에 인큐내뷸러 독일어성서의 경우에도 비슷한 현상이 관찰될 수 있다. 그러나 인쇄술 발명 이전에도 그리고 인큐내뷸러 시기에도 많은 그림이 삽입되었던 요한계시록의 경우는 위와는 다르다. 쾰른성서의 삽화와 관련해서 필사본 시대 요한계시록의 삽화가 다시 언급될 것이다.

04 독일어성서의 인쇄 장소와 인쇄업자

중세의 문자 문화는 15세기에도 여전히 라틴어가 지배하고 있었지만 독일어 문헌도 중요한 역할을 하고 있었다. 이미 구텐베르크도 마인츠에서 독일어 텍스트를 인쇄하였고, 조금 뒤인 1460년대 초부터 알브레히트 피스터Albrecht Pfister, 1420-1466는 밤베르크에서 『보헤미아의 농부』, 『네 가지 이야기』, 보너의 『보석』, 『빈자의 성서』와 같은 작품을 독일어로 출판하였다. 그럼으로써 피스터는 문어로서 독일어의 확산에 기여했다. 15세기를 개괄해보면 전체적으로 대략 2,000-2,200종의 독일어 서적이 출판되었으며, 이것은 그 당시 독일어권 지역에서 인쇄되었던 서적의 20%에 해당한다Koppitz 1987, 16. 이 중에 루터성서 이전에 인쇄된 독일어성서는 절반에 해당하는 9종이 아우크스부르크, 3종이 슈트라스부르크, 2종이 뉘른베르크, 2종이 쾰른, 그리고 뤼벡과 할버슈타트에서 각각 1종이 인쇄되었다. 할버슈타트를 제외하면 이런 언급된 순서가 "독일어권 서적인쇄의 대표적인 지역"Koppitz 1987, 17으로 간주될 수 있다.

4.1. 독일어성서 인쇄의 중심지 아우크스부르크

아우크스부르크에서 인쇄된 9종의 독일어성서는 5명의 인쇄업자에 의해 출판되었다. 차이너Günther Zainer ?-1478, 조르크Anton Sorg, 쇤스페르거Johann Schönsperger d. Ä. 1455-1521, 오트마르Johann Otmar[1]가 각각 2종씩 인쇄했으며 플란츠만Jodocus Pflanzmann이 1종을 인쇄했다.

차이너는 인쇄술을 아우크스부르크로 처음으로 도입했다. 그 당시 아우크스부르크는 2만 명의 주민이 거주했으며 전래된 세금 목록이 입증하고 있듯이 독일에서 가장 크고 부유한 도시 중 하나였다. 차이너성서가 후에 인쇄된 독일어성서에 많은 영향을 미쳤기 때문에 이 성서의 출판에 대해 우선 언급해보자. 겔트너의 연구서Geldner 1970에서 인용된 날짜를 자세히 분석해보면 다음과 같은 추정이 나온다. 차이너는 1463년 슈트라스부르크의 시민으로 기재되어 있었으므로, 그가 멘텔린 인쇄소에서 인쇄술을 배웠다는 가정이 설득력 있어 보인다. 그는 1467년 아우크스부르크로 이주하여, 그곳에서 그 이듬해에 자신의 최초 인쇄물, 보나벤투라1217-1274가 저술한 것으로 추정되는 『예수의 생애에 대한 명상록』Meditationes vitae Christi을 인쇄하였다. 멘텔린성서가 1466년에 출판되었기 때문에 차이너가 멘텔린성서의 인쇄에 참여했다는 것도 충분히 가능한 일이며, 자신의 경험을 아우크스부르크로 가져가 인쇄소를 설립하고 대략 1475년에 스스로 그림과 멘텔린성서의 텍스트를 수정 보완한 성서를 출판하였다는 사실이 가능하다.

차이너는 라틴어성서는 인쇄하지 않았는데, 인큐내뷸러 인쇄물을

---

[1] 오트마르의 두 번째 독일어성서는 아들 질반 오트마르가 인쇄하였다.

기록한 전체 카탈로그에서도 아우크스부르크에서 인쇄된 『불가타』 는 없다. 차이너의 라틴어 인쇄물은 대부분 교부들의 텍스트와 종교 적인 구원 문학으로 구성되어 있다. 특히 그는 히에로니무스, 아우구 스티누스, 그레고리우스 대교황, 이지도르 폰 세빌라, 토마스 폰 아퀴 나스, 페트루스 코메스토르, 후고 폰 상 빅토르 등의 저술을 인쇄하였 다. 여기에 추가로 신학자를 위해 중요한 보조 및 참고서적, 예컨대, 『도나투스 문법서』나 『어휘집』Vocabularius ex quo 등이 있으며, 『황금전 설』Legenda Aurea과 같은 책은 민중어와 라틴어로 각각 출판되었다. 차 이너는 전문서와 민중서에 거의 동일한 무게를 둔 실용적 사고를 지 니고 있었는데, 이런 노선을 후에 아우크스부르크 인쇄업자들은 대부 분 그대로 따랐다.

이것은 특히 인큐내뷸러시대에 가장 왕성한 활동을 한 출판업자 중 한 명인 안톤 조르크에게도 적용된다. 차이너를 통해 알려진 독일 어서적 중 많은 것이 조르크에 의해 새롭게 출판되었다. 조르크는 복 제인쇄에도 주저함이 없었다. 물론 그 당시엔 그에 상응하는 법적 규 제가 존재하지 않았다. 예컨대 그는 삽화나 텍스트를 넘겨받아서, 약 간의 수정을 한 후 여러 형태로 복제했다. 이것은 조르크의 독일어성 서에만 적용된 것은 아니었다. 비교될 수 있는 사례로서 그의 전례집 도 주목할 수 있는데, 전례집의 목판화도 분명 차이너의 목판화를 복 제한 것이었다. 그의 경우 1475년에서 1493년 사이에 출판된 많은 서 적이 입증하고 있듯이 민중어 서적들의 비율이 한층 더 높았다Konrad 1950, 594-597. 여기서 그가 세속적 소재에 흥미를 두었으며 자신의 '민중 서적들'로 고객의 큰 호응을 받았다고 추측할 수 있다. 출판 부수가 많은 것이 이런 사실을 증명해주고 있다.

　이에 반해 "아우크스부르크 종교재판소의 변호사"인 요도쿠스 플란 츠만의 인쇄물은 알려진 것이 아주 적다. 겔트너는 그가 인쇄소를 부 업으로 운영했을 것이라고 추정한다Geldner 1970, 143. 그의 독일어성서 와 비교될 수 있는 작품은 그의 인쇄소에선 더 이상 나오지 않았으며 그의 활동도 성서가 제작되자마자 곧 끝난다. 성서인쇄가 인쇄소의 재정적 파탄으로 나아가게 했을 수도 있었을 것이다. 아우크스부르크 에서 인쇄소 간의 경쟁은 치열했다. 그래서 조르크의 인쇄업은 차이 너가 죽은 뒤에 비로소 융성하기 시작했다. 그러나 조르크도 1486년 베니스에서 돌아온 라톨트Erhard Ratdolt, 1442-1528에 의해 인쇄소의 경쟁 력에 치명타를 입었다.

　이런 조건 하에서 그리고 경제적으로 살아남을 수 있기 위해 많은 인쇄업자들이 복제와 대량 인쇄에 매달렸다. 여기에 대한 전형적 사 례로서 요한 쇤스페르거를 들 수 있다. 그는 당대 가장 무분별한 복제 인쇄업자로 간주되고 있으며, 그가 특히 독일 문헌에 삽입하였던 목 판들은 대부분 날림으로 처리된 대량 복제물이었다. 그가 인쇄한 2종 의 독일어성서는 활자는 물론이거니와 목판화에서도 날림으로 제작 되었다는 혹독한 비판에서 벗어날 수 없었다.

　쇤스페르거가 성서를 인쇄한 후 17년이 지난 뒤에 요한 오트마르가 아우크스부르크에서 다시 독일어성서를 인쇄하였고, 1518년에 그의 아들 질반 오트마르가 또 한 번 독일어성서를 인쇄하였다. 쇤스페르 거성서와 오트마르성서 간의 출판 간격이 초창기 성서의 인쇄 간격보 다 훨씬 길어졌다. 그러나 16세기에도 여전히 독일어성서 구매자들이 많이 존재한 것처럼 보인다. 아우크스부르크 서적시장의 전체적인 규모를 생각해본다면 18종의 독일어성서 중 9종이 여기서 출판되었다는 사실이 그리 놀라운 일은 아니다.

4.2. 슈트라스부르크

15세기 슈트라스부르크에서 출판된 인쇄물은 타지역과 비교해 많은 차이점을 보이고 있다. 대략 2만 명이 거주했던 슈트라스부르크는 독일어서적의 유통에서 아우크스부르크 다음으로 중요한 도시였다. 그러나 여기선 라틴어 서적, 신학 전문서적, 고전 작품 등이 우선적으로 인쇄되었으며 민중어 서적의 인쇄는 극히 미미한 수준이었다. 이것은 특히 인큐내뷸러시기에 3명의 슈트라스부르크 성서 인쇄업자 멘텔린 Johannes Mentelin, 1410-1478, 에게슈타인Heinrich Eggestein, 1415/20-1488, 그뤼닝어 Hans Grüninger, 1455-1532가 편찬한 텍스트에서도 분명히 드러난다.

독일어로 인쇄되었던 최초의 성서인 멘텔린성서는 멘텔린의 인쇄물 중에서 예외적 작품에 속한다. 1466년을 전후해서 그는 라틴어 작품만을 인쇄하였다. 이런 경향은 그가 죽기 얼마 전에 비로소 중세의 궁중 문학에 흥미를 두기 시작해서『파르치팔』,『젊은 티투렐』을 출판할 때까지 지속되었다. 그의 인쇄소에선 주로 신학이나 학술서가 출판되었다. 독일어성서의 출판 이전에는 라틴어성서, 아우구스티누스, 히에로니무스, 이지도르 폰 세빌라, 알베르투스 마그누스, 토마스 폰 아퀴나스 등의 작품과 니콜라우스 폰 리라의 중요한 성서 주해, 성서 용어색인, 고전 작가의 작품, 예컨대 아리스토텔레스, 테렌티우스,

베르길리우스, 발레리우스 막스무스 등의 저술들이 출판되었다. 물론 이렇게 멘텔린의 인쇄물 중 대부분이 전통적인 라틴어 문자문화에 속한다는 사실이 분명하지만, 그렇다고 해서 독일어서적의 확산에 기여한 그의 업적을 과소평가해선 안 된다.

오늘날 인문학의 석사학위를 의미하는 '마기스터 아르티움'을 보유한 에게슈타인은 한때 주교구의 관리로서 일했으며 마인츠 체류 후에 멘텔린 인쇄소에서 일했을 것으로 추정된다. 에게슈타인성서가 출판되기 이전에 그의 인쇄소에서는 이미 3종의 라틴어성서가 인쇄되었으며, 신학이나 법학 분야의 라틴어 서적이 주로 인쇄되었다. 그의 인쇄소에서 출간된 독일어 서적으로는 출판 날짜가 없는 「시편」만이 현재 유일하게 보존되어 있다.

1483년 이래 슈트라스부르크에서의 그뤼닝어의 활동은 16세기까지 이어지는데, 이런 사실은 그가 인쇄한 무르너Thomas Murner, 1475-1537의 논쟁서 『위대한 루터 바보』Von dem großen Lutherischen Narren, 1522로 입증된다. 이 논쟁서는 그로 하여금 시의회와 갈등을 빚게 만들었다. 15세기에 이미 그는 독일에서 가장 많은 서적을 출판하는 인쇄업자에 속했으며 그가 제작한 인쇄물의 질은 아주 다양했는데, 특히 목판화의 경우 그렇다. 그는 컬러로 구성된 그림이 있는 당대 최고의 예술품도 제작하였다. 1485년에 인쇄된 독일어성서는 그의 초기 인큐내뷸러 인쇄물에 속하는데, 자신이 인쇄한 최초의 민중어 서적이었다. 이전에 인쇄된 서적 중에는 라틴어 『불가타』가 언급될 수 있다. 그 밖에는 신학이나 학술 텍스트가 많은데, 예컨대 페트루스 코메스토르의 『학문의 역사』Historia scholastica, 『사랑의 교령』Decretum Gratiani 그리고 4권의 설교집을 들 수 있다.

그 후에 그는 주로 신학과 법학 서적들을 인쇄하였지만, 브란트 Sebastian Brant, 1457-1521의 『바보 배』Das Narrenschiff와 같은 인문주의 서적과 라틴어성서 2종1492와 1497년을 출간하기도 했다. 1496년 이래 그의 서적 인쇄가 눈에 보이게 증가하였고 독일어서적의 비율도 증가하였다. 프랑스왕의 딸, 페스트 서적, 테렌티우스, 독일어판 『건강의 정원』 Hortus sanitatis, 전례집 등이 그가 제작한 인쇄물 목록에 포함되어 있다. 따라서 그뤼닝어는 선임자인 멘텔린이나 에게슈타인보다 민중어에 더 흥미를 가졌다고 볼 수 있지만, 아우크스부르크 인쇄업자들과 비교해 보면 여전히 뒤처지고 있다.

4.3. 뉘른베르크

요한 젠센슈미트Johann Sensenschmidt와 안톤 코베르거Anton Koberger, 1440-1513에 의해 성서가 제작되었던 뉘른베르크 역시 인큐내뷸러시기에 독일어서적의 확산에 중요한 지역이었다. 젠센슈미트는 당시 대략 2만 명의 주민이 거주했던 상업의 중심지 뉘른베르크에 인쇄술을 처음으로 들여왔는데, 아마 마인츠와 밤베르크에서 인쇄술을 배웠을 것이다. 그의 첫 인쇄는 1470년으로 기록되어 있는데, 1474년 이래 라이프치히 교수 프리스너가 동업자로서 그와 함께 일했다Geldner 1970, 162. 독일어성서 인쇄 전에 그는 이미 2종의 라틴어성서를 인쇄했고, 그 밖에도 신학, 법학, 정전 작품들을 인쇄하였다. 독일어로 저술된 성인 일대기는 성서처럼 그의 전체 인쇄물 중 두드러진 것이며 차이너의

Der Egydienplatz in Nürnberg im 16. Jahrhundert. Die linke Häuserflucht umfaßte die Buchdruckereigebäude von Anton Koberger.

〈그림 2〉 16세기 뉘른베르크 에기디엔플라츠 / 왼쪽의 집들이 코베르거의 인쇄소이다.

원본을 복제한 것이다.

구텐베르크를 제외하고 인큐내뷸러시기에 가장 유명한 독일인쇄업자는 아마 안톤 코베르거일 것이며, 그는 독일어성서와 많은 라틴어성서를 인쇄하였다. 그의 다양한 사업 관계는 독일을 넘어 유럽 전역에 퍼져있었다. 그는 아마 인쇄술을 이용해 명성과 부를 쌓은 최초의 인물일 것이다. 그가 라틴어성서를 반복해서 인쇄하였지만 독일어성서는 그렇게 하지 않았다. 그는 독일어성서 판매를 위한 시장을 포화 상태인 것으로 추정했다. 그의 예상대로 독일어성서의 판매는 그렇게 잘 되지는 않았다. 인쇄업에 종사한 오랜 기간 동안 그는 라틴어 텍스트를 선호했다. 그래서 그가 인쇄한 독일어 서적은 소수에 지나지 않았다. 그가 제작한 몇 안 되는 독일어 서적 중에는 물론 『보석 상자』 Schatzbehalter, 쉐델의 『세계연대기』와 같이 유명한 작품들도 있다. 신학 텍스트가 대부분이었으며, 여기에 추가로 법학 분야 서적도 있었지만, 그 외 다른 분야는 거의 없었다. 차이너, 조르크, 쇤스페르거 등이 즐겨 제작했던 소위 '민중서적'에 대해 코베르거는 거의 관심을 두지 않았다. 이런 서적들은 그가 생각하는 '진지한' 출판사 콘셉트에 맞지 않았다.

언급된 뉘른베르크의 인쇄업자들의 경우 다음과 같이 요약하여 말할 수 있을 것이다. 아우크스부르크에서만 독일어 서적이 라틴어 서적과 거의 동등한 위치에 있는 반면, 뉘른베르크나 슈트라스부르크에서 독일어 인쇄물, 특히 '민중서적'은 예외에 속했다. 이런 배경 하에서 독일어 서적을 관찰해야 하며, 라틴어와 독일어성서의 대립은 쾰른에서 더 선명하게 나타난다.

4.4. 저지독일어 지역

서적인쇄는 특히 상업중심지, 3만 명 이상의 주민이 거주하는 쾰른에서 꽃을 피웠다. 쾰른에서는 도미니카 수도회 소속의 성직자들이 운영하였던 대학에 의해 엄격한 통제 하에 라틴어 신학학교에서 사용할 구원과 교훈적인 소책자들이 인쇄되었지만, 민중어로 작성된 세속 문헌은 거의 인쇄되지 않았다. 이런 배경 하에서 2종의 쾰른성서가 예외적으로 인쇄되었다. 코르스텐Corsten 1981은 활자 소재를 정확하게 분석한 후에 두 성서가 바르톨로모이스 폰 운켈Bartholomäus von Unckell이 제작했음을 증명해 보였다. 반면, 겔트너는 바르톨로모이스와 하인리히 크벤텔Heinrich Quentell의 합작품이었을 것으로 추정한다Geldner 1970, 96. 아마 다수의 투자자들이 독일어성서 제작에 필요한 재정을 가능하게 했을 것이다. 쾰른성서의 출판이 예외적 사건임은 쾰른 서적시장 내에서 크벤텔과 운켈의 인쇄소에서 인쇄된 서적들 중 독일어서적이 거의 없음을 알게 될 때 더욱 분명해진다. 바르톨로모이스 폰 운켈은 독일어 작센법률서를 인쇄하기도 했지만, 거의 신학서적만을 인쇄하였다. 언어, 삽화, 책 모양 등에 관련해서 쾰른성서는 새로운 기준을 만들었으며 다음에 인쇄될 저지독일어서적뿐만 아니라 고지독일어 인쇄물에도 많은 영향을 미쳤다.

슈테판 아른데스Steffen Arndes, 1450-1519에 의해 인쇄된 뤼벡성서는 그의 전체 인쇄물에서 아주 독특한 서적에 속한다. 왜냐하면 그의 경우 저지독일어 서적이 라틴어 서적보다 더 장려되었기 때문이다. 전반적으로 뤼벡 인쇄업자들의 경우 민중어 서적이 중요한 역할을 담당했다. 특히 슈테판 아른데스가 뤼벡성서에 끼워 넣은 목판화는 여러 면에서 인큐내뷸러 독일어성서 중 가장 우수하다. 쾰른과는 반대로 뤼벡에서는 성서가 아른데스의 대표작으로 그 당시 뤼벡 서적시장을 대표할 수 있을 정도의 수준이었다. 그는 독일어로 저술된 『건강의 정원』과 독일어 전례집도 인쇄하였다.

저지독일어 지역인 할버슈타트에서 1522년 로렌츠 슈툭스Lorenz Stuchs가 루터성서 이전에 인쇄된 독일어성서 중 마지막 성서를 인쇄하였다. 슈툭스의 성서가 출간되는 해에 불행하게도 루터의 번역활동이 시작되었다. 1522년 루터의 『9월성서』가 시장에 나오자 할버슈타트

성서를 비롯하여 많은 독일어성서들이 시장에서 자취를 감추기 시작
했다. 할버슈타터성서는 오늘날까지 알려진 슈툭스의 24종 인쇄물 중
가장 중요한 인쇄물이다.

05 루터성서 이전에 인쇄된 독일어성서

구텐베르크가 1454년 최초로 라틴어성서 『불가타』를 인쇄한 이래, 1522년 루터가 망명지 바르트부르크에서 신약성서를 번역할 때까지 대략 100종 이상의 라틴어성서와 18종의 독일어성서가 인쇄되었다. 가장 오래된 독일어성서는 1466년 슈트라스부르크의 요한 멘텔린에 의해 인쇄되었다. 이것은 406낱장812쪽의 분량으로 한 권으로 제본되었다. 구텐베르크가 인쇄한 성서 B42는 641낱장 분량으로 2권으로 제본되었다. 멘텔린은 비교적 작은 활자를 사용하였고, 종이로만 인쇄하였다. 그는 이런 형태로 성서 인쇄의 분량과 가격을 경제적으로 맞출 수 있었다Wulf 1991, 23. 바이에른 국립도서관에 보관되어 있는 멘텔린성서에 적힌 최초 소유자의 정보에 따르면 성서의 가격은 13굴덴[1]이었다. 구텐베르크 양피지판의 경우 산마리노의 허밍톤 도서관에 보관되어 있는 B42의 가격은 최초 소유자의 메모에 따르면 100굴덴이었다.

---

[1] 1.5굴덴의 가치가 당시 하녀들의 일 년치 임금에 해당하였다파울슈티히 2007, 259.

멘텔린성서의 외관 형태는 B42와 같이 여전히 필사본의 형태를 모방하고 있다. 예컨대, 텍스트는 필사본성서와 마찬가지로 2단으로 구성되어 있으며, 두문자, 테두리 장식, 각 장의 제목 등은 인쇄 후에 붉은색으로 수작업하여 후에 첨가함으로써 가능한 한 필사본 서적의 모양을 따르도록 노력하였다.

인쇄년도를 중심으로 특이점을 살펴보면 1475년부터 1494년까지 20년에 걸쳐 성서가 거의 2-3년 간격으로 계속 출판되어, 이 시기에 전체 18종 중 13종이 집중적으로 인쇄되었다. 1490년대에 접어들면 독일어성서의 출판 열기가 꺾인 것처럼 보이는데, 이것은 물론 계속된 출판으로 공급이 넘쳐 상품적 가치가 하락했을 것이라는 수급적인 이유도 고려해 볼 수 있겠지만, 1486년 로마교회의 강력한 성서금지 칙령의 영향으로 성서인쇄 유행이 한 풀 꺾인 것으로 추정해 볼 수 있을 것이다. 14종의 독일어성서 중 차이너성서1475/77, 조르크성서 1477/80, 쉰스페르거성서1487/90, 오트마르성서1507/18는 인쇄년도에 따라 각각 2종으로 나누어진다. 그래서 명칭만으로 구분하면 고지독일어성서는 10종으로 줄어든다. 고지독일어성서는 거의 모든 종의 텍스트에서 인쇄년도 순으로 점점 더 보완되고 수정됨으로써 앞에 출간된 성서를 참고하고 있음을 보여준다그림 3 참조.[2]

고지독일어성서와는 달리 저지독일어성서는 인쇄된 장소에 따라 각각 명명되었다. 최초의 저지독일어판인 쾰른성서는 정확히 말하면 두 가지 언어지정학적으로 상이한 성서번역본인데, 접속사인 'unde'

---

[2] 존더에거는 텍스트 분석과 인쇄년도를 근거로 14종의 고지독일어성서의 계보를 그렸다Sonderegger 2000, 258.

저지작센어와 'ende'저지라인어의 사용에서 그 차이를 구분할 수 있다. 뤼벡성서는 일부는 독자적으로 번역되었고, 일부는 저지작센어 버전으로 편찬된 쾰른성서의 텍스트를 그대로 넘겨받았다. 특히 뤼벡성서는 주해를 첨가하였다. 루터성서 이전에 인쇄된 마지막 독일어성서인 할버슈타트성서는 쾰른성서와 뤼벡성서를 모델로 하여 인쇄되었다Sonderegger 2000, 259.

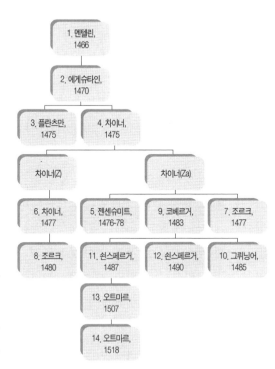

〈그림 3〉 루터성서 이전에 인쇄된 고지독일어성서의 계보

18종 독일어성서의 외관적 특징으로 우선 눈에 띠는 것은 필사본 시대의 2단 편집 형태가 인쇄본에도 그대로 옮겨졌다는 사실이다. 두 개의 가로로 좁고 세로로 긴 단혹은칼럼은 42행으로 구성된 구텐베르크성서의 레이아웃과 일치한다. 이미 13세기에 필사본 성서의 텍스트는 2단으로 쓰였고 그 형태가 굳어졌다.[3] 각 단에 작게는 42행(쇤스페

---

[3] 종교개혁 시기에 비로소 여백 논평이나 각주가 처리되기에 편리한 1단 형식이 사용되었다. 예컨대 1534년 출간된 루터성서는 1단으로 편집되어 있다.

르거성서), 많게는 67행(뤼벡성서)까지 인쇄되어 있다. 분량은 404낱장(에게슈타인성서)에서 1,010낱장(쇤스페르거성서)에 걸쳐있다.[4] 쪽의 크기는 180 × 250㎜(쇤스페르거성서)에서 325 × 475㎜(차이너성서)에 걸쳐있으며 점점 작아지는 경향을 보인다. 오늘날 보통 서적의 크기가 160 × 236㎜ 정도이니 그 당시의 성서는 비교적 크다고 볼 수 있다.

가장 오래된 독일어성서인 멘텔린성서는 두문자, 장의 제목, 책의 제목을 인쇄 후에 붉은 색으로 손으로 작업하여 첨가함으로써 필사본 성서의 모습을 모방하려고 최대한 노력했다. 멘텔린성서의 이런 텍스트 구성과 제작 방식은 후에 인쇄될 17종의 독일어성서에 많은 영향을 미쳤다. 멘텔린성서는 1518년까지 총 13번에 걸쳐 인쇄되었으며, 아우크스부르크에서만 9번 인쇄되었다Füssel 1999, 107. 1475년 독일어성서 인쇄는 새로운 국면을 맞이한다. 이 시기에는 아우크스부르크 인쇄업자 귄터 차이너가 멘텔린성서의 텍스트를 라틴어원본과 대조하여 세심하게 수정했으며, 그 외에도 타이포그래피나 삽화에서도 상당히 새로운 것들이 나타났다. 멘텔린성서와는 달리 차이너성서에서는 머리말과 성서의 개별 책들 사이에는 전체적인 연결 제목과 장을 넘어가는 제목 등이 더 이상 손으로 필사되지 않고 붉은 색으로 채색되어 텍스트와 동일한 인쇄 과정으로 제작된다. 또한 두문자도 이젠 인쇄되기 시작한다. 두문자 인쇄를 위해 차이너는 특히 장식적인 은방울꽃 모양의 알파

---

[4] 참고로 구텐베르크가 인쇄한 성서는 한 쪽에 2단 42행으로 641낱장의 분량을 지니고 있으며, 독일성서협회에서 출간한 1984년판『루터성서』은 2단 55행으로 1,194페이지597낱장에 이른다.

벳을 설계했다그림 4. 두문
자 역할을 하는 그림이 아
니라, 오직 삽화의 기능만
으로 그림을 넣은 최초의
성서는 1475년 아우크스부
르크에서 인쇄된 플란츠만
성서이다. 현재 보존되어
있는 독일어성서 중 가장
적은 부수만이 남아 있는
플란츠만성서는 삽화나 타
이포그래피에서 성급히 인

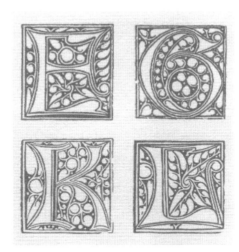

〈**그림 4**〉 차이너성서의 은방울꽃 모양의 두문자

쇄되었던 흔적들이 쉽게 발견된다. 텍스트의 단 가로 길이에 맞추어
제작된 57점의 목판화는 단지 21개의 목판을 가지고 제작되어 눈으로
보아도 조야하기 그지없다Eichenberger/Wendland 1980, 40. 1477년 아우크스
부르크의 안톤 조르크 인쇄소에서 차이너성서를 토대로 하여 손에 쥘
수 있는 크기의 2권짜리 성서가 인쇄되었다. 같은 해에 차이너는 독일
어성서의 두 번째 판을 인쇄하였다. 크기는 첫 번째 성서와 같았고,
비용이 많이 드는 2색 인쇄는 포기되었다. 1년 뒤인 1478년에 처음으로
뉘른베르크에서도 요한 젠센슈미트와 안드레아스 프리스너에 의해 독
일어성서가 인쇄되었다.

1480년 조르크도 두 번째 차이너성서를 원본으로 하여 자신의 두
번째 성서를 인쇄했다. 독일어성서 중 가장 화려한 쾰른성서의 인쇄
는 여러 인쇄소가 연합하여 인쇄비용을 충당했다. 특히 뉘른베르크의

인쇄업자이며 출판업자인 안톤 코베르거1440-1513가 주도적 역할을 담당했다. 코베르거는 쾰른성서의 인쇄가 끝난 후 목판화의 판형을 구입하여 그 중에서 109점의 목판화를 1483년에 자신의 성서인쇄에 사용했다. 코베르거는 삽화만 쾰른성서에서 따온 것이 아니라, 텍스트의 배열에서도 쾰른성서를 모방하고 있다Schmitz 1990, 19. 예컨대, 독자를 위해 짧은 내용의 정보가 첨가된 장 제목은 코베르거성서에서도 사용되었다. 그 외에도 그는 『불가타』에서 유래한 텍스트를 다시 수정했다. 시대에 뒤떨어진 낡은 표현들을 제거했고 새로운 구두법을 도입하였다. 18종 독일어성서 중 가장 화려한 코베르거성서는 뉘른베르크에서 1518년까지 총 5번에 걸쳐 1천~1천 5백부 정도 인쇄되었으며, 오늘날에도 인큐내뷸러 독일어성서 중 가장 많이 남아 있는 성서로, 공공기관에만 1백 50부 이상 보존되어 있다Eichenberger/Wendland 1980, 92.

독일어성서는 후기로 갈수록 크기가 점점 작아지는 경향을 보인다. 인쇄와 종이의 질도 점점 나빠졌다. 성서는 더 이상 필사본을 모방하려 하지 않았고, 이제 단순한 실용서가 되었다. 지금까지 남아 있는 소수의 성서는 그것들이 실용서로 사용되었다는 사실을 충분히 입증해 보이고 있다.[5] 저지독일어권에서의 성서 인쇄의 발전은 한층 더 흥미롭다. 1494년 슈테판 아른데스1450-1519는 뤼벡에서 주해가 달린 성서를 저지작센어로 인쇄하였다. 아른데스는 성서에 환상적인 두문자를 삽입하였으며, 152점의 목판화를 성서 곳곳에 삽입하였다.

---

[5] 현재 남아 있는 독일어성서에 삽입되어 있는 메모나 밑줄 등을 조사한 불프는 독일어성서가 그 당시 오늘날의 백과사전과 같은 기능을 가지고 있는 실용서라는 결론에 도달하고 있다Wulf o.J, 6.

	인쇄장소	인쇄업자	인쇄일자	크기㎜	낱장수	레이아웃	삽화	두문자
1. 멘텔린성서	슈트라스부르크	요하네스 멘텔린	1466년 6월 27일 이전	29×39.5	406	2단, 61행	없음	수작업
2. 에겐슈타인성서	슈트라스부르크	하인리히 에겐슈타인	1470년 이후는 아님	27~38	404	2단, 60행	없음	수작업
3. 차이너성서	아우크스부르크	귄터 차이너	1475	32.5×47.6	695	2단, 57-58행	78점 그림두문자	은바탕 장식의 목판두문자
4. 플란츠만성서	아우크스부르크	요도쿠스 플란츠만	1475	27×39.5	456	2단, 64행	67점 목판화	수작업
5. 젠젠슈미트성서	뉘른베르크	안드레아스 프리스너/요한 젠젠슈미트	1476-78	27×39.5	256+258	2단, 57행	1점 큰 목판화, 78점 그림두문자	은바탕 타입의 수없는 목판문자
6. 차이너성서	아우크스부르크	귄터 차이너	1477	27.5×40	321+332	2단, 61행	78점 두문자, 1개의 인쇄마크	은바탕 타입의 수없는 목판문자
7. 조르크성서	아우크스부르크	안톤 조르크	1477.6.22	25×36	267+275	2단, 55-56행	77점 목판화	목판두문자와 윤곽선
8. 필로성서 (자기검열에) unde	필로	하인리히 크벤텔 혹은 바르톨로모이스 포 운켈	1478	27.5×39.5	542	2단, 56-57행	113점 목판화	수작업
9. 필로성서 (자기검열인)unde	필로	하인리히 크벤텔 혹은 바르톨로모이스 폰 운켈	1478	27.6×39.5	544	2단, 61행	123점 목판화	수작업
10. 조르크성서	아우크스부르크	안톤 조르크	1480.1.3	28×40	331+342	2단, 60행	78점 목판두문자 (차이너성서)	큰 은바탕 두문자
11. 코베르거성서	뉘른베르크	안톤 코베르거	1483.2.17	27×39	568	2단, 48행	109 목판화(필로성서)	수작업
12. 그뤼닝어성서	슈트라스부르크	요한 그뤼닝어	1485.5.2	20×28	466+456	2단, 48행	109점 목판화	수작업
13. 쉰스페르거성서	아우크스부르크	요한 쉰스페르거 시니어	1487.5.28	19.5×28	801	2단, 48행	109점 목판화	큰 은바탕 두문자, 조그만 덩굴로 장식된 두문자
14. 쉰스페르거성서	아우크스부르크	요한 쉰스페르거 시니어	1490.11.9	18×25	502+608	2단, 42행	109점 목판화 (1487년째와 동일)	큰 은바탕 두문자, 조그만 덩굴로 장식된 두문자
15. 뤼베성서	뤼베	슈테판 아른데스	1494.11.19	26×37	492	2단, 65-67행	152점 목판화(반복 포함)	여러 시리즈의 큼은 색대 혹채 바탕의 장식두문자, 일부는 인물묘사
16. 오트마르성서	아우크스부르크	요한 오트마르	1507	20.5×29.5	400+402	2단, 45행	109점 목판화	검은색 바탕의 큰 르네상스 두문자
17. 오트마르성서	아우크스부르크	질반 오트마르	1518	21×29.5	400+402	2단, 45행	109점 목판화	검은색 바탕의 큰 르네상스 두문자
18. 할버슈타트성서	할버슈타트	로렌츠 슈투크스	1522.7.8	26×36	560	2단, 54행	119점 목판화, 그중 112점은 뤼베성서에서 따옴	여러 가지 장식의 여러 가지 시리즈

〈그림 5〉 루터성서 이전에 인쇄된 독일어성서 목록

텍스트는 창세기에서 사무엘 하까지, 그리고 아가서도 독자적으로 번역하고 있다. 뤼벡성서는 니콜라우스 폰 리라의 설교집을 토대로 풍부한 주해를 제공하고 있다. 그 밖의 텍스트는 쾰른성서를 참조하고 있다. 주해자로서는 학식이 높은 뤼벡의 성직자가 참여했는데, 불프에 따르면 그는 아마도 중세 후기의 교화적인 서적[6]을 제작하는 그룹의 일원으로 뤼벡의 카타리나 수도원[7]에 소속되었을 것으로 추정하고 있다Wulf o.J., 11. 루터의 『9월성서』가 출간되기 2개월 전인 1522년에 할버슈타트에서 로렌츠 슈툭스에 의해 저지독일어 완역성서가 한 번 더 인쇄되었다. 뉘른베르크 인쇄업자인 게오르크 슈툭스의 아들인 로렌츠 슈툭스는 자신의 고향도시에서 코베르거성서의 목판화 판형을 가지고 왔다. 그는 그 중 112점을 자기의 성서 인쇄를 위해 사용하였고, 창세기 목판화를 비롯한 7점의 목판화를 새롭게 제작하였다. 할버슈타트성서는 구약에서 대부분 『불가타』를 토대로 독자적인 번역을 제공하지만, 쾰른성서와 뤼벡성서에서 그대로 따오기도 하였다.

모든 독일어성서는 한 목소리로 라틴어성서 『불가타』를 원본으로 하여 번역하였음을 공공연하게 밝히고 있다. 이것은 다분히 그 당시 라틴어성서 『불가타』만을 공식 성서로 인정했던 로마교회의 정책에 가능한 한 따르려 했던 것으로 추정할 수 있다. 많은 성서에서 『불가

---

6 '교화적인 서적'Erbauungsliteratur은 14세기에 처음 언급되며 종교적 내용을 지니고서 일반 민중을 독자층으로 제작된 서적을 말한다. 이 서적들은 학문적 담론을 필요로 하는 신학적인 주제나 교리를 다루지 않고, 종교적 영역에서 경건성의 관조에서 형성되는 내면성을 다루었다.
7 이 수도원은 1225년부터 1531년까지 있었으며, 프란체스코 수도회 소속이었다.

<그림 6> 모세의 '뿔 달린 이마'가 그려진 그뤼닝어성서

타』의 번역자인 히에로니무스의 모습을 담은 그림을 서두에 의도적으로 삽입하였고, 특히 플란츠만성서에서 히에로니무스는 로마교회 성직자의 상징인 추기경 복장을 하고 있다. 성서는 『불가타』이며, 성서의 번역자는 히에로니무스라는 등식이 그 당시 평민들의 의식 속에 깊게 자리하고 있었다.[8] 독일어성서가 모두 라틴어성서인 『불가타』를 원본으로 하고 있다는 사실을 분명히 증명해 줄 재미있는 근거를 하나만 더 제시해 보자. 독일어성서의 모세5경에 삽입된 그림에는 거의 예외 없이 모세가 '뿔 달린 이마'를 지니고 있다. 출애굽기 34장 29절에

---

8 예컨대 뒤러의 3대 동판화 중 하나인 「헛간의 히에로니무스」1513는 이런 배경 하에 성공한 작품이었다. 그리고 16세기 중엽에 그려진 볼프강 슈투버의 「서재의 루터」는 성서의 번역자가 더 이상 히에로니무스가 아니라 루터임을 강조하고 있는 그림이다Feldmann 2009, 65.

다음과 같은 구절이 있다.

> 모세가 그 증거의 두 판을 자기 손에 들고 시내산에서 내려오니
> 그 산에서 내려올 때에 모세는 자기가 여호와와 말씀하였음을
> 인하여 얼굴 꺼풀에 광채가 나나 깨닫지 못하였더라.『한글성서』

『불가타』의 번역자 히에로니무스는 '얼굴 꺼풀에 광채가 나는'을
'facies cornuta' 즉 '뿔 달린 이마'로 오역하였다. 모든 인큐내뷸러 독일
어성서에는 예외 없이 『불가타』의 번역에 따라 '뿔 달린 이마'로 번역
되어 있으며, 삽화도 예외는 아니었다그림6 참조. 이런 번역의 오류로
인해 루터성서9는 『불가타』를 참조하지 않고 에라스무스의 그리스어
성서와 히브리어성서를 원본으로 했음을 루터는 수차례에 걸쳐 강조
했다.10

---

9 루터는 『불가타』의 'facies cornuta' 부분을 'haut seines Angesichts', 즉 '얼굴의
피부'로 번역하고 있다. "Da nu mose vom berge sinai gieng / hatte er die zwo
Tafeln des Zeugnis in seiner hand / vnd wuste nicht das die <u>haut seines
Angesichts</u> glentzet / dauon das er mit jm geredt hatte." Luther, Martin: Text
der Lutherbibel von 1545 in ursprünglicher Rechtschreibung(Online-version,
http://lutherbibel.net).

10 루터는 1529년 학자들을 대상으로 한 『불가타』의 부분 개정판을 출간하기도
했다.

5.1. 멘텔린성서 (1466)

인쇄 장소	슈트라스부르크
인쇄업자	요하네스 멘텔린(Johannes Mentelin, 1410-1478)
인쇄 일자	1466년 6월 27일 이전
크기	약 29×39,5 ㎝
낱장 수	406낱장
레이아웃	2단 61행
삽화	없음
두문자	수작업

슈트라스부르크의 인쇄업자 요하네스 멘텔린은 1461년 라틴어성서의 인쇄로 많은 돈을 번 이후 독일어성서의 수요가 크다는 사실을 알게 되었다. 슈트라스부르크는 『불가타』 인쇄의 중심지였다. 1461년에서 1497년 사이에 12종 이상의 라틴어성서가 출판되었다.

멘텔린성서는 인쇄된 최초의 독일어성서라는 문화사적 의미 외에도 인쇄활자면에서 기념비적 작품이다. 작은 활자체를 사용함으로써 성서의 두께가 406낱장[11] 812쪽으로 감소될 수 있었다. 구텐베르크의 42행성서는 600낱장 이상이었지만, 멘텔린이

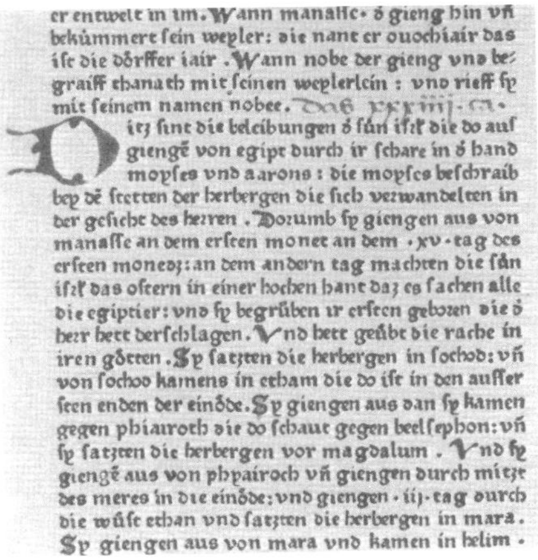
er entwelt in im. Wann manasse· ď gieng hin vñ
bekümmert sein weyler: die nant er ouochiair das
ist die dörffer iair. Wann nobe der gieng vnd be=
graiff chanath mit seinen weylerlein: vnd rieff sy
mit seinem namen nobee. Das xxxiiij·c·
D
itz sint die beleibungen ď sün isrł die do aus
giengẽ von egipt durch ir schare in ď hand
moyses vnd aarons: die moyses beschraib
bey dẽ stetten der herbergen die sich verwandelten in
der gesicht des herren. Dorumb sy giengen aus von
manasse an dem ersten monet an dem ·xv·tag des
ersten monedz: an dem andern tag machten die sün
isrł das ostern in einer hochen hant daz es sachen alle
die egiptier: vnd sy begruben ir ersten geboren die ď
herr hett derschlagen. Vnd hett geübt die rache in
iren göttern. Sy satzten die herbergen in sochod: vñ
von sochoo kamens in etham die do ist in den ausser
steen enden der einöde. Sy giengen aus dan sy kamen
gegen phiairoth die do schaut gegen beelsephon: vñ
sy satzten die herbergen vor magdalum. Vnd sy
giengẽ aus von phyairoch vñ giengen durch mitte
des meres in die einöde: vnd giengen ·iij·tag durch
die wüst ethan vnd satzten die herbergen in mara.
Sy giengen aus von mara vnd kamen in helim·

〈그림 7〉 멘텔린성서

11 이 당시 페이지라는 개념이 아직 없었고, 1장에 해당하는 낱장Blatt이 베르소(펼친 면의 왼쪽 페이지)와 렉토(오른쪽 페이지)로 나누어져 사용되고 있었다.

처음 인쇄한 라틴어성서는 427낱장에 지나지 않았다. 그래서 그는 자신이 인쇄한 성서를 구텐베르크보다 더 저렴하게 판매할 수 있었다.

작은 크기의 활자에도 불구하고 멘텔린성서는 엄숙한 위용을 갖추었다. 여전히 서툰 철자의 소박한 아름다움, 같은 넓이로 가지런히 놓인 두 단 사이의 여백, 넓은 페이지 여백 등은 텍스트의 위엄과 의미에 적합한 당당함을 부여하고 있다. 그러

〈그림 8〉 멘텔린성서 고린도전서 시작 부분
취리히 중앙박물관 소장본.

나 멘텔린성서는 민중서가 아니었다. 읽기 능력이 없는 대다수 민중들이 보기 위해서는 민중서에 삽화가 필요한데, 멘텔린성서에는 삽화가 없다.

필사본이 많은 삽화를 담고 있으며, 삽화가 여전히 책의 고유 형태로 간주되는 그런 시대에 이 멘텔린성서가 인쇄되었기 때문에 텍스트 단 주변의 넓은 테두리는 그림을 그리기 위한 여백으로 사용될 수도 있었을 것이다. 그러나 대부분의 멘텔린성서에는 아름답게 채색된 장식 무늬가 여백에 그려져 있을 뿐이고, 이런 무늬가 텍스트의 삽화로 간주될 수는 없다.

멘텔린은 두문자 장식을 위해 인쇄할 때 정사각형 크기의 공간을 여백으로 남겨두었다. 두문자는 인쇄 후에 손으로 그려지고 채색되었다. 채식사가 단의 제목, 낱장 수, 문장 시작과 장 제목의 표시를 필사로 첨가하였다.

멘텔린의 인쇄활자는 손으로 쓴 둥근 고딕체를 모방하고 있다. 대문자, 특히 V와 W는 종종 괴상하고 낯선 느낌을 준다. 비교적 넓은 행간은 활자의 두꺼운 굵기에 비해 너무 작은 글자 모양에서 나온 필연적 결과였다. 그래서 텍스트는 어두운 곳에서도 잘 읽혀질 수 있었다.

5.2. 에게슈타인성서 (1470년 이전)

두 번째 인쇄된 독일어성서는 멘텔린성서의 개정판이기도 하고, 낱장 수조차 거의 일치하는 재인쇄였다. 최초의 독일어성서는 인쇄업자 하인리히 에게슈타인이 모험을 감행할 정도로 분명 큰 호응을 얻었을 것이다.

인쇄 장소	슈트라스부르크
인쇄업자	하인리히 에게슈타인(Heinrich Eggestein, 1415/20-1488)
인쇄 일자	1470년 이전
크기	약 27×38 ㎝
낱장 수	404낱장
레이아웃	2단 60행
삽화	없음
두문자	수작업

에게슈타인은 대학을 졸업한 학식 있는 자로서 1440년에 슈트라스부르크 성당법정의 봉인封人 담당자로 언급된다. 처음에는 동료이며, 아마 멘텔린의 파트너이기도 했던 에게슈타인은 1465년 자신의 인쇄

소를 개업하기 위해 멘텔린으로부터 독립했다. 그는 3종의 라틴어성서와 에게슈타인성서를 인쇄함으로써 예전 파트너였던 멘텔린과 예민한 경쟁관계에 있었다.

멘텔린성서와 에게슈타인성서의 외관적 유사성은 확연히 드러난다. 겔트너Geldner 1970, 36에 따르면 에게슈타인의 성서유형은 쇠퍼의 성서유형에 의존하여 제작되었다고 한다. 그러나 멘텔린의 활자도 두 인쇄체가 거의 유사할 정도로 쇠퍼의 모델을 모방하고 있다. 에게슈타인성서도 삽화 혹은 장식 무늬를 넣지 않았다. 성서 텍스트를 제외한 모든 것이 채식사에 의해 보완되어야 했다. 즉, 단 제목의 대문자, 장의 대문자, 장을 표시하는 로마 숫자 등은 붉은색과 푸른색으로 제작되었다. 낱장의 수는 표시되지 않고 간기와 같은 인쇄 정보도 아직 나타나지 않았다.

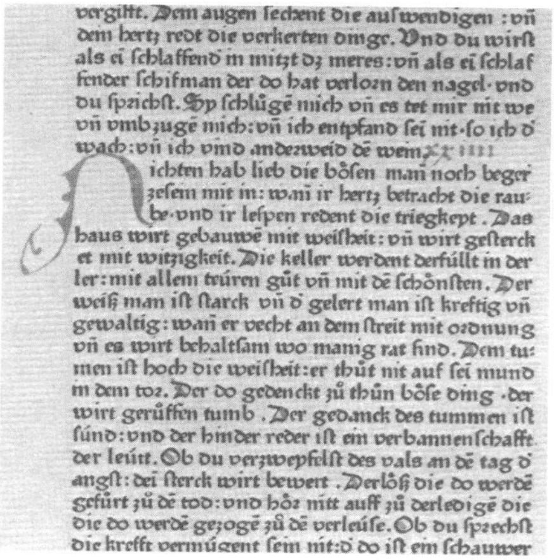
vergiftt. Dem augen ſechent die auſwendigen : vñ
dem hertz redt die verkerten dinge. Vnd du wirſt
als ei ſchlaffend in mitzt dz meres : vñ als ei ſchlaf
fender ſchifman der do hat verlorn den nagel · vnd
du ſprichſt. Sy ſchlūgē mich vñ es tet mir nit we
vñ vmbzugē mich : vñ ich entpfand ſei nit · ſo ich d
wach : vñ ich vind anderweid dē wein. XXIIII
Nichten hab lieb die bōſen man noch beger
zeſein mit in : wañ ir hertz betracht die rau
be · vnd ir leſpen redent die triegkeyt . Das
haus wirt gebauwē mit weiſheit : vñ wirt geſterck
et mit witzigkeit. Die keller werdent derfüllt in der
ler : mit allem teúren gūt vñ mit dē ſchōnſten. Der
weiß man iſt ſtarck vñ d gelert man iſt kreftig vñ
gewaltig : wañ er vecht an dem ſtreit mit ordnung
vñ es wirt behaltſam wo manig rat find. Dem tu
men iſt hoch die weiſheit : er thūt nit auf ſei mund
in dem tor. Der do gedenckt zū thūn bōſe ding · der
wirt gerūffen tumb . Der gedanck des tummen iſt
ſúnd : vnd der hinder reder iſt ein verbannenſchafft
der leút. Ob du verzweyfelſt des vals an dē tag d
angſt : dei ſterck wirt bewert . Derlōß die do werdē
gefūrt zū dē tod : vnd hōr nitt auff zū derledigē die
die do werdē gezogē zū dē verleúſe. Ob du ſprechſt
die krefft vermúgent ſein nit : d do iſt ein ſchauwer

〈그림 9〉 에게슈타인성서

성서 텍스트의 처음에 나오는 두 가지 색의 커다란 두문자와 장의 시작에 나오는 단색의 조그만 대문자 롬바르덴은 식자공이 공간으로 비워둔 곳에 손으로 그려서 첨가되었다. 함부르크 본에는 대문자인 모든 베르살리엔들이 채식사에 의해 추가로 작고 붉은붓을 이용해 문장의 시작을 강조하기 위해 그려졌다. 이것은 문장의 레이아웃에 생동감을 준다.
이와 같이 인쇄
기술의 초기 단
계에서는 인쇄
업자가 단지 서
적의 뼈대, 즉
텍스트만을 제
작했으며, 여전
히 필경사, 채

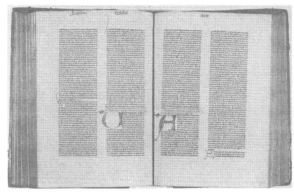

〈그림 10〉 에게슈타인성서

식사, 장식화가 등의 도움을 받아야만 했다.

5.3. 차이너성서 (1475/1477)

차이너성서를 세 번
째 인쇄된 독일어성서
로 규정하는 것은 근거
를 필요로 한다. 인큐
내뷸러 연구가들은 차
이너성서가 삽화가 들
어있는 최초의 성서인
동시에 루터성서 이전
에 인쇄된 세 번째 독

	1475	1477
인쇄 장소	아우크스부르크	
인쇄업자	귄터 차이너(Günther Zainer, ?-1478)	
인쇄 일자	1475년	1477년
크기	약 32,5×47,5 cm	약 27,5×40 cm
낱장 수	534낱장	1부: 321낱장 2부: 332낱장
레이아웃	2단 57-58행	2단 51행
삽화	73점의 두문자 그림	73점의 두문자 그림, 1점의 인쇄업자 마크
두문자	은방울꽃 장식의 목판 인쇄	

일어성서인지, 혹은 아우크스부르크에 같은 시기에 인쇄된 플란츠만성서가 세 번째인지 합의에 이르지 못하고 있다. 호르스트 쿤체는 자신의 대작 『독일 서적삽화의 역사』에서 텍스트 전승을 근거로 하여 차이너성서가 먼

〈**그림 11**〉 차이너성서(1475)

저 인쇄되었다고 주장하고 있다 Kunze 1975. 여기서도 이 주장에 따른다. 그리고 일반적으로 차이너성서가 거의 동시에 출판된 두 성서 중 예술적으로 더 훌륭하게 인쇄된 성서로 간주된다.

루터성서 이전에 인쇄된 모든 독일어성서 중에서 차이너성서가 가장 크다. 그러나 이 성서의 중요성은 크기뿐만 아니라, 활자 모양과 삽화적 장식 덕택이다. 2단의 좁은 레이아웃은 넓은 간격을 유지하고 있고, 텍스트 주변의 여백도 넓다. 차이너가 사용한 전형적 서체는 활자의 라인이 아주 정확히 유지되는 힘찬 서체로서 고딕-안티크바체와 일부 독자적으로 제작된 대문자체인 베르살리엔이다.

장章 제목과 대문자 롬바르덴은 채식사에 의해 인쇄 후 첨가되었으나, 차이너는 처음으로 제목과 롬바르덴도 인쇄하였다. 장 제목과 롬바르덴은 검은색의 텍스트와 동일하게 인쇄되었으나, 후에 붉은색으로 채색되었다. 단 제목과 낱장을 표시하는 숫자는 앞의 두 성서와는

달리 검은색으로 인쇄되었다.

성서의 개별 책의 텍스트 시작은 경우에 따라서 삽화로도 볼 수 있는 큰 그림 두문자로 강조되었다. 성서의 각 책 서두에는 대부분 거의 정사각형에 가까운 도형 속에 은방울 모양의 두문자와 붉은색으로 인쇄된 제목을 통해 시작되는 서문이 있다. 이런 장식적인 두문자는 차이너성서에서 최초로 시도되었다.

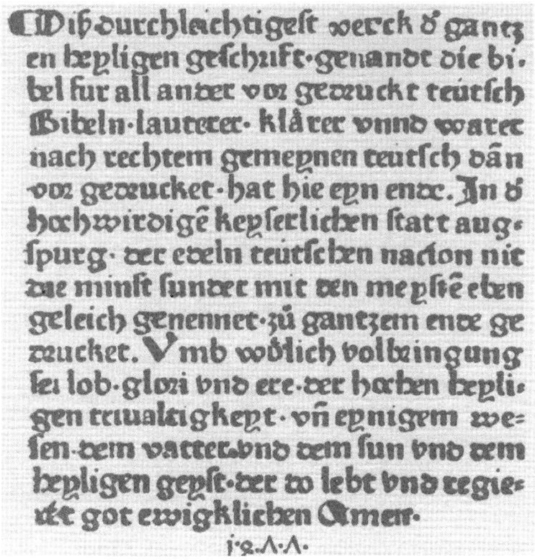
Diß durchlaichtigest werck d' gantz
en heyligen geschrifft·genandt die bi·
bel für all ander vor gedruckt teütsch
Bibeln·lauterer· klårer vnnd warer
nach rechtem gemeynen teütsch dañ
vor gedrucket·hat hie eyn ende. In d'
hochwirdigē keyserlichen statt aug·
spurg· der edeln teütschen nacion nit
die minst sunder mit den meystē eben
geleich genennet·zů gantzem ende ge
drucket. Vmb wölich volbringung
sei lob·glori vnd ere·der hohen heyli·
gen triualtigkeyt·vñ eynigem we=
sen·dem vatter.vnd dem sun vnd dem
heyligen geyst·der do lebt vnd regie·
ret got ewigklichen Amen·
i·g·A·A·

〈그림 12〉 차이너성서(1477)

큰 두문자 그림을 통해 차이너성서는 삽화가 들어있는 최초의 성서가 되었는데, 왜냐하면 같은 시기에 인쇄된 플란츠만성서와는 반대로 여기서는 완벽하게 구현된 삽화 개념이 존재하고 있기 때문이다. 총 73점의 두문자 그림 중에는 45점이 성서의 장면을 직접 묘사하고 있으며, 24점이 성서작가와 특히 신약에서 편지를 전달하는 모습을 그리고 있고, 각 그림마다 창조주로서의 하느님과 대화중에 있는 히에로니무스와 바울을 묘사하고 있다. 73점의 두 문자 중 2점이 중복으로 사용되었다.

약 55×88㎜ 크기의 세로가 긴 직사각형에 그려진 두문자 그림은 대부분 두 줄로 테두리를 하고 있다. 로마네스크 형식에서 발전된 고딕 스타일의 문자가 직사각형을 완전히 메우고 있다. 문자 바깥의 여백은 작은 두문자에서처럼 은방울 혹은 꽃잎으로 장식되어 있다. 많은 문자 형태들이 섬세한 선으로 에워 쌓였고, 문자의 내부는 덩굴손으로 장식되어 있다. 식물의 일부, 덩굴, 나무줄기 등으로 이루어진 몇몇 문자들은 서로 구분되게 제작되었다. 이런 자유로운 형태

〈그림 13〉 차이너성서 요한 3서와 유다서의 시작 부분

에서 독일 고딕예술의 과도한 장식 욕구가 감지될 수 있다. 문자의 고정된 테두리를 지닌 두문자는 관찰자에게 질서정연한 느낌을 주며 전체 그림을 조망할 수 있게 해준다. 거기에 반해 열린 문자 그림은 세심하게 칠해진 색채만이 그림 장면과 문자를 구분할 수 있을 정도로 그림에 묘사된 사건에 녹아들어가 있다. 장면들은 성서 텍스트와 관련이 있다. 많은 세부 사항들이 즉흥적이고 서투르다고 할지라도 대부분의 그림들이 경건한 소박미가 넘쳐흐르며 생동감 있게 표현되었다. 많은 장면들에 종종 문자가 삽입되기도 한다. 문자 표지판 혹은 문자가 적힌

띠 등이 표현된 인물이 누구인지 혹은 묘사된 장소가 어딘지를 표시한다. '가지'와 '줄기'을 휘감고 있는 끈 위에 적힌 몇 가지 문자의 연결들은 오늘날까지 그 의미를 파악하지 못하고 있다. 이런 문자 연결에는 AWMH – CAWMHI – AGIM – AZWI 등이 있다그림 15. 이런 문자 연결들이 예술가들의 암호화된 힌트인지, 아니면 그

〈그림 14〉 히에로니무스와 바울이 그려져 있는
대문자 B

당시 일반적으로 알려진 잠언 표현을 다루고 있는지, 아직 해명되지 않았다.

텍스트의 구성에서 두문자 그림이 차지하는 위치는 흥미롭다. 직사각형의 세로 변과 일치하는 문자는 단 넓이의 4분의 3을 점하고 있다. 그래서 약간의 공간만이 남아서 텍스트를 극단적으로 좁게 인쇄할 수밖에 없다. 단어들의 약자라든지 임의적 단어분리를 통해 식자공에게 균형이 잡히고 안정된 레이아웃이 가능해졌다. 차이너의 두문자는 장식적인 동시에 삽화적인 과제를 충족시킨다. 문장에서 두문자의 위치, 크기, 장식 등은 선호된 장식 과제를 암시하고 있다. 반면에 문자 영역에서 그림 구성은 텍스트 내용에 대한 정보를 동시에 부여하고 있다. 그렇지만 완전한 의미에서 그림 성서라고는 여전히 말할 수 없다.

이런 목판화들은 두 번 더 인쇄되었다. 차이너 자신이 1477년 인쇄한 두 번째 판과 차이너의 죽음 후에 아우크스부르크에서 인쇄된 1480년의 조르크성서에서 이 목판화들은 재차 사용되었다.

차이너는 자신의 첫 성서 인쇄를 다음과 같은 후기로 자랑스럽게 끝내고 있다.

〈그림 15〉 디모데전서의 두문자 S.
두문자 S의 중간에 감겨있는 띠에 적힌 문자 AWMH의 의미는 아직 밝혀지지 않았다.

성서라 불리는 성스런 문헌의 아주 찬란한 작품, 모든 이들을 위해 계획하여 인쇄된 독일어성서, 보다 화려하고, 명확하며 참된, 정말 일상적인 독일어로 계획되어 인쇄되었던 것이 여기서 끝을 맺는다. 독일의 보석, 존엄한 황제 직할도시 아우크스부르크에서 (…) 완전한 출간에 대해 높으신 성 삼위일체에게 영광과 영예가 깃들기를 기원한다. 살아계신 성부와 성자, 그리고 성령이 영원하시길. 아멘.

Diß durchleüchtigost werck der ganczen heyligen geschrifft, genandt die Bibel für all ander vorgedrucktet teütsch biblen, lauterer, klärer, unnd warer, nach rechter gemeinen teütsch dann vorgedrucket, hat hie ein ende. In der hochwirdigen keyserlichen stat Augspurg, der Edlen teütschen Nation (⋯) Umb wöllich volbringung, seye lob glori und Ere der hochen heyligen drivältigkeit und eynigen wesen, Dem vater und dem sun, und dem heyligen geyst, Der da lebet, und regyeret got ewigklichen Amen.[12]

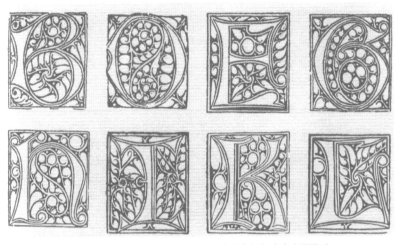

〈**그림 16**〉 1475년과 1477년 차이너성서에 삽입된 두문자

차이너는 성서를 인쇄한 후 2년이 지난 뒤에 독일어성서를 새로운 버전으로 다시 인쇄하였다. 그러나 이 성서는 새로운 종류의 독일어 성서에 속한다. 두 번째 성서는 그 이전에 인쇄된 차이너성서와 비교해 아주 유사함에도 불구하고, 크기도 훨씬 작아졌으며, 무엇보다도 출판정보가 비교적 자세히 들어있는 간기의 인쇄를 통해 서적인쇄에

---

12 Eichenberger/Wendland 1980, 32쪽에서 재인용.

중요한 전기를 이룬
다. 간기에서 1477년
을 언급한 차이너는
자신의 특징적인 인쇄
활자를 두 번째 성서
에 다시 사용하였지
만, 레이아웃은 각 단
을 51행으로 줄였다.
또한 2색 인쇄도 포기
했다. 즉, 장의 제목도
검은색으로 인쇄된 그

〈그림 17〉 권터 차이너의 문장
1477년 성서에 1부와 2부의 끝에 인쇄업자
마크로 인쇄되었다.

대로 두었다. 장들과 책들 사이의 간격은 훨씬 좁아졌다. 예술적으로
구성된 장면과 은방울꽃 장식이 들어있는 아름다운 두문자 그림이
재차 사용되었다그림 16. 경우에 따라 두문자 그림은 첫 번째 성서와
는 다른 위치에 삽입되기도 했다. 대문자 롬바르텐은 더 이상 인쇄되
지 않고 거기에 정해진 공간에 손으로 후에 그려졌다.

   사자가 그려진 방패를 '원시인 모습'의 남성이 들고 있는 권터 차이
너의 인쇄업자 마크그림 17가 새로 추가된다. 이 마크는 조그맣게 인쇄
된 1477이라는 년도 표시와 함께 1권과 2권의 끝에 각각 인쇄되었다.
차이너는 자기 이름에 대한 정보는 제공하지 않았으며, 그에 대한 추
측은 그의 인쇄활자와 인쇄마크를 근거로만 가능하다. 최초의 인쇄업
자로서 권터 차이너가 은방울꽃 장식의 유명한 두문자 알파벳을 사용
했고, 그의 두 번째 성서에서 위에서 언급한 인쇄마크 외에는 어떤

목판화도 첨가되지 않았기 때문에 1475년과 1477년의 성서에 삽입된 두문자를 서로 비교해보면 두 성서 모두 차이너의 작품임을 쉽게 알 수 있다. 이런 장식 두문자는 아우크스부르크, 바젤, 슈트라스부르크, 그리고 다른 인쇄 장소에서 여러 가지 방법으로 모방되었다.

5.4. 플란츠만성서 (1475)

수도원의 재산관리인이며 아우크스부르크 종교재판소의 변호사이고 공증인이기도 했던 요도쿠스 플란츠만은 출판업과 인쇄업을 아마 부업으로 했을 것이다. 그는 초기 인쇄업자로서 거의 알려져 있지 않았으며, 오래

인쇄 장소	아우크스부르크
인쇄업자	요도쿠스 플란츠만 (Jodocus Pflanzmann)
인쇄 일자	1475년, 1477년 6월 20일 이전
크기	약 27×39.5 ㎝
낱장 수	456낱장
레이아웃	2단 54행
삽화	57점의 목판화(중복 포함)
두문자	수작업

동안 독일어성서에 삽화를 넣은 최초 인쇄업자로서 간주되지 않았다.

플란츠만이 인쇄를 했다는 사실은 1475년에 증명될 수 있지만, 자신의 성서 인쇄본을 언제 끝마쳤는지 확실한 근거는 존재하지 않는다. 아마 플란츠만성서는 아우크스부르크에서 같은 시기에 제작된 차이너성서와 경쟁관계에 있었을 것이다.

플란츠만성서를 보다 세밀하게 관찰할 수 있는 기회를 가진 사람은 '삽화'로서 적합한 그림들이 성급하게 제작되었다는 인상을 피할 수

없을 것이다. 여기에 사용
된 목판화의 상이한 예술적
질 또한 이것을 증명해 주
고 있다. 목판화는 아마 이
전에 다른 인쇄물에 사용되
었을 가능성이 많다. 이런
추측은 구체적으로 증명되
지는 않는다. 그러나 플란
츠만성서에 삽입되어 있는
1단 넓이의 그림들이 비록
예술적으로 가치가 떨어지

in verharg die was des künigs ioꝛame tochter· die
haußfraw ioiade des bischoffs die schwester ocho
zie· vnd darumb verderbet in athalia nit· nun was
er verborgen in dem haus gotz· vi· iar die do wich
sent athalia über die erd.

C Das xxiii· Capitel.

J n dem sybenden iare Joiada ward ge
steckt ꝛe nam hunderter das ist azarias
dṙ sun ierchoam vnd ismahel dṙ sun ioha
nan vnd azariam den sun obeth· vnd amasiam den
sun adaie· vñ elizabath dṙ sun zechri· vñ macht ei
gelübte mit im· So vmbgiengṅ iuda vnd samneten
die leuiten von allen dṙ stettṅ iuda. vnd oye fürstṅ
der ingelino israbel· vnd sy kamen in iherusalḗ· dar
umbe all die menig die macht ein gelübd mit dem
künig in dem haus des herren· Vnd ioiada sprach
zů im Secht der sun des künigs der wichsent als ṡ
herre hat geredet über die süne dauids· Darumbe
ditz ist die rede die er thůt· Eüwer dritteil die do

〈그림 18〉 플란츠만성서

더라도 서적삽화로 규정될 수 있음은 확실하다. 차이너성서의 두문자
그림도 서적 장식에서 삽화적인 것으로 간주될 수도 있다. 삽화의 사

〈그림 19〉 작업실의 히에로니무스

〈그림 20〉 천지창조

전적 정의에서 출발한다면 차이너의 그림 시리즈에 최초라는 타이틀이 주어져야 하는데, 왜냐하면 거기서 주도면밀하게 숙고된 예술적 그리고 내용적 프로그램이 비로소 실현되었기 때문이다.

플란츠만성서에서 3점의 직사각형 형태의 목판화가 첫 부분에 등장하는데, 그것은 책상 옆에 앉아 있는 히에로니무스, 세계의 창조, 이브의 탄생이다. 그림 그 자체만을 놓고 보면 이것들은 예술적인 영향력을 갖춘 특이하고 소박한 목판화이다. 그러나 대부분 정사각형 형태의 그림 규격에 묘사된 그림은 질적인 면에서 분명히 떨어진다. 플란츠만성서에 삽입된 57

〈그림 21〉 이브의 탄생

점의 그림은 단지 21개의 목판으로만 인쇄되었다. 그래서 왕 혹은 예언자의 묘사가 각기 새로운 의미가 부가되어 있음에도 여러 번 반복되어 삽입되었다. 이것은 그림을 통한 장식이 단지 임시방편으로 이루어졌다는 추측을 뒷받침해주고 있다. 플란츠만은 아마 좀 더 나은 삽화 시리즈를 주문할 수는 없었을 것이다.

플란츠만성서는 타이포그래피에서도 그렇게 만족스러운 결과를 내지 못했다. 텍스트가 한 페이지에 두 개의 좁은 단으로 구분되어 정렬되어 있다. 이 단의 넓이는 목판의 넓이에 맞추고 있다. 텍스트 그 자체는 비교적 작고, 행을 손쉽게 가로질러 서로 영향을 미치는 불균형의 둥근 고딕체로 인쇄되었다. 소문자의 내부 공간은 좁아서 인쇄

할 경우 종종 잉크가 번져서 없어졌다. 문장 모습은 불안하고 얼룩이
져 보이는 느낌이다. 단의 제목은 처음에만 있으며, 낱장의 순서를
나타내는 숫자와 강조하려고 크게 인쇄한 제목은 없다. 장의 시작에
는 채식사가 인쇄 후에 대문자 롬바르덴을 넣기 위한 여백이 있다.

같은 시기에 인쇄된 차이너성서에 비해서 그림의 질 차이가 아주
명백하게 드러난다. 차이너의 인쇄가 오랫동안 면밀히 계획되었던 반
면에 플란츠만의 성서인쇄는 눈에 띠게 서둘러 제작되었다. 이런 이유
로 쉽게 폐기 처분되었던 플란츠만성서는 오늘날 루터성서 이전에 인
쇄된 18종의 성서 중 가장 적은 부수만 남아 있는 희귀 성서가 되었다.

5.5. 젠센슈미트성서 (1476–1478)

뉘른베르크에서 인쇄된 젠
센슈미트성서 또한 차이너성
서와 같이 인물들이 그려진
두문자를 지니고 있다. 여기
서는 거의 정사각형에 가까
운 단 넓이만큼 큰 틀 안에 두
문자가 그려져 있다. 두문자
그림은 성서의 각 책의 시작
부분에 삽입되어 있다. 장의

인쇄 장소	뉘른베르크
인쇄업자	안드레아스 프리스너 / 요한 젠센슈미트(Andreas Frisner / Johann Sensenschmidt)
인쇄 일자	1476년에서 1478년 사이
크기	약 27 × 39,5 ㎝
낱장 수	1부: 256낱장 / 2부: 258낱장
레이아웃	2단 57행
삽화	1점의 큰 목판화, 73점의 두문자 그림
두문자	수작업

시작 부분에서는 롬바르덴을 넣기 위해 여백을 남겨 두었다.

비록 커다란 두문자 그림이 그 구성에서 차이너성서를 모방하였을 지라도, 두문자 그림은 독자적인 그래프 예술 형태로서 목판의 독자적인 영역을 보여준다. 두문자의 테두리는 그림자 모습의 선영을 통해 3차원적인 깊이를 느끼게 해준다. 창문을 통해서 보는 것처럼 관찰

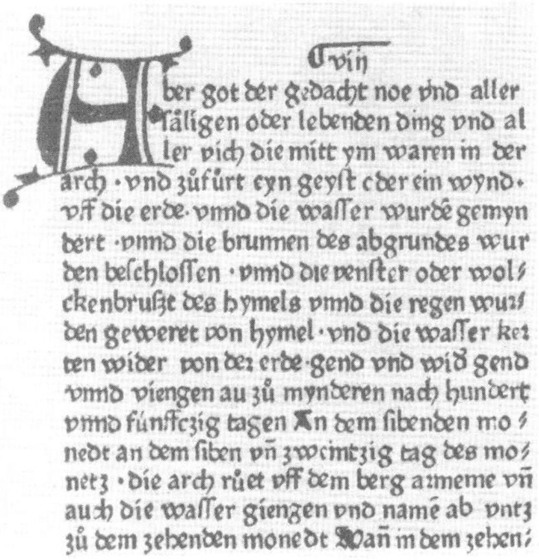
Cviii
Aber got der gedacht noe vnd aller tåligen oder lebenden ding vnd aller vich die mitt ym waren in der arch · vnd zůfůrt eyn geyst oder ein wynd · vff die erde · vnnd die waffer wurdẽ gemyndert · vnnd die brunnen des abgrundes wurden beschlossen · vnnd die venster oder wolckenbrußze des hymels vnnd die regen wurden geweret von hymel · vnd die waffer keten wider von der erde · gend vnd wid gend vnnd viengen au zů mynderen nach hundert vnnd fúnffczig tagen An dem sibenden monedt an dem siben vñ zweintzig tag des monetz · die arch růet vff dem berg armeme vñ auch die waffer giengen vnd namẽ ab vntz zů dem zehenden monedt Wañ in dem zehen-

〈그림 22〉 젠센슈미트성서

자는 그려진 장면을 바라본다. 로마네스크풍의 문자는 창문 틀 위에 휘감겨 붙어 있다. 두문자 그림의 '도안자'는 넓은 정사각형 틀 덕택에 삽화를 위한 큰 여백을 이용할 수 있는 이점을 가지고 있다. 그 때문에 젠센슈미트의 경우 두문자는 종종 차이너성서보다 형식적으로 더 성공했고 장식적이며 웅장하다. 그러나 여기서도 또한 많은 문자에서 테두리, 문자, 그림 장면 등을 여러 가지 형상 차원에서 구분할 수 있기 위해 채색이 규정 요소로서 필수적이다. 선영을 통해 이룰 수 있는 목판화의 흑백예술에서 채색이 없으면 표현이 제한적일 수밖에 없다.

뉘른베르크의 장인 젠센슈미트가 아우크스부르크의 모델을 가지고 어떻게 작업했는지 비교해 보는 것도 흥미롭다. 차이너성서의 문자가 완결된 윤곽이 그려진 언셜체라면 젠센슈미트성서의 문자도 이 형태를 따르고 있다. 차이너가 자유롭고 환상에서 유래한 가지와 식물의

일부를 하나의 문자로 만들
었다면 젠센슈미트성서의
목판 제작자는 이것을 충실
히 모방하고 있다. 또한 차
이너의 두문자에서 간간히
등장하는 비밀스런 문자 연
결도 젠센슈미트의 삽화가
는 "원본을 위해 필연적인
것이며, 또한 필연적인 내용
에 속하는 것"으로 그 문자
연결의 의미가 설명도 되지
않은 상태에서 그대로 수용
하였다. 그러나 젠센슈미트
의 삽화가는 새로운 것을
제공하기도 했다. 두문자 I
에서 문자는 시루스와 에스
라가 나오는 장면 앞에 평
평한 무대 세트처럼 서있다

〈**그림 23**〉 두문자 U에 그려진 〈민수기〉 내용

〈**그림 24**〉 두문자 I. 〈에스라상〉

그림 24. 두문자 S는 야생의 상태로 자란 식물의 형태를 하고 있다 그림
25. 다윗왕은 뒤에 놓인 내부 공간이 불완전하게 암시될 수 있을 정도
로 전체 크기로 꽉 채우고 있다. 다윗왕이 자신의 시편을 왼손으로
책에 써가고 있는 것이 그 구성을 악화시키지는 않는다. 이런 독특함
을 목판화에서 자주 접하게 된다. 많은 묘사가 뉘른베르크에서 향상

되어졌으며, 많은 모티브가 차이너에서 보다 더 납득될 수 있게 되었다. 어쨌든 두 성서에 삽입된 두문자의 비교는 연구할 만한 가치가 있다. 텍스트에서 젠센슈미트 두문자의 이례적인 위치가 주목할 만한 가치가 있다. 두문자 곁 오른쪽 위쪽에 관련 단어나 단어의 나머지 부분을 넣는 일반적인 관습은 두문자 밑에 논리적인 위치 선점을 위해 포기되었다. 관련 단어는 이제 처음 나오는 행에 위치하게 된다. 젠센슈미트는 자기 텍스트에 대한 인쇄활자로서 안티크바적 특징이 있고 상부라인지역의 기울임체의 형태도 섞인 둥근 고딕체를 사용하였다. 활자체는 아주 힘차게 보이지만, 약간 불규칙적이다. 행들은 비교적 단에

〈그림 25〉 두문자 S. 〈시편〉의 다윗왕

〈그림 26〉 〈젠센슈미트성서〉 데살로니가전서 시작 부분
취리히 중앙도서관 소장본.

압축적으로 정렬되어 있으며, 단의 제목과 낱장의 순서를 나타내는 숫자도 인쇄되었다. 차이너성서에 대해 경쟁적 사업으로 고려된 젠센슈미트성서는 오늘날 아주 드물다. 그 때문에 출판 부수가 그렇게 많지 않았으리라고 추정될 수 있다.

5.6. 조르크성서 (1477/1480)

아우크스부르크에서 가장 활동적인 인쇄업자는 안톤 조르크였다. 귄터 차이너의 두 번째 성서가 인쇄된 해에 안톤 조르크도 삽화가 있는 독일어성서를 출판하였다. 그는 플란츠만

인쇄 날짜	1477년 6월 20일	1480년 1월 3일
인쇄 장소	아우크스부르크	
인쇄업자	안톤 조르크(Anton Sorg)	
크기	약 25×36 cm	약 28×40 cm
낱장 수	1부: 267낱장 2부: 275낱장	1부: 331낱장 2부: 342낱장
레이아웃	2단 55-56행	2단 51행
삽화	77점 목판화	73점 목판 두문자 그림
두문자	두문자 목판화와 롬바르덴 윤곽선	은방울꽃 두문자

성서에서 삽화로 사용한 목판을 소유하게 되었지만, 이 중 몇몇은 버리고 23점의 다른 목판을 추가하였다. 독자적인 예술적 형상은 드물었고, 차이너와 경쟁에서 사업적 성공이 그에겐 보다 중요하게 여겨졌던 것처럼 보였다. 그래서 플란츠만성서에 사용되었던 삽화에 새롭게 추가된 그림들도 성서가 아닌 작품에서 가져왔다. 엄격한 의미에서 사전에 계획된 삽화는 아니었다. 조르크는 동시대 다른 인쇄업자들과 같이

삽화가 들어 있는 서적이 개별 모티브가 텍스트에 아주 정확하게 일치하지 않더라도 더 잘 팔리고 있다는 사실을 알고 있었다. 그 때문에 조르크성서에 들어 있는 목판화 시리즈도 출처가 서로 다르며, 질도 천차만별인 그림들의 집합체이다. 물론 삽화 중에는 아름답고 인상적인 그림들도 존재한다.

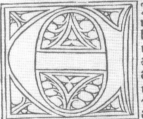

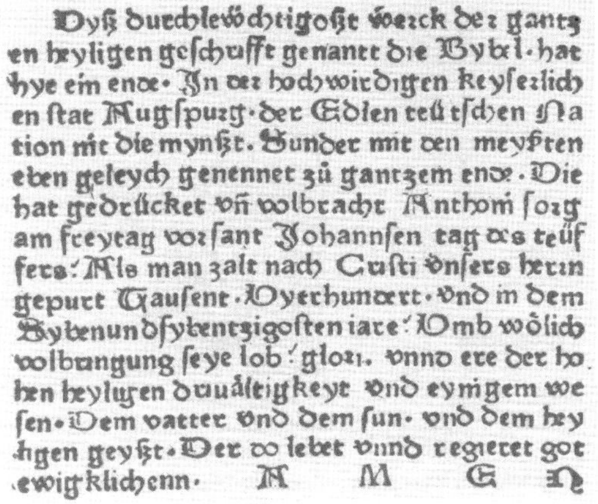
Dyß durchleüchtigoßt werck der gantz
en heyligen geschrifft genant die Bybel. hat
hye ein ende. In der hochwirdigen keyserlich
en stat Augspurg. der Edlen teütschen Na
tion mit die mynßt. Sunder mit den meysten
eben geleych genennet zů gantzem ende. Die
hat gedrücket vñ volbracht Anthoni sorg
am freytag vor sant Johannsen tag des teüf
fers. Als man zalt nach Cristi vnsers herrn
gepurt Tausent. Vierhundert. vnd in dem
Sybenundsybentzigosten iare. Omb wölich
volbringung seye lob. glori. vnnd ere der ho
hen heyligen driualtigkeyt vnd eynigem we
sen. Dem vatter vnd dem sun. vnd dem hey
ligen geyßt. Der do lebet vnnd regieret got
ewigklichenn. A M E N

〈그림 27〉 조르크성서(1477)

Das bůch danielis des prophetē hat
ein ende Vnd hebt an die vorred in
das bůch der zwelff propheten.
In söllich ord/
nung der zwelff
kleinen prophe
ten ist nicht bey
den hebreyschen
die do ist bey v/
ns lateynischen
vñ darūb nach
dem als man do
lißt. also seind sy nach einand gesetzet
vñ geschickt. Osee ist geteilt also dz er
vil sin hat. vñ er ist rede als einer d do
ist vol meisterlicher sprüch. Johel d pro

〈그림 28〉 조르크성서(1480)

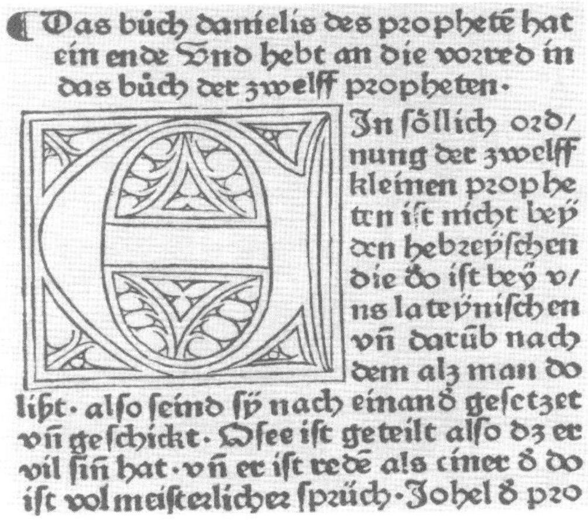

불완전한 삽화와 마찬가지로 타이포그래피도 그렇게 훌륭하지는 못하다. 문장의 형태는 기존의 혹은 동시대에 출간된 독일어성서와 확연히 구분된다. 비록 사용된 인쇄활자가 이미 슈바바허와 프락투어의 방향으로 계속 발전하는 것으로서 간주될 수 있을 지라도 활자체는 전체적으로 여전히 서툴다. 대문자 베르

살리엔은 독특한 모양을 취하고 있다. 활자의 형태는 작고, 행은 터질 것 같은 느낌을 준다. 어쨌든 작은 활자는 같은 시기에 인쇄된 차이너의 두 번째 성서와 비교해 보면 대략 100낱장 정도를 절약하게 해준다. 페이지 수는 인쇄되지 않았고, 단의 제목은 펼친 두 쪽 전체에 걸쳐 인쇄되었다. 두 단 사이의 간격은 초기 독일어성서들보다 넓었다.

〈그림 29〉 조르크성서(1477)

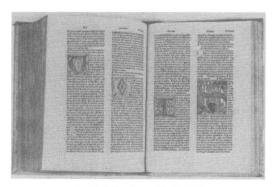

〈그림 30〉 조르크성서(1480)

조르크는 차이너성서의 모델에 따라 큰 은방울꽃 장식의 두문자를 사용했지만, 채색에도 불구하고 한층 서투른 모습을 띠고 있다. 그는 이 두문자의 장식적 매력을 재빨리 파악하였지만, 여기선 그의 두 번째 두문자 알파벳의 우아함에 여전히 이르지 못했다.

성서의 각 책은 한 점의 목판화와 은방울꽃 두문자를 통해 시작된다. 장의 시작에는 채식사가 그려야 하는 롬바르덴이 등장한다.

1480년 인쇄된 안톤 조르크의 독일어성서에서 귄터 차이너의 세 번째이자 마지막인 그림 두문자가 등장한다. 아우크스부르크 최초의 인쇄업자였던 차이너는 1478년 4월 13일에 죽었다. 한 해전에 그는 자신의 독일어성서 두 번째 판을 제작하였다. 차이너는 죽기 바로 전에 자신의 인쇄소가 파산되는 과정을 지켜보아야만 했다. 안톤 조르크는 파산한 차이너의 인쇄소로부터 두문자 그림을 구입하였다. 그래서 그는 자신이 1477년 처음으로 인쇄했던 독일어성서에 사용하였던 플란츠만성서 목판과 독자적인 목판 대신에 자신의 두 번째 성서에 차이너의 두문자 그림을 사용하였다. 한 가지 모티브만이 이 세 번째 사용에 추가되었다.

새로운 조르크성서와 2종의 차이너성서를 비교하는 것은 타이포그래피에서 차이를 보여주지만, 차이너 두문자가 다른 인쇄활자에 아주 잘 어울린다는 사실을 분명히 해준다. 조르크는 아름답고 큰 독일 활자를 취했고, 이것은 아마 그 시대 필사본 형태를 특징짓고 이미 후기 프락투어를 암시하는 특징적이고 힘 있는 타이포그래피였다.

작아진 서적과 종이 형태는 보다 작은 텍스트 레이아웃을 요구했다. 그래서 문장 간격은 좁아졌다. 텍스트 내부의 여백을 통해서도 조르크는 종이를 절약하였다. 1480년의 조르크성서는 1477년 인쇄된 것과 비교해 보면 텍스트 면에서는 낱장 수가 같다. 텍스트의 부족한 공간적 구성 때문에 장의 시작이 강조되어야 했다. 조르크는 그것을 위해 장의 제목으로 알리네아 기호를 사용하였다. 반달 형태의 이런 활자는 필사본에서 사용되었던 단락과 장을 표시하는 필사시대 기호의 잔재였다.

작은 텍스트 레이아웃은 단을 좁게 만드는 결과를 가져왔다. 차이너성서와 비교해서 텍스트는 10㎜ 정도 더 좁아졌다. 이것은 두문자 그림 외에도 문장의 구독에 좋지 않은 결과를 가져왔다.

머리말에 첫 부분을 장식한 조르크의 은방울꽃 두문자는 차이너의 모델보다 더 크다. 이 두문자는 형태나 장식의 우아함에서 차이너의 그것을 능가한다. 두문자의 눈에 띠는 부드러운 선은 후의 채색 작업에 도움을 주었다. 1477년 성서에 비해 1480년 성서는 예술과 타이포그래피 측면에서 더 높이 평가될 수 있다. 그러나 이 성서도 차이너의 첫 성서의 웅장한 크기와 서적 예술적인 후광에는 미칠 수 없었다.

5.7. 쾰른성서 (1478)

인큐내뷸러시대 삽화 성서 중 쾰른성서가 정점을 형성한다. 이미 동시대인들은 큰 그림으로 풍성하게 장식된 쾰른성서를 보았을 때 그런 느낌을 받았음이 확실하다. 그래서 쾰른의 목판화는 그

	저지작센어	저지라인어
인쇄 장소	쾰른	
인쇄업자	하인리히 크벤텔 혹은 바르톨로모이스 폰 운켈?(Heinrich Quentell oder Bartholomäus von Unckel)	
인쇄 일자	1478년	
크기	약 27,5 × 39,5 ㎝	
낱장 수	542낱장	544낱장
레이아웃	2단 56-57행	
삽화	113점 목판화, 그 중에는 중복도 있음	123점 목판화, 그 중에는 중복도 있음
두문자	후에 손으로 첨가	
특징	접속사 unde	접속사 ende

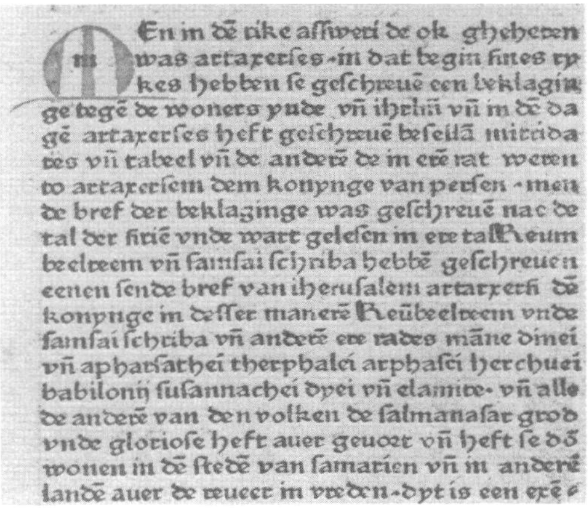
En in dē rike assweri de ok ghehetē
was artaxerses · in dat begin sines ry
kes hebben se geschreuē een beklagin
ge tegē de woners yude vñ iherlm̄ vñ in dē da
gē artaxerses heft geschreuē beseilā mitrida
tes vñ tabeel vñ de anderē de in erē rat weren
to artaxersem dem konynge van persen · men
de bref der beklaginge was geschreuē nac de
tal der sirīē vnde wart gelesen in ere tal Reum
beelteem vñ samsai schriba hebbē geschreuen
eenen sende bref van iherusalem artarxerth dē
konynge in desser manerē Reūbeelteem vnde
samsai schriba vñ anderē ere rades mā ne dinei
vñ apharsathei therphalei arphasci herchuei
babilonij susannachei dyei vñ elamite · vñ alle
de anderē van den volken de salmanasar grod
vnde gloriose heft auer geuoert vñ heft se dō
wonen in dē stedē van samarien vñ in anderē
landē auer de reueer in vreden · dyt is een erē

〈그림 31〉 쾰른성서

후 독일어성서에 반복해서 사용되었고 종교개혁 시기에 이르기까지 막강한 영향력을 행사했다. 이런 탁월한 중요성으로 인해, 쾰른성서를 연대기적으로 배열하거나 루터성서 이전에 인쇄된 성서를 고지독일어본과 저지독일어본으로 구분하지 않는 것이 보다 더 의미가 있어 보인다.

2종의 쾰른성서, 즉 113점의 삽화가 들어 있는 저지작센어성서와 123점의 삽화가 들어 있는 저지라인어성서는 거의 같은 시기에 출판되었다. 두 성서 모두 인쇄업자에 대한 정보와 인쇄일자가 없기 때문에 쾰른성서에 대한 많은 추측과 가정이 무성하다. 인쇄 장소는 머리말에 다음과 같이 나온다. "루리크 도시 쾰른에서 인쇄되었다"gedrucket in der louelycker stat Coelne. 인쇄 일자는 오늘날의 연구 결과에 따르면 1478년과 1479년 사이이다.

하인리히 크벤텔이 쾰른성서의 인쇄업자로서 오랫동안 간주되었다. 그러나 바르톨로모이스 폰 운켈이 쾰른성서의 출판업자라는 추측도 있다. 겔트너는 두 사람이 이 작업에 함께 참여했다는 데 대해 이의를 제기한다. 그러나 호르스트 쿤체는 성서 인쇄의 재정 지원을 위해

기업연합이 결성되었다고 언급한다. 크벤텔의 장인, 황제의 재정담당 관, 공중인 헬만, 뉘른베르크의 인쇄업자이며 출판업자인 안톤 코베르거가 이 기업연합에 참여하였다는 주장이다Kunze 1975.

인쇄 정보를 분명히 밝히고 있는 기존의 다른 독일어성서가 많이 출판된 상황에서 쾰른성서가 출판에 대한 정보를 밝히지 않은 것은 특이한 현상으로 볼 수 있다. 주지하다시피 쾰른대학은 이단적인 서적이 인쇄되거나, 판매되고 읽혀지는 데 대해 아주 엄격한 검열을 행사하고 있었다. 교회 당국에서 유일하게 인정하고 있는 라틴어성서 『불가타』와 다른 저지라인어나 저지작센어 방언으로 제작된 성서는 교회의 가르침에 일치하지 않을 수도 있다는 의구심을 일깨울 수 있었다. 여기에 추가로 교황의 권위에 반대되는 의견을 표명했던 쾰른의 성직자 내부에서도 긴장감이 감돌고 있었다. 그래서 호르스트 쿤체는 쾰른성서가 카르투시오회[13]와 '공동생활 형제회'의 노력으로 인쇄되었을 것이라고 추정한다. 이런 의도로 발생할 수 있는 재정적 위험을 정치적 이유로 확대시키지 않으려고 정확한 정보를 제공하지 않았다는 것이다. 아마도 이런 연유로 상세한 머리말에 교회의 격한 감정을 달래고 독자들을 안정시키기 위한 표현들이 많이 등장한다고 추

---

13 카르투시오회라틴어: Ordo Cartusiensis 또는 성 브루노 수도회는 가톨릭교회의 봉쇄 수도회 가운데 하나이다. 1084년 쾰른의 성 브루노에 의해 설립되었으며, 남자 수도회와 여자 수도회 모두 갖추고 있다. 카르투시오회는 성 베네딕트회의 규칙 대신에 자체적인 규칙을 가지고 있으며, 은둔자적인 삶과 수도자로서의 삶을 겸비하고 있는 것이 특징이다. 카르투시오라는 명칭은 샤르트뢰즈 산악 지대에서 유래한 것이다. 성 브루노는 프랑스 알프스 지역의 산맥 계곡에 있는 곳에 자신이 은둔할 곳을 마련하였다. 카르투시오회의 모토는 라틴어로 "세상은 돌지만, 십자가는 우뚝하다"Stat crux dum volvitur orbis이다.

측할 수 있다. 그래서 쾰른성서의 광고나 고지와 같은 정보는 고의로 하지 않았을 것이다.

오늘날과 같이 그 당시에도 쾰른성서를 눈에 띠게 하고 진정한 그림성서의 특징을 부여하는 것이 바로 2단에 걸쳐 그려진 커다란 목판화이다. 여기에 추가로 몇몇 페이지에는 예술적인 테두리 장식도 등장한다.

머리말에는 텍스트의 이해를 쉽게 하고, 독서를 장려하기 위해서 그림들이 첨가되었다는 언급이 나온다. 그림들은 옛날부터 전해 내려오는 것으로 오늘날에도 여전히 많은 교회나 수도원에 그려져 있는 것이라고 말하지만, 여기 그려진 그림들이 쾰른 예술가의 독자적인 창작품이라는 말로 끝을 맺는다. 루돌프 카우취는 1896년에 쾰른성서에 대한 자신의 저서에서 그림의 구성이 동시대 베를린에 보존되어 있던 필사본성서의 삽화를 모방하고 있다는 사실을 확실히 입증했다. 그는 목판화가 "아마 쾰른에서 제작되었지만, 내용적이나 기술적으로 쾰른 예술로부터 생겨난 것이 아니며, 프랑스에서 배운 판화작가가 제작했다"고 주장한다. 이런 인식의 근거로 카우취는 다음과 같은 결론을 내리고 있다. "15세기에 인쇄된 서적의 삽화는 원본일 경우가 아주 드물다. 삽화는 거의 필사본에 있는 것을 모방하였다"Kautzsch 1896.

빌헬름 보링어도 쾰른성서에 대한 자신의 단행본1923에서 목판화가 프랑스 문화권에 속해 있다고 주장한다. 두터운 선으로 재료인 나무의 느낌을 그대로 살리는 목판화의 독일적 화풍과는 반대로 쾰른성서의 그림들은 차가운 금속 판화와 같은 느낌을 준다. 보링어에 따르면 이 목판화의 선은 너무 뛰어나고 치밀하게 계산되어 순간적인 착상이 없다는 것이다Worringer 1923. 목판은 균형감을 제대로 보여주고 있고, 표현이 형태와 잘 어울리고 있다는 것이다. 보링어에 의해 평가된 이런 특징들은 현대 서적삽화가들의 견해와 거의 일치하고 있다.

프랑스-네덜란드-플랑드르 지방의 영향이 화려한 테두리 장식, 후기 고딕예술의 과대 장식, 몇몇 도입 부분에서 강조되어 장식된 완벽한 목판 예술 등에서도 나타난다. 바로크 예술에 가까운 화려한 형태로 후기 고딕예술의 테두리 장식은 수많은 인물들과 세속적 내용의 대상들을 그려내고 있다. 이런 화려한 장식 예술은 14세기 필사본의 장식화에서 흔히 발견되었던 것이기도 하다.

삽화의 탁월한 의미 이외에도 쾰른성서의 타이포그래피도 간과되어서는 안 된다. 쾰른의 인쇄업자는 로툰다에서 발전되어 슈바바허와 유사하지만, 다른 독일어성서의 서체보다는 훨씬 더 고풍스러운 느낌을 주는 서체를 사용하였다. 2단의 텍스트 간격이 넓으며, 장의 제목은 기본 활자로 인쇄되었으며, 단의 제목도 인쇄되었다. 낱장의 순서를 나타내는 숫자는 없다. 두문자는 채식사에 의해 인쇄 후에 첨가되었다. 텍스트의 레이아웃이 흥미롭다. 페이지의 중앙에 있는 그림의 경우 독서 과정이 그림 위에서 끝나며, 그 다음 두 번째 단으로 건너뛴다. 그림 밑에서 텍스트가 다시 첫 번째 단의 왼쪽에서 다시 시작된다. 이 그림들을 자신이 인쇄한 성서에 사용했던 코베르거는 이것과는 달리 마치 텍스트가 그림으로 인해 중단될 수는 없다는 느낌으로 텍스트를 페이지 밑에까지 적었다.

5.8. 코베르거성서 (1483)

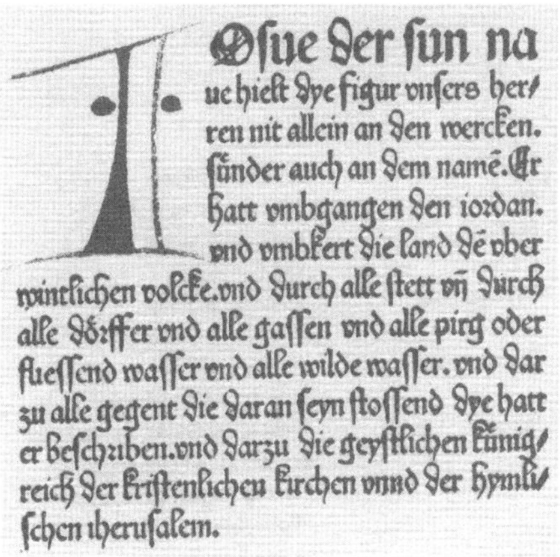

인쇄 장소	뉘른베르크
인쇄업자	안톤 코베르거(Anton Koberger, 1440-1513)
인쇄 일자	1483년 2월 17일
크기	약 27×39 ㎝
낱장 수	586낱장
레이아웃	2단 50행
삽화	109점(쾰른성서의 삽화)
두문자	수작업

안톤 코베르거의 독일어 성서는 인큐내뷸러시대에 제작된 가장 아름다운 성서이다. 목판화는 1478년에 이미 쾰른에서 두 가지 저지독일어 판에 삽입된 것을 그대로 사용하였다. 새로운 연구는 코베르거가 쾰른성서의 제작과정에 직접 관여했거나 혹은 중개인을 통해 영향력을 행사했다고 추측하게 한다Schmitz 1990. 그가 쾰른성서 제작에 재정적으로 참여하여 기여함으로써 쾰른성서의 목판을 사용할 수 있는 권한을 넘겨받았거나, 혹은 쾰른성서의 제작 후에 자신이 목판을 구입하는 것을 약속받았다고 추측할 수 있다.

Osue der sun na
ue hielt dye figur vnsers her/
ren nit allein an den wercken.
sünder auch an dem namẽ. Er
hatt vmbgangen den iordan.
vnd vmbkert die land dẽ vber
wintlichen volcke. vnd durch alle stett vñ durch
alle dörffer vnd alle gassen vnd alle pirg oder
fliessend wasser vnd alle wilde wasser. vnd dar
zu alle gegent die daran seyn stossend dye hatt
er beschriben. vnd darzu die geystlichen künig/
reich der kristenlichen kirchen vnnd der hymli/
schen iherusalem.

〈그림 32〉 바스타다 서체로 인쇄된 코베르거성서(1483)

코베르거는 인쇄업자, 출판업자, 서적판매원 등으로 유명해졌다. 그는 유럽에 거의 모든 중요한 상업 지역에 자신의 인쇄 지점을 두었다.

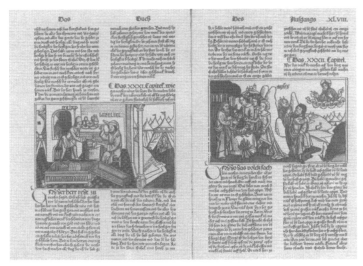

〈그림 33〉 코베르거성서
볼펜뷔텔의 헤르초크 아우구스트 도서관 소장본.

그의 뉘른베르크 인쇄소는 24대의 인쇄기와 거의 100명에 이르는 직원을 거느린 대기업이었다. 광범위하고 원활하게 작동하는 사업 네트워크와 거대한 자본으로 코베르거는 독일어성서 인쇄에서 자신의 선배들보다 훨씬 많은 것을 시도해 보았다. 페르디난트 겔트너는 그가 독일어성서를 1천에서 1천 5백부 인쇄했을 것으로 추정하고 있다 Geldner 1970. 그러나 유럽 전역에 걸쳐 퍼져 있는 사업 네트워크와 많은 부수만이 이 성서를 널리 퍼지게 만든 것은 아니다. 무엇보다도 코베르거성서의 장식이 탁월하여 많은 사람들의 구매욕을 자극했다. 쾰른성서의 목판화가 인기를 얻지 못했더라면, 코베르거성서에서 쾰른성서의 목판화를 다시 사용하는 일은 일어나지 않았으리라는 주장도 충분히 개연성이 있다. 목판화의 재사용은 아마 쾰른성서를 인쇄하고 난 후 결정되었을 것이다.

넓은 직사각형 모양의 그림, 눈에 띠는 새로운 서체의 사용, 부분적으로는 인쇄 전에 이미 계획된 종종 아름답게 채색까지 한 큼지막한 표제어 등을 통해 코베르거성서는 외관상 화려함이나 생생함으로 인해 많은 구매자와 독자들을 기쁘게 해줄 수 있는 책 모양을 제공했다. 오늘날에도 여전히 코베르거성서는 인큐내뷸러시대의 대표적 성서로 간주된다. 코베르거는 아름다운 인쇄체인 바스타다를 사용했다. 이 서체는 상부라인 지방의 서적 기울임체와 형태상 유사하며 슈바바허와 프락투어의 중간에 해당하는 서체이다. 바스타다체는 가독성이 뛰어나고 살아 움직이는 듯한, 필사본에서 사용된 서체를 연상시킨다. 장의 제목은 큰 폰트의 둥근 고딕체로 강조되었다.

두문자의 경우 텍스트에 공간을 남겨두었다. 아마 코베르거 인쇄소에서 그 시대 칼리그라프 혹은 서적 장식화와 유사하고 그에 상응하게 장식된 두문자가 사용되었을 것이다. 그 외에도 채식사는 붉고 푸른색의 대문자 롬바르덴을 첨가했고, 많은 인쇄본에서 심지어는 텍스트에 나오는 모든 베르살리엔 대문자에 작은 주황색 선을 그었다. 강조를 위해 첨가한 빛나는 주황색 선은 코베르거성서의 축제적이며 쾌활한 특징을 고조시킨다.

몇몇 퀼른성서의 목판은 가로면의 크기를 줄여야만 했다. 그 때문에 많은 그림에서 이중의 테두리선에서 바깥선이 없어졌다. 반면, 위아래의 선은 그대로 남았다. 코베르거는 퀼른성서에서 가져온 123점의 목판화 중 109점을 자신의 성서에 사용하였다.

퀼른성서보다 코베르거성서에서 훨씬 더 많이 나타나는 삽화의 채색은 심홍색, 파란색, 황갈색 등으로 이루어진 단순한 버전과 하늘색, 주황색, 옅은 노란색, 갈색, 보라색, 여러 가지 톤의 녹색 등의 채색 등급을 다양하게 지닌 버전으로 각각 인쇄되었다. 코베르거성서의 채색 삽화는 이 책의 부록에서 감상할 수 있다.

5.9. 그뤼닝어성서 (1485)

1485년 5월에 코베르거성서를 모델로 제작된 109점의 삽화가 들어있는 성서가 슈트라스부르크에서 처음으로 출판되었다. 삽화는 쾰른성서와 코베르거성서에서 사용되었던 것이 재사용되었다. 그러나 이 경우 단순하게

인쇄 장소	슈트라스부르크
인쇄업자	요한 그뤼닝어(Johann Grüninger, 1455-1532)
인쇄 일자	1485년 5월 2일
크기	약 20 × 28 cm
낱장 수	1부: 466낱장 2부: 456낱장
레이아웃	2단 43행
삽화	109점 목판화
두문자	수작업

복사물이라 단정할 수는 없다. 15세기에는 예술 작품에서 원본과 복제품의 차이는 존재하지 않았다. 예술가의 존재도 자신의 작품 뒤에 숨어 대부분 익명이었다.

코베르거성서의 슈트라스부르크 복제 인쇄업자는 인쇄 마크에서 요한 그뤼닝어라 밝히진 않았지만, 목판삽화와 서적 장식 분야에서 큰 업적을 남긴 인쇄업자였다. 쾰른성서의 삽화를 모델로 삼았던 그뤼닝어의 목판화는 우수하고 어느 정도 독자성도 갖추고 있어서, 몇몇 삽화

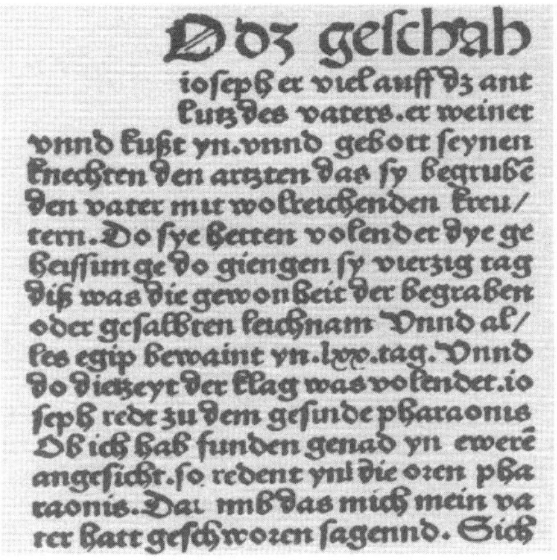
Doz geschah ioseph er viel auff dz ant
lutz des vaters. er weinet
vnnd kußt yn. vnnd gebott seynen
knechten den artzten das sy begrubē
den vater mit wolreichenden kreu/
tern. Do sye hetten volendet dye ge
haissunge do giengen sy viertzig tag
diß was die gewonheit der begraben
oder gesalbten leichnam Vnnd al/
les egip bewaint yn. lxx. tag. Vnnd
do dietzeyt der klag was volendet. io
seph rede zu dem gesinde pharaonis
Ob ich hab funden genad yn ewerē
angesicht. so redent ynn die oren pha
raonis. Dar umb das mich mein va
ter hatt geschworen sagennd. Sich

〈그림 34〉 그뤼닝어성서

에서는 쾰른성서의 모델보다도 뛰어난 예술적 감각을 보여준다. 이런 점에서 그뤼닝어의 삽화가 단순히 모방 삽화라고 말할 수는 없다. 주지하다시피 그뤼닝어성서 삽화의 장인은 많은 모티브들이 쾰른성서의 모델과 아주 다른 것도 있기 때문에 다른 모델도 지니고 있었을 것으로 추정된다. 삽화 중 몇몇은 모델이 축소되어 목판에 옮겨졌으며, 제작과 복제에 따라 모델과는 상이한 새로운 그림이 좌우가 바뀌어 나타나기도 한다.

삽화의 형태는 2단의 폭과 일치하는 가로변이 비교적 긴 직사각형이다. 이런 형태를 통해 예술가는 모델의 구성을 어쩔 수 없이 약간 변형시켜야만 했다. 선의 굵기가 동일하지 않고 들쭉날쭉하다. 선들이 삽화의 구조를 좀 더 강하게 느끼게 만든다. 그뤼닝어성서 삽화가의 독창성은 특히 개인, 풍경, 배경 등의 전형화에서 분명해진다. 남성과 여성들의 얼굴들이 특히 두드러지게 그려졌다. 그러나 줄거리의 시간적 공간적 차이를 구분하기 위해 세 부분으로 나누어져 그려진 요한계시록의 그림들은 원본 그대로 이어받았다.

그뤼닝어는 성서를 손에 잡히는 크기, 즉 문고판으로 인쇄한 최초의 인쇄업자였다. 이로써 크기 면에서 지니고 다닐 수 있는 가정용성

서가 처음으로 제작되었다. 현재의 서적 크기와 일치하는 이런 형태
는 오랫동안 인쇄 성서의 크기를 규정했다.

삽화의 크기도 새로운 단의 넓이, 즉 135㎜ 크기로 축소되었다. 2단
텍스트는 수많은 슈트라스부르크 인쇄물에서 사용되었던 전형적인
상부라인지역의 바스타다체로 제작되었다. 이 서체는 필사본 모델에
서 발전된 인쇄 서체였고, 문자의 상단이 곡선으로 휘어져 있는 것이
특징이다. 두 단에 걸쳐 인쇄된 머리글, 로마 숫자로 적은 낱장 수
표시, 둥근 고딕체로 크게 인쇄한 장의 제목 등이 눈에 띈다.

그뤼닝어성
서에서는 두문
자가 인쇄되지
않은 것이 특이
하다. 두문자는
텍스트를 인쇄
한 후에 다양한
장식과 함께 첨
가되었다. 원저

〈그림 35〉 그뤼닝어성서(1485)

자가 다음과 같은 말로 끝맺고 있다는 사실에 비추어 보면, 그뤼닝어성
서가 사려 깊게 생각하고 계획적인 인쇄 의도가 있었다는 사실을 분명하
게 엿볼 수 있다.

독일어성서로 불리는 전체 성스러운 책의 명쾌한 작품은 순수하
고, 명확하며 진정성을 담고 있다. 라틴어텍스트를 지고한 노력
으로 올바른 보통의 독일어로 바꾸었으며, 장과 시편, 그 내용과

원인 등을 보여주는 표제는 제목을 통해 표현된다. 그리고 여기 역사적으로 중요하고, 새로운 율법을 드러내는 아름다운 상징으로 끝을 맺는다. 축복 받은 황제직할 자유도시 슈트라스부르크에서 인쇄되었다. 그리스도 탄생 후 1485년에 5월 2일 월요일. 완전한 출간에 대해 높으신 성 삼위일체에게 영광과 영예가 깃들기를 기원한다. 살아계신 성부와 성자, 그리고 성령이 영원하시길 그리고 신께서 영원히 통치하시길. 아멘.

Disz durchleuchtigest werck der gantzen heyligen geschrift genant die bibel zu teutsch getrucket lauter, clar, und war nach rechtem gemeynem teutschen mit hohem und großem vleyß gegen dem lateynischen text gerechtuertiget und' schidlichen punctirt mit vberschrifften der capitel und psalmen, iren inhalt und ursach anzaygende. Vnd mit schönen figuren dy hystorien bedeutende, des nüwen gesetzs hat hie ein ende. Gedruckt in der löblichen keyserlichen freystatt Straßburg. Nach der geburt cristi des gesetzes der genaden viertzehenhundert und in den fünffundachtzigsten iar uff montag der zweyt des Mondes May. Umb wellich volbringung sey lob glori und ere der hohen heyligen dryvaltigkeit und eynigen wesen dem vatter und dem sun und dem heyligen geyst der lebt und regiret gott ewiglich, amen. Eichenberger/Wendland 1980, 98쪽에서

5.10. 쇤스페르거성서 (1487/1490)

	1487	1490
인쇄 장소	아우크스부르크	
인쇄업자	요한 쇤스페르거(Johann Schönsperger d. Ä, 1455-1521)	
인쇄 일자	성 우르반의 날, 1487년 5월 25일	마르티니 전 화요일, 1490년 11월 9일
크기	약 19,5×28 ㎝	약 18×25 ㎝
낱장 수	801낱장	1부: 502낱장 / 2부: 508낱장
레이아웃	2단 48행	2단 42행
삽화	109점 목판화	1487년 판 삽화를 그대로 사용
두문자	큰 두문자: 은방울꽃 장식 / 작은 두문자: 검은색 바탕에 덩굴 장식	

아우크스부르크의 인쇄업자 요한 쇤스페르거의 작업장에서 2종의 독일어성서가 제작되었다. 쇤스페르거는 1487년과 1490년에 코베르거성서를 원본으로 하여 저질의 종이로 두 가지 형태의 성서를 인쇄하였다. 그는 적은 비용이 드는 값싼 종이를 선택함으로써 다른 인쇄업자들이 제공한 가격보다 저렴하게 성서를 제공할 수 있었다. 그가

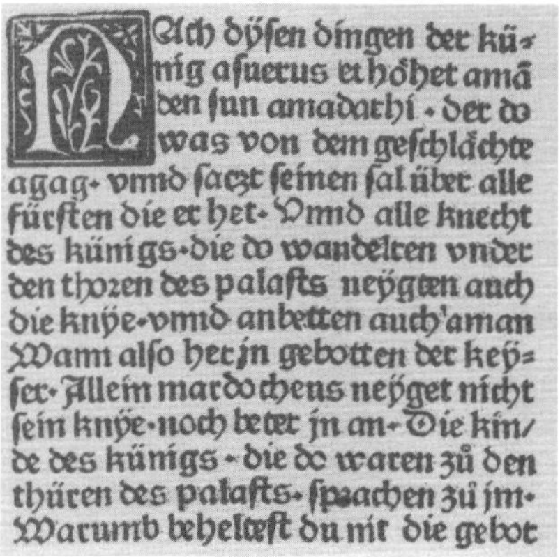
Nach dyſen dingen der kü=
nig aſuerus erhöhet amã
den ſun amadathi · der do
was von dem geſchlächte
agag · vnnd ſaczt ſeinen ſal über alle
fürſten die er het · Vnnd alle knecht
des künigs · die do wandelten vnder
den thoren des palaſts neygten auch
die knye · vnnd anbetten auch aman
Wann alſo het in gebotten der key=
ſer · Allein mardocheus neyget nicht
ſein knye · noch betet in an · Die kin/
de des künigs · die do waren zů den
thüren des palaſts · ſprachen zů im ·
Warumb behelteſt du nit die gebot

〈그림 36〉 쇤스페르거성서(1487)

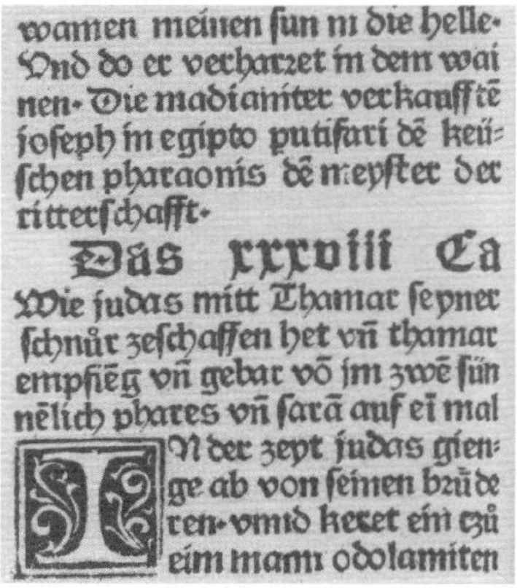
wamen meinen ſun in die helle ·
Vnd do er verharzet in dem wai
nen · Die madianiter verkaufftẽ
joſeph in egipto putifari dẽ keü=
ſchen pharaonis dẽ meyſter der
ritterſchafft ·
Das xxxviii Ca
Wie judas mitt Thamar ſeyner
ſchnür zeſchaffen het vñ thamar
empfieng vñ gebar võ im zwẽ ſün
nẽlich phares vñ zarã auf eĩ mal
IN der zeyt judas gien=
ge ab von ſeinen brůde
ren · vnnd keret ein zů
eim mann odolamiten

〈그림 37〉 쇤스페르거성서(1490)

인기 있는 가정 서적의 전형, 즉 가정용성서에 초점을 맞추었다는 사실은 그때까지 큰 형태의 성서가 너무 비싸고 또한 손에 잡을 수 없을 정도여서 항상 지니고 다닐 수 없다는 점을 구매자의 입장에서 충분히 고려한 것이었다.

쇤스페르거는 물론 코베르거성서 삽화의 크기도 책의 크기에 맞게 축소하였다. 그러나 슈트라스부르크에서 인쇄된 그뤼닝어성서 삽화의 복제와는 달리 쇤스페르거성서의 목판 제작자는 원본

〈그림 38〉 쇤스페르거성서(1487)

에 철저히 따랐다. 이 복제 목판화 중 2점에는 지금까지도 명확히 설명되지 못하고 있는 Hb라는 모노그램이 들어있다그림 38. 쇤스페르거성서의 목판 제작자는 단순화하고 축소화하는 과정에서 쾰른성서 그림의 삽화적 표현 중 많은 것을 보존하고 강력한 필치를 통해서 자신의 목판화에 독특한 특징을 주려고 노력했다. 원본과 직접 비교해야지 비로소 질의 차이가 드러나고, 몇몇 형태적 하자도 분명하게 드러난다.

1487년에 인쇄된 쇤스페르거성서는 너무 많이 팔려서 곧 두 번째 판이 필요하게 되었다. 1490년에 제작된 성서는 제작비용을 절약하기 위해 작은 판으로 인쇄했으며, 종이의 질도 또한 눈에 띠게 나빠졌다. 작아진 책의 크기로 인해 단의 크기도 작아졌다. 또한 그에

상응하게 목판화도
새로운 폭에 맞추
어야 했다. 삽화의
바깥 테두리가 이런
이유로 없어져서 단
선의 테두리만을 가
지게 되었다.

〈그림 39〉 쇤스페르거성서(1487)

　슈바바허의 모습
을 이미 보이고 있는 인쇄체는 생동감 있지만, 여전히 불규칙적이고

균형도　잡혀있지
않다. 아름답고 큼
지막한　두문자는
아우크스부르크의
은방울꽃 장식으로
그려졌거나,　아니
면 검은색　바탕에
부드럽고 흰　덩굴

〈그림 40〉 쇤스페르거성서(1490)

장식을 갖춘 이탈리아 르네상스의 장식형태로 좀 작게 그려져 있다.
　후에 황실 인쇄업자로 신분 상승이 되는 쇤스페르거는 자신의 독일어
성서를 인쇄할 당시에는 아직 역량이 부족했다. 그리고 또한 황실의
인쇄업자라는 유리한 위치에 있었다 하더라도 인쇄체, 서적 장식, 인쇄나
종이의 질 등을 보장해주지는 않았을 것이다. 그는 민중 서적들을 대량생
산했던 인쇄업자였다. 그가 인쇄했던 2종의 성서도 대량생산했던 인쇄

물로 추정될 수 있다. 그의 다른 인쇄물과 더불어 두 성서 역시 오늘날 드문 것은 실재로 민중 서적의 손쉬운 파손에 그 근거를 찾을 수 있다. 쇤스페르거의 두 성서로 어느 정도의 기간 동안 성서에 대한 수요가 충당되었을 것이다. 그러나 쇤스페르거의 목판화들은 후에 두 번 더 재사용되었다.

5.11. 뤼벡성서 (1494)

상부독일, 대부분 아우크스부르크, 뉘른베르크, 슈트라스부르크 등지에서 인쇄된 성서들은 15세기말경 쾰른성서에 이어 한 번 더 저지독일어로 인쇄된다. 부유한 북독일의 상업도시이며 한자동맹의 중심지인 뤼벡에서 인쇄된 성서는 쾰른성

인쇄 장소	뤼벡
인쇄업자	슈테펜 아른데스 (Steffen Arndes, 1450-1519)
인쇄 일자	1494년 11월 19일
크기	약 26×37 cm
낱장 수	492낱장
레이아웃	2단 65-67행
삽화	152점 목판화 (반복 사용을 포함)
두문자	검은색 혹은 흰색 바탕의 장식 두문자, 부분적으로 인물도 그려져 있음

서의 뒤를 이어 15세기 삽화 예술의 정점을 찍으며, 서적 삽화의 대표작으로서 간주될 수 있다.

슈테펜 아른데스가 1494년 11월 19일에 자신의 성서를 인쇄했을 때, 그는 이미 수년 동안 인쇄업자로서 뤼벡에 확고히 자리 잡고 있었으며 많은 작품들을 인쇄하였다. 그는 인큐내뷸러시대 위대한

인쇄업자에 속한다. 아른데스는 함부르크 출신으로 마인츠에서 인쇄술을 배웠다. 그 후 그는 이탈리아에서 '스테파노 아퀼라 드 마곤차 디 사소니아'라는 이름으로 활동하였고, 1485년경 이탈리아에서 돌아와서 잠시 동안 슐레스비히에 머물렀다. 그의 최초 뤼벡 인쇄물은 1486년에 나왔다.

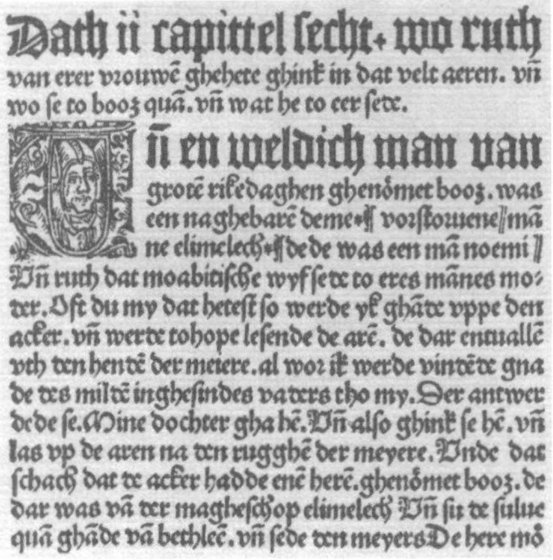
Dath ii capittel secht. wo ruth
van erer vrouwē ghehete ghink in dat velt aeren. vñ
wo se to booz quā. vñ wat he to eer sede.
Vñ en weldich man van
grotē rikedaghen ghenōmet booz. was
een naghebarē deme. vorstorvene man
ne elimelech. dede was een mā noemi
Vñ ruth dat moabitische wyf sede to eres mānes mo-
der. Ofte du my dat hetest so werde yk ghāde vppe den
acker. vñ werde tohope lesende de arē. de dar entvallē
vth den hendē der meiere. al wor ik werde vindēde gna
de des mildē inghesindes vaders tho my. Der antwer
dede se. Mine dochter gha hē. Vñ also ghink se hē. vñ
las vp de aren na den rugghē der meyere. Vnde dat
schach dat de acker hadde enē herē. ghenōmet booz. de
dar was vā der magheschop elimelech Vñ sir de sulue
quā ghāde vā bethlee. vñ sede den meyers De here mō

〈그림 41〉 뤼벡성서

뤼벡성서의 기념비적 목판화를 제작했던 사람이 누구였는지 지금까지 확실하게 밝히지 못하고 있다. 비록 예술가의 이름이 지금까지 알려지지 않은 채로 있지만, 그의 작품은 오늘날 스타일 분석적인 연구 덕택에 거의 밝혀져 있는 상태이다. 우선 뤼벡성서의 목판 제작자는 최소 2명일 것이라 추정하고 있다. 우선 주 제작자는 예술적으로 중요한 성서삽화 외에도 뤼벡에서 인쇄된 「사자의 무도舞蹈」Totentanz의 삽화와 리용에서 출간된 테렌티우스 판을 제작하였다. 뤼벡의 중요한 화가이며 조각가인 베른트 노트케Bernt Notke, 1435-1509가 이 목판화와 관련이 있음이 분명하다. 새로운 서적역사 문헌에서는 이제 이 가정이 종종 정설로 등장한다. 이탈리아에서 아른데스를 만났던 저지독일 혹은 저지 네덜란드의 예술가가 인쇄업자 아른데스의 부탁으로 잠시 뤼벡으로 왔을 것이라는 추측은 개연성이 있다. 그러나 막스 J.

프리트렌더는 스타일 분석을 근거로 "자연 감각, 화풍, 광대하고 우울한 이야기"Friedländer 1923, 67 때문에 예술가가 네덜란드인일 것으로 추정하고 있다.

모세 5경에 들어있는 49점의 삽화가 주 제작자의 작품이며, 나머지 103점의 삽화는 수준이 떨어지는 제2의 장인에 의해 제작되었다. 그의 작품은 질적으로 주 제작자의 수준에 도달하지 못하며, 예술적 구성이나 기술적 완성도에서 현격한 차이를 보인다.

이미 대강 훑어보는 독자에게도 뤼벡성서의 삽화는 쾰른성서 목판과 유사하다. 두 성서삽화의 유사성은 아른데스가 자신의 텍스트를 포괄적으로 저지작센어 쾰른성서에 의존하고 있다는 사실을 알 경우 더욱 분명해진다. 머리말 번역의 일부분만이 수정되었다. 따라서 쾰른성서의 목판화는 뤼벡의 목판 제작자들에게도 알려져 있었다. 그러나 이런 유사성에도 불구하고 뤼벡성서의 삽화는 독자적이고 자유로운 구성을 많이 보여준다. 쾰른성서에서 목판화가 채색을 필요로 하고 공간적인 형상을 위해 미세한 이음쇠를 희미한 선화線畵를 통해 보여주며 광범위하게 스케치 그림의 모습을 띠고 있었다면, 뤼벡의 장인은 채색이 없어도 삽화를 완벽하게 만들었다. 여기서 흑백 예술가는 단색의 그림을 흑백의 명조만으로 새로운 색감을 만들어낼 정도로 훌륭한 그래픽 예술가였다. 동시에 입체성과 공간성이 목판에 적합한 선화로 묘사되었고, 조감도가 형상 속에 뚜렷하게 삽입되었다. 채색은 의도된 그림의 영향을 방해만할 것이고, 입체성, 빛, 그림자, 전경, 배경 등 그래픽 수단으로 표현되었던 모든 것을 상쇄해 버릴 것이다.

〈그림 42〉 아하스가 새 제단에 제물을 바치고 있다. 〈열왕기 하〉 16, 17절
목판화는 배경으로 도시 뤼벡의 유명한 실루엣인 7개의 교회 첨탑 중 여섯 개를
보여주고 있다.

그림에 등장하는 인물의 개별적 특징도 뚜렷하게 인식될 수 있다.
예컨대, 힘세고 결연한 남성, 중세말기의 의상을 입은 우아한 여성
등, 그 당시 뤼벡에서 살았던 사람들의 모습을 엿볼 수 있다. 사건의
배경으로 등장하는 풍경 또한 독자에 친근하게 그려져 있다. 많은 그
림에서 '7개 첨탑의 도시'인 뤼벡의 교회 탑들을 찾을 수 있다. 겨울에
나뭇잎이 떨어져 없는 매혹적인 나무 가지들의 모습은 마치 성서 이
야기가 겨울에 일어나고 있는 듯한 느낌을 불러일으킨다.

뤼벡의 예술가는 자기 그림을 위해 테두리로서 액자 형식을 선택했
다. 액자를 통해 성서의 장면을 바라볼 수 있다. 바깥쪽 두꺼운 선과
안쪽 가는 선 사이 모퉁이에 빗금이 그어져 결합되어 있어 조감도적
인 환상이 느껴진다그림42. 예컨대 무대 위에서처럼 사건이 실행되고

있는 듯한 느낌이다.

　타이포그래피 또한 삽화처럼 생동감이 넘친다. 2단의 텍스트는 그림에 바짝 붙어있고, 틀에 끼워진 그림은 창문을 통해 보는 것 같은 느낌으로 강조된다. 이런 조판 기술은 인쇄 과정에서 세심한 마무리 작업을 요구했다. 텍스트는 여전히 상부라인지역의 기울임체와 비슷하게 보이는 아름답고 힘찬 슈바바허로 인쇄되었다. 여기서 우리는 앞서 인쇄된 성서들에서 추적해 볼 수 있었던 서체 발전의 종착역을 볼 수 있다. 슈바바허가 그 본연의 힘에서 바로 저지독일어에 특히 잘 어울린다는 사실은 뤼벡성서 텍스트의 레이아웃에서 분명히 보여주고 있다.

　슈테판 아른데스가 성서인쇄에 사용했던 두문자 장식 또한 주목할 만한 가치가 있다. 대부분 검은색 바탕을 배경으로 그려진 두문자는 여러 세트로 그려졌고, 풍성한 장식을 보여준다. 어릿광대의 머리가 그려진 다수의 두문자가 매우 독창적이다그림 43.

〈**그림 43**〉 어릿광대의 얼굴이
그려진 두문자

5.12. 오트마르성서 (1507/1518)

	1507	1518
인쇄 장소	아우크스부르크	
인쇄업자	요한 오트마르(Johann Otmar)	질반 오트마르(Silvan Otmar)
크기	약 20,5 × 29,5 ㎝	약 21 × 29,5 ㎝
낱장 수	1부: 400낱장 / 2부: 402낱장	1부: 400낱장 / 2부: 402낱장
레이아웃	2단 45행	
삽화	쇤스페르거성서에서 넘겨받은 109점 목판화	
두문자	검은색 바탕의 르네상스 두문자, 단순한 롬바르덴	

쇤스페르거의 두 성서에서 넘겨받은 목판화는 로이트링겐에서 아우크스부르크로 이주해간 인쇄업자 요한 오트마르가 구입하여 또 한 번 성서 인쇄를 실행할 정도로 매력적인 것으로 입증되었다. 이제 점점 저렴하게 제공될 수 있었던 성서에 대해 증가하는 수요는 성서 인쇄의 계획을 실행에 옮기게 하였다. 간기에서 언급되어 있는 요하네스 리만 폰 외링엔Johannes Ryman

〈그림 44〉 오트마르성서

von Öhringen은 아마 주문자나 재정 후원자일 것이다. 요한 오트마르에 의해 인쇄된 열세 번째 고지독일어성서는 1507년에 출판되었고, 그 후 11년이 지난 뒤 그의 아들이 낱장 수까지 동일한 성서를 열네 번째 독일어성서로 재인쇄하였다.

타이포그래피와 삽화에서 이 두 성서는 거의 구분할 수 없을 정도로 유사하다. 두 성서에는 목판화가 그대로 반복해서 서용되었다. 이로써 쾰른성서의 삽화를 복제한 쇤스페르거의 목판이 총 4번 재사용되었다.

1507년에 인쇄된 오트마르성서는 아주 단순한 표지를 지니고 있었던 반면, 1518년 성서의 경우에는 아름다운 검은색 바탕의 풍부한 르네상스 장식예술로 치장된 제목 틀이 특히 눈에 띤다. 그 틀은 DH라는 문자로 서명이 되어 있는데, 이것은 다니엘 호퍼Daniel Hopfer, 1470-1536의 이니셜이다. 두 성서에는 아름답고 검은색 바탕에 독일 르네상스의 꽃 장식 형태의 큰 두문자가 사용되었다. 이런 두문자는 오트마르 부자의 다른 인쇄물에서도 발견된다.

쇤스페르거로부터 넘겨받은 목판화의 크기는 준비된 레이아웃에 비교해 너무 작았다. 그 때문에 1507년 오트마르 성서에서는 목판화

〈**그림 45**〉 오트마르성서(1507)

좌우 양 옆으로 테두리 장식화가 첨가되었다그림45. 그러나 1518년 성서에서는 대부분 양쪽이 아니라 한쪽만 테두리 장식화가 레이아웃에 맞추어 첨가되었다그림46. 이런 넓은 테두리 장식화는 이런 목적을 위해서만 독자적으로 제작되었다.

지금까지 보존된 오트마르성서 중 몇몇에는 3색 컬러로 약간 조잡

하고 대충 칠해진 곳도 드물지 않게 발견된다. 이것은 영업상 판매를 촉진시키려는 아마 형판型板을 소재로 제작된 채색을 암시한다. 그 때문에 세

〈**그림 46**〉 오트마르성서(1518)

심한 채색은 아주 드물게 볼 수 있다. 목판화는 채색하지 않은 것이 훨씬 낮다.

단에 들어가는 행의 수는 두 판에서 동일하다. 텍스트나 철자법의 차이를 발견하기 위해서는 두 성서를 자세히 비교해야만 한다. 그러나 삽화의 순서는 전혀 변동이 없다.

두 가지 성서 인쇄에 힘찬 슈바바허 서체가 사용되었지만, 장의 제목은 큰 폰트의 둥근 고딕체가 장식 대문자와 함께 사용되었다.

두 성서는 오늘날 아주 적은 부수만 보존되어 있다. 1939년의 통계 조사에 따르면 1507년판은 23부, 1518년판은 10부만이 공공 도서관에 보관되어 있다Eichenberger/Wendland 1980, 138. 얼마 되지 않아 일어난 종교개혁과 루터성서의 출간으로 인해 다른 독일어성서와 마찬가지로 오트마르성서도 많은 개신교 독자들에게는 시대에 뒤떨어진 성서가 되었으며, 가정에서 아마 다른 용도로 사용되었거나 폐기되었을 것이다.

5.13. 할버슈타트성서 (1522)

1522년은 성서인쇄의 역사에서 획기적 사건이 일어난 해이다. 1522년 9월에 마르틴 루터는 익명으로 자신의 신약성서 번역을 인쇄하였다. 소위 『9월성서』의 출간과 더불어 많은 지역에서 순식간에 출간되는 루터의 성서번역 시리즈가 시작되었으며, 1534년의 완역성서 출간으로 그 정점에 도달한다. 이 역사적인 해인 1522년에 할버슈타트에서 루터성서 이전에 인쇄된 마지막 독일어성서가 저지독일어판으로 출간되었다. 이 성서는 오늘날 아주 귀한 판본이며 잘 알려져 있지도 않지만, 인쇄출판의 역사에서는 주목할 만한 가치가 있는 성서이다.

인쇄 장소	할버슈타트
인쇄업자	로렌츠 슈툭스 (Lorenz Stuchs)
인쇄 일자	1522년 7월 8일
크기	약 26×36 cm
낱장 수	560낱장
레이아웃	2단 54행
삽화	119점 목판화, 그 중 112점이 1478년의 쾰른성서의 목판화
두문자	다양한 장식으로 구성된 다양한 시리즈

〈그림 47〉 할버슈타트성서

뉘른베르크의 인쇄업자 게오르크 슈툭스의 아들인 로렌츠 슈툭스는 할버슈타트로 이주해 와서 재정 후원자인 루드비히 트루테불 Ludwig Trutebul의 집에 머물며 1519년에서 1523년 사이에 대략 20종의 인쇄물을 제작하였다. 이 인쇄물 중에서 저지독일어성서가 가장 중요하다. 성서의 텍스트는 다양한 자료에서 나왔다. 구약의 많은 부분이 독자적으로 번역되었으며, 시편은 쾰른성서, 나머지 모든 것은 뤼벡성서에서 따왔다. 만약 루터성서가 곧 나오지 않았고 요하네스 부겐하겐Johannes Bugenhagen, 1485-1558에 의한 루터성서의 저지독일어판14이 출간되지 않았더라면, 할버슈타트성서가 널리 퍼졌을 것으로 확신할 수 있을 정도로 이 성서의 언어적 수준이 여러 주석자들에 의해 좋은 평가를 받았다.

로렌츠 슈툭스는 쾰른성서에서 사용되었던 목판을 구입하였다. 이 목판은 1483년 코베르거성서의 인쇄 이래 뉘른베르크에 있었다. 목판을 최초로 사용한 지 44년이 지난 뒤 슈툭스는 쾰른성서의 목판 중 112점을 자신의 성서 인쇄에 다시 사용하였다. 이 중 3점은 코베르거성서에서는 사용되지 않았던 목판화였다. 몇몇 목판은 이 마지막 인쇄 과정에서 더 이상 인쇄할 기능을 상실했거나 아니면 소실되어 버렸다. 그러나 그 나머지 목판들은 놀라운 정도로 훌륭한 상태를 유지하고 있었다. 할버슈타트성서의 인쇄는 깨끗하고 선명했고, 단지 몇몇 소실 흔적만이 인식될 수 있다. 더 이상 사용될 수 없는 그림 대신에 슈툭스는 몇 개의 새로운 큰 목판화를 제작했는데, 이것들은 쾰른의 목판

---

14 Biblia: dat ys de gantze Hillige Schrifft, Düdesch: Vpt nye thogerichtet, vnde mit vlite corrigert, Wittenberg, Hans Lufft, 1541.

크기에 맞지 않았다. 그런 목판화로는 '이브의 창조', '인류의 타락', '헛간의 히에로니무스', 남부독일, 즉 뉘른베르크 혹은 아우크스부르크의 모델을 떠오르게 하는 르네상스 스타일로 그려진 두 개의 아주 아름다운 제목 가장자리 장식, 한 개의 큰 인쇄마크 등이 있다. 이 새로운 목판화 중 많은 것들이 그림에 CD라는 문자로 서명되어 있고 1520년이라 적혀있다. 이런 스타일은 동시대 라이프치히, 드레스덴, 막데부르크, 비텐베르크 등에서 제작되었던 작품을 연상시킨다. 이것들은 특히 작센에서 퍼진 독일 르네상스 형태에 속하며 이미 낡은 것으로 여겨지는 쾰른성서의 삽화와는 명백한 대조를 이룬다. 반 색조를 목표로 하는 스타일 도구로서 선화線畵는 여기서 독창적으로 사용되었다. CD라는 문자를 서명으로 사용하는 예술가가 누구인지 지금까지 밝혀지진 않았지만, 그는 아마 비텐베르크에 있는 크라나흐 작업실의 주변에서 활동하였을 것으로 추정된다. 성서에 인쇄된 이니셜 중 몇몇 개는 아마 그의 것일 것이다.

큰 목판화 때문에 슈툭스는 성서인쇄에서 상당히 큰 2절지를 사용해야만 했다. 2단의 레이아웃은 서적 크기를 아주 잘 활용하였고 여백은 아주 적다. 두 단 사이의 공간 또한 이전의 성서보다도 더 좁다. 각 장은 일반적으로 4행 높이의 크기로 인쇄된 롬바르덴으로 시작된다. 또한 함께 인쇄된 장식 두문자도 몇 가지 있는데, 부분적으로 이미 르네상스 유형에 속한다. 타이포그래피에서 할버슈타트성서는 쾰른과 코베르거성서의 타이포그래피와 같다. 이미 약간 구식이 된 목판이 이 '새로운' 서체에 얼마나 잘 어울리는지 놀라울 정도이다. 로렌츠 슈툭스는 분명 자기의 인쇄체를 뉘른베르크에서 가져왔거나 혹은 그

지역과 연관이 있었을 것이다. 그의 힘차고 완벽한 모양을 갖춘 슈바바허는

특히 뉘른베르크
지역에서 발전되
고 널리 퍼진 형태
와 일치하며, 종
교개혁 시기에 비
텐베르크에서 사
용된 슈바바허와
는 다르다. 상단
의 제목과 단의 제
목은 부분적으론
독자적인 베르살
리엔을 곁들인 아
름다운 둥근 고딕
체로 인쇄되었고,
상세한 간기도 효
력을 발휘한다.

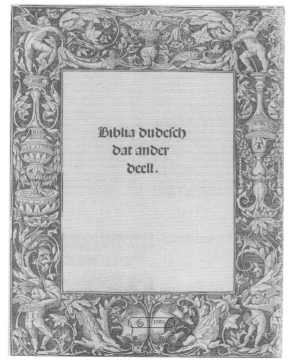

〈**그림 48**〉 할버슈타트성서의 제목 가장자리 장식

할버슈타트성서는 책 말미에 고지독일어로 번역된 간기가 나온다.
이 간기와 더불어 서적 형태, 삽화, 장식, 인쇄의 질 등에서 정점을
찍었던 서적 예술의 한 시대는 종말을 고한다. 이런 정점은 후에 결코
다시 도달되지 못했다. 루터성서와 수많은 종교개혁 서적들로 인해
서적인쇄의 역사는 이제 대량생산의 시대로 접어들게 되었다. 빠르고
광범위한 확산의 원칙이 이제부터 제일 중요한 위치를 점하게 된다.

개별적인 서적 형태와 예술적 완성도를 위한 노력은 이제 뒤로 밀려나게 된다.

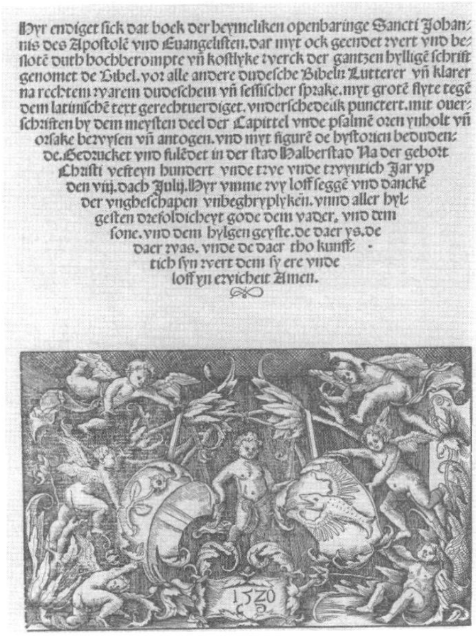

Hyr endiget sick dat boek der heymeliken openbaringe Sancti Johan-
nis des Apostolē vnd Euangelisten. dar myt ock geendet wert vnd be-
slotē durch hochberompte vñ kostlyke werck der gantzen hyllighē schrift
genomet de Bibel. vor alle andere dudesche Bibeln Lutterer vñ klarer
na rechtem warem dudeschem vñ sessischer sprake. myt grotē flyte tegē
dem latinischē text gerechtuerdiget. vnderschedelik punctert. mit ouer-
schriften by dem meysten deel der Capittel vnde psalmē oren ynholt vñ
orsake bewysen vñ antogen. vnd myt figurē de hystorien beduden-
de. Gedrucket vnd fulēdet in der stad Halberstad Na der gebort
Christi vefteyn hundert vnde twe vnde twyntich Jar vp
den viij. dach Julij. Hyr vmme wy loff seggē vnd danckē
der vngheschapen vnbegrhryplykēn. vnnd aller hyl-
gesten drefoldicheyt gode dem vader, vnd dem
sone. vnd dem hylgen geyste. de daer ys. de
daer was. vnde de daer tho kunff-
tich syn wert dem sy ere vnde
loff yn ewicheit Amen.

〈그림 49〉 할버슈타트성서의 간기

여기 사도이며 복음가인 성 요한의 비밀 계시록이 끝나며, 그럼으로써 전체 성스러운 문서, 즉 성서라는 지극히 유명하고 값비싼 작품이 끝을 맺고 완결된다. 다른 모든 독일어 성서보다도 더 순수하며 명쾌하게 진정한 독일어와 작센어로 많은 노력을 기울여 라틴어로부터 번역하였고, 명확하고 개괄적으로 구분될 수 있게 나누었으며, 장과 시편의 큰 부분에는 그 내용과 원인을 암시하는 큰 제목을 달았고, 이야기를 그림으로 표현한 삽화를 넣었다. 할버슈타트시에서 주후 1522년 7월 8일에 인쇄되고 완성되었다. 이에 우리는 창조할 수 없고 파악할 수도 없는 찬양과 감사를 현재에 계시고 과거에도 계셨으며, 미래에도 계실 성스런 삼위일체, 즉 하느님 아버지, 그의 아들, 그리고 성령에게 드리며, 영광과 찬양이 영원하시길 기원한다. 아멘

Hier endigt sich das Buch der heimlichen Offenbarung Sankt Johannes des Apostels und Evangelisten, damit wird auch beendet und beschlossen dieses hochberühmte und köstliche Werk der ganzen Heiligen Schrift, genannt die Bibel. Vor allen anderen deutschen Bibeln lauterer und klarer nach rechtem wahrem Deutsch und sächsischer Sprache, mit großem Fleiß aus der lateinischen Sprache übertragen, unterscheidbar übersichtlich eingeteilt, mit Überschriften beim größten Teil der Kapitel und Psalmen versehen, die ihren Inhalt und Ursache anzeigen, und mit Bildern, die die Geschichten illustrieren. Gedruckt und vollendet in der Stadt Haberstadt, nach der Geburt Christi fünfzehn hundert und zwei und zwanzig Jahre auf den 8. Tag des Juli. Hierum sagen wir Lob und Dank der ungeschaffenen unbegreiflichen und aller heiligsten Dreifaltigkeit, Gott dem Vater und dem Sohne und dem heiligen Geist, der da ist, der da war und der da zukünftig sein wird, dem sei Ehre und Lob in Ewigkeit, Amen[15]

---

15 이 원문은 할버슈타트성서의 간기로서 아이헨베르거/벤트란트1980, 145가 현대독일어로 번역한 것이다. 원문은 그림 49에서 볼 수 있다.

06 독일어성서의 형태

6.1. 언어

　빌헬름 발터의 연구1889-1892가 나오기 이전에는 에게슈타인성서가 인쇄된 독일어성서 중 가장 오래된 것으로 간주되었다. 그러나 발터는 에게슈타인성서의 오류가 멘텔린성서를 반드시 원본으로 사용함으로써만 설명될 수 있음을 밝혀내었다. 발터는 루터성서 이전에 인쇄된 모든 고지독일어 인쇄물이 멘텔린에 기인하고 있다는 사실을 최초로 인식하였다.

　루터성서 이전에 인쇄된 독일어성서의 언어를 다룰 경우 대부분 멘텔린성서1466와 차이너성서1475의 비교가 연구의 핵심을 이룬다. 에두아르트 브로트퀴러는 다음과 같이 그의 주장에 대한 근거를 제시하고 있다.

　　14세기 언어로 저술된 유품[멘텔린성서]이 기본적으로 15세기
　　언어로 수정[차이너성서]되었다는 사실을 통해서 우리에게 언어

적 변화를 일별할 수 있는 아주 친절한 기회를 제공하였고, 이 변화는 중세고지독일어에서 초기근대고지독일어로 가는 과도기로 표시될 수 있는 독일어 발전의 큰 전환점에서 독일어가 경험한 것이다.

Dadurch, daß ein in der Sprache des 14. Jahrhunderts abgefaßtes Denkmal in der des 15. von Grund aus umgearbeitet wurde, ist uns ein außerordentlich günstige Gelegenheit geboten, einen Einblick in die sprachlichen Veränderungen zu tun, die das Deutsche an dem großen Wendepunkt seiner Entwicklung durchmachte, der durch den Übergang vom Mhd. zum Frühnhd. bezeichnet wird Brodführer 1922, 1.

1466년에 인쇄된 최초의 독일어성서인 멘텔린성서의 텍스트는 중세 라틴어성서의 구성 요소인 히에로니무스의 서문을 포함하고 있다. 멘텔린성서는 뉘른베르크 지역, 특히 바이에른 지역 상부독일에서 14세기 중엽 번역된 독일어성서를 많이 참조하고 있다Sonderegger 2000, 258. 멘텔린성서은 거의 100여 년 전의 독일어성서를 그대로 옮겨 인쇄했으므로 텍스트의 통사적, 어휘적 변화는 필사본성서와 비교해 차이점이 거의 없다.

14종의 고지독일어성서 모두는 언어적 측면에서는 서로 밀접하게 관련되어 있는데, 이 성서들은 결국 멘텔린의 최초 성서에 토대를 두고 있기 때문이다. 그럼에도 불구하고 시간이 흐름에 따라 언어 형태의 변화와 현대화 과정을 거치고 있음을 어렵지 않게 발견할 수 있다.

멘텔린성서의 번역 원칙은 단어 대 단어였는데, 이런 방식의 번역은 인쇄술의 발명이 있기 100년 전에 이미 보편화되어 있었다. 이것은

15세기 중엽 기준으로 멘텔린성서의 어휘가 일부 고어화되어 있음을 의미하며, 그 당시의 독자에게도 멘텔린성서 텍스트의 강독이 어렵고 쉽게 오역으로 나아갈 수 있음을 의미했다.

멘텔린성서의 텍스트를 사전과 같은 보조 수단 없이 '그 자체로' 읽으려 하는 것은 거의 의미가 없다. 이것은 루터 이후에나 비로소 가능하다. 예컨대 최초 성서의 쿠렐마이판 판을 몇 페이지 읽어내기 위해서 시도해 본다면, 비록 중세고지독일어와 초기 근대고지독일어를 잘 알고 있을 지라도, 곧 이것이 불가능함을 인식하게 된다. 많은 문장에서 문장구조를 이해하지 못하며, 개별 표현들도 이해하지 못하면서 번역의 질에 대해 의구심을 갖게 된다. 텍스트의 의미는 대부분 원본인 『불가타』와 비교할 경우에만 비로소 이해된다.

멘텔린성서의 언어 형태에서 확연히 다른 종류의 번역이 여러 군데 삽입되어 있음을 연구자들은 밝혀내었다. 발터도 물론 그것을 인지했지만, 그의 연구는 멘텔린성서 연구의 최고 권위자인 쿠렐마이어에 의해 확장되고 수정되었다. 쿠렐마이어의 연구 결과는 멘텔린성서를 번역한 사람을 최소한 네 사람으로 보고 있다. 그는 주 번역자 외에도, 성서 각 권에 대한 머리말, 시편의 제목, 그리고 민수기, 여호수아, 열왕기 3과 4, 역대상, 역대하, 에스라 1-3, 에스겔 등을 번역한 두 번째 번역자, 예언서에 나오는 몇몇 부분을 번역한 세 번째 번역자, 막가베서를 번역한 네 번째 번역자로 구분하였다Kurrelmeyer 1904-1915, V-XIII.

원래 번역에서 이런 부분들이 언제, 그리고 어떤 순서로 삽입되었는지 오늘날 재구성할 수는 없다. 성서의 각 권에 대한 머리말과 시편의 제목들은 제 5 내지는 제 6의 번역자로 표시하는 것은 약간 오류의 소지가 있는데, 왜냐하면 두 가지 경우는 이미 언급한 바 있는 민수기, 여호수아 등의 번역자와 마찬가지로 소위 두 번째 번역자의 산물로 보는 것이 훨씬 더 개연성이 있기 때문이다.

독일어 번역은 무엇보다도 라틴어 원본과 아주 밀접한 관계가 있다. 만약 멘텔린성서를 언어적 관점에서 연구한다면 항상 『불가타』 텍스트를 번역과 비교해야 한다. 번역 텍스트를 오늘날의 독자가 전혀 이해하지 못한다면, 그것은 대부분 『불가타』에 대한 의존성에 그 근거가 있다.

20세기에 몇몇 연구가들은 멘텔린성서에 대해 정말 어려운 판단을 내린다. 예컨대 번역이 여전히 반쯤은 "라틴어의 계란껍질 속에" Walther 1889-1892, 77, 숨어있다고 말했던 빌헬름 발터가 처음 포문을 열었다. 뮐러와 브로트퓌러는 독일어성서를 심지어 『불가타』를 따르는 "노예적 모방"Brodführer 1922, 78이라고까지 언급했다.

비록 브로트퓌러가 텍스트를 상세히 연구하고 자신의 저서가 많은 점에서 도움을 줄 수 있을 지라도, 그는 멘텔린성서 번역의 특징에 대해선 거의 이해하지 못했다. 그의 저서 중 거의 3분의 1을 그는 라틴어 문법 오류, 어휘 오류, 오독에 따른 오류 등을 입증하는데 사용했으며, 박사학위논문Müller, 1911의 목차에 따르고 있다. 그의 견해에 따르면 멘텔린성서의 번역에서 특히 두 가지 오류가 특징적인 것으로 간주될 수 있는데, 하나는 라틴어 어휘의 의미를 자주 대략적으로만 맞추고 있다는 것이며, 다른 하나는 번역된 것이 언급될 경우 종종 단어적 의미를 고집스럽게 고수하고 있다는 것이다. 그럼으로써 전형적인 초보자 오류가 제시된다는 주장이다. 뒤이어 표현된 단락이 브로트퓌러의 결론으로 아마 간주될 수 있을 것이다.

> 언어가 내포하고 있는 정신을 파악하지 않고 단지 언어의 요소로 들어가려는 사람은 노예적 정확성으로 어휘를 선택하게 되거나, 아니면 절박함 앞에 직면한 것처럼 자신의 미미한 지식을 통해 자신에게 그어진 경계를 넘어서야하는 처지에 빠질 수밖에 없게 된다.
> Wer nur in die Elemente einer Sprache eingedrungen ist, ohne von ihrem Geiste erfaßte zu sein, befleißigt sich entweder in der Wortwahl sklavischer Genauigkeit oder er verlegt sich aufs Raten, sowie er vor die Notwendigkeit gestellt ist, die ihm durch seine geringen Kenntnisse gezogenen Grenzen zu überschreiten Brodführer 1922, 78쪽 이하.

오늘날 많은 연구가들의 경우 비슷한 방식으로 입증될 수 있는 이런 판단은 검토할 필요가 있다. 발터, 뮐러, 브로트퓌러 등은 루터의 번역을 기준으로 정했으며, 이런 기준이 왜곡된 해석으로 이끌 수밖에 없다는 사실에 대해 이미 입증되었다. 마찬가지로 예컨대 브로트퓌러의 저서를 강독하는 경우 저자가 근대고지독일어형태와 비교하면서 고어적 언어형태를 종종 지나치게 상세한 것으로 받아들인다는 전체적인 인상을 받는다. 그가 멘텔린성서를 지나칠 정도로 평가절하하는 반면, 차이너성서는 그 성서의 강독이 오늘날의 독자에겐 아주 쉽게 접근할 수 있다고 칭찬한다. 브로트퓌러는 많은 장에서 그것에 대한 사례들을 보여주고 있다.

발터의 주장과는 달리 멘텔린성서의 번역자는 독일어뿐만 아니라 라틴어에도 아주 능숙했다고 보는 것이 타당할 것이다. 번역자는 14세기 중엽 성서의 개별 권이 아니라 성서 전체를 독일어로 번역했다. 그럼으로써 그는 아마 성서의 완역이라는 신세계에 발을 디뎠을 것이다. 그 당시엔 단지 시편 혹은 아가서나 예언서, 복음서 등 개별 권만이 종종 번역되었다. 성서에 속한 모든 책들을 감히 번역한다는 것은 분명 대단한 용기를 요구했고 그 자체만으로도 이미 주목할 만하다. 성서가 여러 가지 종류의 책들을 묶은 것이기 때문에 번역자는 작업할 때마다 아주 다양한 어려움에 직면해야 했다. 복음서의 언어가 비교적 단순한 반면, 바울서는 그 조건과 부족한 참고 자료를 고려해 본다면 거의 극복될 수 없는 문제들 앞에 번역자를 내몰았음이 틀림없다. 오늘날과 마찬가지로 그 당시에도 이런 어려운 텍스트를 이해하기 위해서는 해당 번역에 대한 수많은 주석들을 참고해야만 할 것이다.

번역자는『불가타』외에 참고할 수 있는 그 어떤 필사본성서, 예컨대 그리스어나 히브리어는 물론이거니와 다른 종류의 라틴어성서[1]도 가지고 있지 않았을 것이다.『불가타』가 잘못 되었다면 그의 번역 또한 오류임에 명백한데, 왜냐하면 그는 로마교회가 유일한 성서로 인정하고 있는『불가타』를 독자적으로 수정할 수는 없었기 때문이다. 라틴어 텍스트는 성스러운 것이어서, 문장의 구조나 어휘를 바꾸면 결코 안 되었다. 텍스트 문구는『불가타』를 충실히 따르고 있음을 분명히 보여주어야 한다는 것이 번역자의 가장 중요한 원칙이었다. 아

---

[1] 『불가타』를 제외한 라틴어성서는 8세기부터 거의 필사되지 않았다.

주 간단한 보기를 들어보자.

> ut profiteretur cum Maria desponsata sibi uxore praegnante
> 『불가타』
> daz er veriech mit maria im gemechelt ein weip perhafftig
> 『멘텔린성서』
> 그 정혼한 마리아와 함께 호적하러 올라가니 마리아가 이미 잉
> 태되었더라 누가복음, 2장 5절

번역자는 '관청에 보고하다'라는 의미를 지닌 라틴어 'profiteri'를 'veriehen'으로 번역하였다.[2] 이 단어는 '실행하다'의 의미를 지니고 있다. '호적에 올리다'라고 해석해야 할 부분을 이렇게 번역함으로써 이 야기의 상황이 아주 모호하게 되어 버렸다. 번역이 라틴어 문장 구조에 얼마나 밀접하게 결부되어 있는지는 위 보기의 끝 부분 'mit maria im gemechelt ein weip perhafftig'이 보여준다. 어순이 라틴어 'cum Maria desponsata sibi praegnante'와 거의 일치한다. 'perhafftig'는 목표어의 통사 규칙에 위배된다. 그러나 출발어인 라틴어의 경우 어순이 중요하지 않기 때문에 통사규칙에 어긋나지 않는다.

비록 작은 보기이지만, 이것을 근거로 번역자가 그의 라틴어 원본에 얼마나 밀접하게 따르고 있는지 증명될 수 있다. 보기에서 쉽게 알아챌 수 있듯이 번역자는 『불가타』의 어떤 어휘도 그냥 넘어가지

---

2 반면 『루터성서』는 Auff das er sich schetzen liesse mit Maria seinem vertraweten Weibe / die war schwanger(Online-version, http://lutherbibel.net)로 번역하여, verrichten 의 고어 형태인 'veriehen'을 'schetzen'으로 대체했다.

않고 그대로 번역하고 있다. 그리고 만약 독일어에서 그에 상응하는 어휘가 존재하지 않은 경우에만 라틴어 어휘의 의미에 상응하는 독일어를 사용했다. 의미에 맞은 번역이 아니라 문장 구조에서 보다 적은 어순 변경만을 허용해주는 단어 대 단어 번역이 기본 원칙이었다. 그럼으로써 번역자에겐 피할 수 없는 문체적인 결핍이 생겨날 수밖에 없었다. 번역자는 성스러운 라틴어 어휘에 대한 독일어 대응어를 표현하기 위해 의식적으로 문체적 결핍을 감수해야만 했다. 어떤 경우라도 번역자는 텍스트에 독자적인 변화를 시도하려 하지 않았다.

　도우미트는 불가타와 멘텔린성서에서 창세기 26장 1-11절을 보기로 선택해 멘텔린성서의 번역을 자세히 분석하고 있다Doumit 1997, 33-35. 그는 이 부분이 성서에서 중간 정도의 난이도가 있는 텍스트이며 문장구성과 어휘선택에 관한 한 성서의 이야기를 대표하는 구절로 볼 수 있다고 생각했으며, 선택된 단락 번역의 질에 관해서도 전형적인 것으로 표시될 수 있다고 보았다. 아래 표는 그의 분석 자료에 루터성서 1984년판과 한글성서의 해당 부분을 넣어 작성한 것이다.

『불가타』	멘텔린성서	루터성서 1984
orta autem fame super terram / post eam sterilitatem quae acciderat in diebus Abraham / abiit Isaac ad Abimelech regem Palestinorum in Gerara / apparuitque ei Dominus et ait / ne descendas in Aegyptum / sed quiesce in terra quem dixero tibi et peregrinare in eam / eroque tecum et benedicam tibi / tibi enim et semini tuo dabo universas regiones has / conplens iuramentum quod spopondi Abraham patri tuo / et multiplicabo semen tuum sicut stellas caeli / dabo posteris tuis universas regiones has / et benedicentur in semine tuo omnes gentes terrae / eo quod oboedierit Abraham voci meae / et custodierit praecepta et mandata mea et caerimonias legesque servaverit / mansit itaque Isaac in Geraris / qui cum interrogaretur a viris loci illius / super uxore sua respondit soror mea est / timuerat enim confiteri quod sibi esset sociata coniugio / reputans ne forte interficerent eum propter illius pulchritudinem / cumque pertransissent dies plurimi et ibi demoraretur / prospiciens Abimelech Palestinorum rex per	wann hunger wart geborn auf der erde / nach der unberhaftikeit die do was geschehen in den tagen abrahams / ysaac gieng hin zu dem kunig abimelech der balestiner in gerar / und der herre erschein im in der nacht und sprach / nit steig ab in egipt / wann ruowe in dem lande das ich dir sage und ellend in im / und ich wird mit dir und ich gesgen dich / Wann dir und deim samen gib ich alle dise gegent / ich erfúlle den aide den ich gelobt abraham deinem vatter / und ich manigfeltig deinen samen als die stern des himmels / und deinen nachkumenden gib ich alle dise gegent / und alle geschlechte der erde die werdent gesegnet in deinem namen / dorumb das abraham gehorsamt meiner stymm / und behút mein gebott und die gesecze und behúte die ee / Darumb ysaac der beleib in gerar / Do er ward gefragt von den mannen der stat / vmb sein hausfraw er anrwurt sy ist mein schwester / Wann er forcht sich zebegechen das sy im were geselt zuo der ee / er gedacht daz sy in vielleicht erschliegen umb ir schoene / Und do manig tag waren vbergangen und er	1 Es kam aber eine Hungersnot ins Land nach der früheren, die zu Abrahams Zeiten war. Und Isaak zog zu Abimelech, dem König der Philister, nach Gerar. 2 Da erschien ihm der HERR und sprach: Zieh nicht hinab nach Ägypten, sondern bleibe in dem Lande, das ich dir sage. 3 Bleibe als Fremdling in diesem Lande, und ich will mit dir sein und dich segnen; denn dir und deinen Nachkommen will ich alle diese Länder geben und will meinen Eid wahr machen, den ich deinem Vater Abraham geschworen habe, 4 und will deine Nachkommen mehren wie die Sterne am Himmel und will deinen Nachkommen alle diese Länder geben. Und durch dein Geschlecht sollen alle Völker auf Erden gesegnet werden, 5 weil Abraham meiner Stimme gehorsam gewesen ist und gehalten hat meine Rechte, meine Gebote, meine Weisungen und mein Gesetz. 6 So wohnte Isaak zu Gerar. 7 Und wenn die Leute am Ort fragten nach seiner Frau, so sprach er: Sie ist meine Schwester; denn er fürchtete sich zu sagen: Sie ist meine Frau. Er dachte nämlich: Sie könnten mich töten um Rebekkas willen, denn sie ist schön von Gestalt. 8 Als er nun eine Zeit lang da

fenestram / vidit eum iocantem cum Rebecca uxore sua et accersito ait / perspicuum est quod uxor tua sit / cur mentitus es sororem tuam esse / respondit timui ne morerer propter eam / dixitque Abimelech quare imposuisti nobis / potuit coire quispiam de populo cum uxore tua / et induxeras super nos grande peccatum / praecepitque omni populo dicens / qui tetigerit hominis huius uxorem morte morietur

do selbens entwelte / abimelech der kunig der balestiner der sach durch ein venster / er sach in schinphen mit rebecca seiner hausfrawen er rieff im und sprach / Es ist offenbar das sy ist dein hausfrawe / worum hastu gelogen sy zesein dein schwester / Er antwurt Ich fúrcht das ich ycht stúrbe um sy / und abimelech sprach worum hastu uns betrogen / Ernstlich keiner von dem volck mocht gemeinsamen mit deiner hausfrawen / und du hast gefúrt uber uns ein grosse súnde / und er gebott allem volck sagent / Der do rúrt das weib des mannes der sterb des todes.

war, sah Abimelech, der König der Philister, durchs Fenster und wurde gewahr, dass Isaak scherzte mit Rebekka, seiner Frau.
9 Da rief Abimelech den Isaak und sprach: Siehe, es ist deine Frau. Wie hast du dann gesagt: Sie ist meine Schwester? Isaak antwortete ihm: Ich dachte, ich würde vielleicht sterben müssen um ihretwillen.
10 Abimelech sprach: Warum hast du uns das angetan? Es wäre leicht geschehen, dass jemand vom Volk sich zu deiner Frau gelegt hätte, und du hättest so eine Schuld auf uns gebracht.
11 Da gebot Abimelech allem Volk und sprach: Wer diesen Mann oder seine Frau antastet, der soll des Todes sterben.

1 아브라함 때에 첫 흉년이 들었더니 그 땅에 또 흉년이 들매 이삭이 그랄로 가서 블레셋 왕 아비멜렉에게 이르렀더니 2 여호와께서 이삭에게 나타나 이르시되 애굽으로 내려가지 말고 내가 네게 지시하는 땅에 거주하라 3 이 땅에 거류하면 내가 너와 함께 있어 네게 복을 주고 내가 이 모든 땅을 너와 네 자손에게 주리라 내가 네 아버지 아브라함에게 맹세한 것을 이루어 4 네 자손을 하늘의 별과 같이 번성하게 하며 이 모든 땅을 네 자손에게 주리니 네 자손으로 말미암아 천하 만민이 복을 받으리라 5 이는 아브라함이 내 말을 순종하고 내 명령과 내 계명과 내 율례와 내 법도를 지켰음이라 하시니라 6 이삭이 그랄에 거주하였더니 7 그 곳 사람들이 그의 아내에 대하여 물으매 그가 말하기를 그는 내 누이라 하였으니 리브가는 보기에 아리따우므로 그 곳 백성이 리브가로 말미암아 자기를 죽일까 하여 그는 내 아내라 하기를 두려워함이었더라 8 이삭이 거기 오래 거주하였더니 이삭이 그 아내 리브가를 껴안은 것을 블레셋 왕 아비멜렉이 창으로 내다본지라 9 이에 아비멜렉이 이삭을 불러 이르되 그가 분명히 네 아내거늘 어찌 네 누이라 하였느냐 이삭이 그에게 대답하되 내 생각에 그로 말미암아 내가 죽게 될까 두려워하였음이로라 10 아비멜렉이 이르되 네가 어찌 우리에게 이렇게 행하였느냐 백성 중 하나가 네 아내와 동침할 뻔하였도다 네가 죄를 우리에게 입혔으리라 11 아비멜렉이 이에 모든 백성에게 명하여 이르되 이 사람이나 그의 아내를 범하는 자는 죽이리라 하였더라.

위의 텍스트도 번역자가 라틴어 통사 규칙을 그대로 받아들이고 있음을 보여준다. 예컨대 주어를 술어 앞에 두려는 번역자의 노력이 곳곳에서 눈에 띤다. 『불가타』와 비교해 문장구조의 변화 대부분은 이런 노력으로 볼 수 있다. 만약 이런 방식으로 텍스트를 아주 세밀하게 번역을 추적해본다면 멘텔린성서 언어의 특성을 이해하게 될 것이다. 그러나 이런 문체적 결함을 이유로 번역자가 무능하다고는 결코 주장할 수 없다. 번역자는 텍스트의 의미와 내용을 이미 파악하고 있었다.

루터성서 이전에 인쇄된 독일어성서의 언어 연구는 대부분 어휘 분야에 집중되어 있다. 왜냐하면 많은 단어들이 초기 근대고지독일어 혹은 중세고지독일어에 없는 것이기 때문이었다. 쿠렐마이어는 자신의 팩시밀리 말미에 번역된 라틴어 표현과 그와 관련된 성서 위치에 대한 정보와 함께 중요한 독일어 표현에 대한 색인을 제시하고 있다 Kurrelmeyer 1904-1915, 373-463. 이런 색인으로 독일어성서의 어휘를 개관할 수 있는 것이 비로소 가능해졌다. 브로트퓌러는 반대로 라틴어-독일어 단어색인을 만들었으며, 복음서를 제외한 신약의 책들을 대상으로 하여 단어의 위치에 대한 정보도 제공해 주고 있다 Brodführer 1922, 198-293. 이런 참고 자료는 독일어성서의 언어적 분야를 연구하는데 필수적인 자료로 사용될 수 있다.

독일어성서에 나오는 어휘가 언제 어디서 사용되었는가에 대한 질문은 여전히 해명되지 못한 상태이며 미래에도 해명되기는 어려울 것이다. 쿠렐마이어는 늦어도 14세기 중엽에 번역이 시작되었을 것으로 추정한다. 이런 견해는 일반적으로 연구에서 수용되었지만, 단지 추측에 지나지 않음을 잊어서는 안 된다. 어휘에 대한 정확한 분류는 출처를 근거로 비교될 수 있는 '초기근대고지독일어 사전'이 완전히 제시되었을 경우에나 비로소 가능할 것이다. 물론 많은 어휘들이 여전히 중세고지독일어의 특징을 지니고 있다. 예컨대, 몇몇을 언급해보면 beyten, ee, entphachen, entwellen, lútzel, michel, untz, winster, wunniclich, zeswe 등은 중세고지독일어 사전에 기재되어 있다.

이런 이해의 어려움에도 불구하고 멘텔린은 자신의 독일어성서를 주지하다시피 성공리에 판매하였고,[3] 더욱 더 놀라운 사실은 이 텍스트가 다음에 인쇄될 17종의 독일어성서의 토대가 되었다는 점이었다. 텍스트의 변화는 차이너성서에서 비로소 획기적으로 일어난다. 귄터 차이너는 1476년 자신이 인쇄한 서적들을 판매하기 위해 제작한 광고[4]에서 독일어성서의 언어 상황을 비교적 소상하게 설명하고 있다.

> 그림을 구비한 독일어성서의 책은 많은 노력을 기울여 교정하고, 처음에 인쇄된 작은 성서에 있었던 모든 독일인에게 낯설고 이해될 수 없는 어휘들이 제거되었다. 그리고 라틴어 원본 텍스트에 따라 새롭게 교열되었다.
>
> Das buoch der teutschen Bibel mit figuren mit grösstem fleiß corrigiert vnd gerecht gemacht. Als daß alle frembde teutsch vnnd vnuerstendlich wort so in den erstgedruckten klainen byblen gewesen gantz ausgethan vnd nach dem latein gesetzt vnd gemacht seind Eis 1949, 42에서 재인용.

---

3 멘텔린은 슈트라스부르크 인쇄업자 길드에서 가장 부유한 사람에 속하였다.
4 귄터 차이너는 자신이 인쇄한 서적을 정기적으로 광고한 인쇄업자이다. 그는 1471년부터 매년 서적 광고를 인쇄하였다Duntze 2010, 213.

차이너성서 이후에 인쇄된 성서의 텍스트는 거의 변화하지 않고 있다. 물론 어휘 분야에선 고어적 표현이 그 당시 사용되었던 어휘들로 점차 바뀌어져서 인쇄되었다. 예컨대 zeswe → gerechte, michel → klein, pfaff → priester Eis 1949, 42 등을 그 예로 들 수 있다.

6.2. 타이포그래피

독일어성서 인쇄 시기에는 두 가지 방향으로 타이포그래피가 발전되었다. 즉, '엄숙하고 축제적인' 텍스투라에서 둥근 고딕체를 거쳐 안티크바로 가거나, 아니면 바스타다체를 거쳐 프락투어로 가는 신속한 변화 과정은 사회적 변화와 맞물려 진행되었다. 구텐베르크가 사용했던 서체인 텍스투라는 중세 말에 자취를 감춘다. 서체는 점점 더 호감이 가고 가독성이 높은 서체로 변했다. 특히 이탈리아에서 유래한 둥근 서체가 여기에 영향을 미쳤다. 외국에선 슈바바허와 같은 꺾인 서체가 인쇄물에서 비교적 빠르게 사라진 반면, 독일에선 안티크바와 꺾인 서체가 병존하는 시대가 20세기까지 오래 지속되었다.[5]

슈트라스부르크의 멘텔린이 1466년에 처음으로 독일어성서를 인쇄했을 때 대부분의 인쇄업자들은 이미 텍스투라와 같은 고딕체를 사용하지 않고 새로운 서체를 사용하였다. 구텐베르크성서와 『마인츠시편』 등, 초기 인쇄물에 사용되었던 텍스투라는 예배용 서적의 인쇄에서만 잠시 동안 계속 사용되었다.

---

5 독일에서 꺾인 서체와 둥근 서체의 발전 과정에 대해선 최경은 2012, 369-395 참조.

직물 모양의 서체 형태 때문에 텍스투라라고 명명된 고딕 서체의 포기에는 미적인 근거만이 있었던 것은 아니다. 활자와 활자판 제작, 주물 기술 등이 아마 처음엔 비교적 큰 서체만 허용했을 것이다. 이것은 성서인쇄에 비경제적이었다. 큰 서체로 인해 인쇄 종이의 소모가 새로운 생각을 강요하게 되었

고딕-안티크바, 차이너성경 1475

바스타다, 조르크성경 1477

바스타다, 조르크성경 1480

상부라인어 기울임체, 그뤼닝어성경 1485

슈바바허 초기형태, 쇤스페르거성경 1487

슈바바허, 뤼벡성경 1494

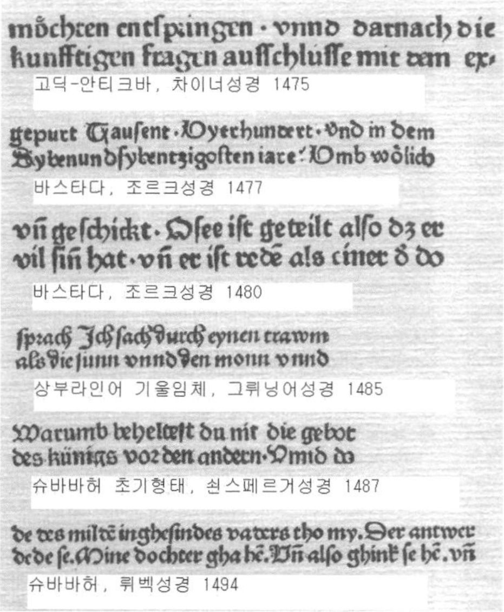

〈그림 50〉 독일어성서의 타이포그래피

다.[6] 서적 인쇄가 증가함에 따라 종이에 대한 수요도 증가하게 되고, 서적에 대한 원자재의 결핍도 피할 수 없게 되었다. 인큐내뷸러시대에 약 1만종의 인쇄물이 나왔다. 각 종의 인쇄물은 200에서 2,000부 정도로 인쇄되었다. 좀 더 작은 활자 크기, 행 길이의 연장 등이 종이의 사용을 절약하게 해주며 동시에 서적 구매자에게도 좀 더 싼 가격에 서적을 공급할 수 있게 해주었다. 좀 더 작은 인쇄 서체를 설계하고 제작하여 주조할 수 있기 위해 특정한 수공업적 기술 능력뿐만이 아니라 다른 형태의 서체도 필요하게 되었다. 활자를 제작하고 주조

---

6 예컨대 구텐베르크성서는 641낱장인 반면, 멘텔린성서는 406낱장에 지나지 않는다.

하는 사람들에게 높은 수공업적 예술적 능력이 요구되었지만, 누구나가 그것을 만족시켜 주지는 못했다. 그래서 인큐내뷸러시대의 많은 서체들이 서투르며 균형이 맞지 않고 즉흥적이었다.

독일어성서의 인쇄에는 인큐내뷸러시대의 여러 서체들이 골고루 사용되었다. 구텐베르크가 라틴어성서를 인쇄하는데 사용했던 텍스투라는 독일어성서 인쇄에는 사용되지 않았다. 초기 독일어성서에는 둥근 서체인 고딕-안티크바가 사용되다가, 조르크성서에서 바스타다로 표시된 서체 형태가 나타나게 되며, 그뤼닝어성서에서는 상부라인어 기울임체라고 표시되는 혼용이 나타나기도 한다. 아우크스부르크의 인쇄업자 쇤스페르거에게서는 후에 슈바바허 서체의 선구자로서 간주될 수 있는 서체가 등장한다. 쇤스페르거성서 이후 모든 독일어성서는 슈바바허로 인쇄된다. 루터의 독일어성서도 슈바바허로 인쇄되었다. 슈바바허는 뒤러와 노이되르프에서 시작하여 뉘른베르크와 아우크스부르크에서 최초의 프락투어 형태가 만들어질 때까지 오래동안 독일에서 지배적인 서체였다. 프락투어로의 변화는 일반적으로 꾸준히 진행되었고, 슈바바허는 결국 인용이나 주석을 표시하는 서체로서만 사용되기에 이르렀다. 그러나 20세기 초까지 독일 타이포그래피의 두 주류였던 프락투어와 안티크바는 모두 종교개혁 전에 인쇄된 독일어성서에는 사용되지 않았다.

6.3. 삽화

중세 교회는 성서의 내용을 문맹자에게도 전달하기 위해 의식적으로 그림을 사용하였다. '그림은 문맹자의 책'이라는 그레고리우스 대교황의 언급은 아마 가장 많이 알려져 있는 중세의 격언일 것이다. 중세는 사실주의의 특징인 모사와 원근법이 나타나기 이전 시대였고, 그림의 형식이 갖는 교훈적 목적들이 그림의 심미적 가치의 의미를 훨씬 압도했던 시기였다. 시각예술은 "보이는 세계의 표현이기보다는 아직도 구두성이 지배적인 사회의 구어였다"Camille 1985, 27. 그리고 후기 중세인들이 지니는 그림에 대한 의식은 고정된 형태의 그림이 지니는 오랜 전통을 통해 각인되었다. 오늘날에도 중세에 지은 교회의 현관에 새겨진 조각, 교회 내부에 그려진 벽화와 천장화, 제단화, 기둥에 새겨진 인물 조각, 창문 유리에 그려진 그림 등에서 중세 시대의 모습을 짐작할 수 있다. 대부분의 이런 그림이나 조각들은 성서에 나오는 이야기를 묘사하고 있다. 거의 모든 인물들이 구약과 예수의 구세사와 수난사에 등장하는 인물로서 예언자, 사도, 교부 등이다. 신도들은 그림을 통해서 이미 그들과 친숙해져 있었다. 기독교를 믿는 사람이면 누구나가 고유의 장식, 특정한 복장, 형태, 색채 등을 통해 묘사된 인물을 쉽게 알아볼 수 있다. 또한 제스처, 자세, 몸짓, 얼굴 표정 등도 관찰자가 이야기의 내용을 읽어낼 수 있을 정도로 미리 정해져 있다. 성서의 내용과 성자의 이야기는 관찰자인 신도들에겐 미사를 통해 이미 알려져 있었다.

중세의 필사본 책이나 인큐내뷸러시대의 인쇄본 책에서도 위와 동일한 방식의 그림이 첨가되었다. 제단화, 조각, 벽화 등은 후기 중세에 삽화라는 2차원적 평면에 옮겨놓기 위한 충분한 사례들을 제공했다. 물론 필사본에 들어있는 삽화로 이미 알려진 그림들도 계속 사용되었다. 여기서 구텐베르크의 인쇄술 발명 이전에 이미 사용되었던 목판화가 특히 중요한 역할을 담당했다. 1400년경 처음 사용했을 것으로 추정되는 목판인쇄는 인쇄된 책에 넣을 삽화 제작에 반드시 필요한 기술이었다.[7] 사람들에 의해 언급되거나 낭독된 단어는 삽화를 통해 분명해졌으며 초기 종교적 내용을 상징하는 삽화는 특히 기독교의 전도에 이용되었다.[8] 예술적 요구와 그림의 장식적 과제는 그 당시엔 부수적인 것에 지나지 않았다. 현대인은 그림을 텍스트와는 별도로 독립해서 관찰하고 그 후에 비로소 묘사의 의미를 질문하는데 익숙해있다. 그러나 초기의 삽화를 정확히 평가하려고 한다면, 우리는 중세 당시의 전도라는 과제를 충족시키려는 그림 관찰방식으로 돌아가야 한다. 이런 관점에서 익명의 예술가들이 이런 임무를 어떻게 수행했는지, 그리고 텍스트의 내용이 그들의 묘사에 어떻게 반영되어 있는지 질문해야만 한다. 그렇게 보면 독일어성서의 목판 삽화들은 단어를 내포하는 의미로 해석해야 할 것이다. 왜냐하면 이 삽화들은 텍스트의 내용을 분명히 해주며 관찰자가 환상을 가지도록 고무해주기 때문이다. 따라서 독일어성서 삽화는 하느님의 말씀을 내포하여 관찰자를 상상의 세계로 안내하는 임무를 띠고 있다. 그 외에도 삽화

---

7 프린트매체의 시작이 구텐베르크나 성서와 결부되어 있는 것이 아니라, 목판을 이용한 그림인쇄와 관련되어 있다고 주장하는 학자도 있다Würgler 2009, 7.

8 종교적 그림이 전도로 사용되어야 할 뿐만 아니라, 정보와 학습의 매체가 되어야 한다고 루터도 수차에 걸쳐 강조했다Feldmann 2009, 72.

는 책을 아름답게 장식하는 역할도 담당하고 있었다. 15세기 종이의 도입과 더불어 책이나 팸플릿에 그림을 그리는 화가가 새로운 직업군으로 등장했다. 그들은 대부분 1장짜리 목판화를 제작했다. 성모상, 성인 묘사, 수난 장면 등이 주요 내용이었다. 사람들은 견본시, 장터, 순례지 등에서 적당한 가격으로 그런 목판화를 구입할 수 있었다. 초기 인쇄업자들은 성서, 미사 전례집, 기도서, 성담聖譚, 교화서 등에 삽화를 넣거나 채색을 하면 훨씬 더 잘 팔린다는 사실을 알게 되었다. 초기의 목판화를 저작권이나 원본이라는 현대적 개념에 따라 판단해서는 안 된다. 장인에게는 자기 고유의 개성적 예술 형태의 발전에 주의를 기울이는 것보다 자신의 작품임을 입증할 만한 것을 보관하고, 그것을 제시할 수 있도록 보관하는 것이 더 중요했다.[9] 이런 사실이 아마 그 시대에 많은 예술가와 장인들이 자신의 이름을 밝히지 않은데 대한 이유가 될 수 있을 것이다.

독일어성서의 삽화는 아우크스부르크의 인쇄업자 귄터 차이너가 크고 테두리가 있는 두문자를 그림으로 그리면서 시작되었다. 두문자의 내부에는 이어 나올 성서 텍스트의 인물이 들어있는 장면이 첨가되었다. 차이너는 비교적 큰 활자를 전체 문장 길이에 맞추지 않음으로써 두문자의 기능과 삽화의 임무를 결합시키려고 했다. 두문자 옆의 좁은 문장 폭은 아름답지 못한 약자를 양산하게 되지만, 이것도 완전히 필사본의 전통을 따른 것이다. 두문자가 속한 관련어휘는 두

---

9 당시 저작권의 개념이 없는 시대였고, 저작권보다는 현장에서 자신의 작품을 보여주는 것이 더 현실적이었다. 예를 들면 '성서금지' 칙령을 내렸음에도 불구하고 인쇄를 감행하면 벌을 받게 될 수도 있기 때문에 굳이 위험을 무릅쓰고 자신의 작품임을 밝히는 것보다 자신이 해당 목판을 지니고 있는 것만으로 충분하였다.

문자의 오른쪽에 인쇄되는 것이 일반적이다. 젠센슈미트성서1476의 경우처럼 두문자 아래에 관련 어휘가 인쇄되는 것은 아주 드문 일이다. 차이너의 큰 두문자가 성서 텍스트를 장식하고 있을 뿐만 아니라 그림으로 삽입되는 시도로서 간주될 수 있다는 사실은 그가 그것 외에도 은방울꽃으로 장식된 작은 장식 두문자를 사용했다는 점에서 분명해진다.

73점의 차이너 두문자들은 다음에 인쇄될 성서의 형태에 많은 영향을 미친다. 예컨대 1476년에 이미 요한 젠센슈미트는 뉘른베르크에서 삽화가 있는 독일어성서를 인쇄했는데, 이 성서도 마찬가지로 두문자가 그림으로 그려져 있다. 여기서 두문자는 사각형에 들어있고, 인물이 포함된 장면이 활자의 내부 공간으로 더 잘 묘사되어 있지만, 차이너의 두문자를 모방한 흔적을 분명히 알 수 있다. 아우크스부르크에서 인쇄된 플란츠만성서는 차이너성서와 같은 해에 인쇄되었다. 플란츠만성서는 두문자 기능이 없이 오직 삽화로만 들어가 있는 최초의 독일어성서이다. 그림 시리즈에 등장하는 모든 예언자, 왕, 사도들은 각각 목판으로 재현되었다.

성서 삽화의 대전환점은 쾰른성서가 가져온다. 쾰른성서는 1478년 113점의 삽화가 들어있는 저지작센어판과 123점의 목판화가 있는 저지라인어판이라는 두 가지 판으로 동시에 인쇄되었다. 큰 크기, 즉 2단 이상의 폭에 달하는 삽화들을 통해 쾰른성서는 진정한 그림 성서가 되었다. 많은 수의 삽화와 눈에 띄는 크기만이 쾰른성서를 두드러지게 한 것은 아니었다. 쾰른성서의 뛰어난 점은 그림의 질이었다. 삽화가의 훌륭한 묘사 능력과 목판화의 장식적 화려함이 느껴진다.

루터성서 이전 인쇄된 독일어성서의 삽화 시리즈는 중세 예술의 전통에 뿌리를 내리고 있다. 이것은 특히 특정한 사건이 묘사되고 있는 방식에서 드러난다. 후기 중세 그림 언어의 상징적 표현들이 개별 삽화에서 텍스트를 정확히 알지 않고도 그 내용을 이해할 수 있게 만들었다. 제단화에서 수용되었던 구성적인 원칙, 즉 하나의 그림에 등장하는 여러 가지 장면은 전형적 묘사 방법이었다. 주 사건이 전면에 크게 보이며, 그 뒤에 시간적으로 앞선 몇몇 장면들이 보인다. 주요 인물들은 한 그림에 여러 번 등장하기도 하며 옷, 외모, 심벌 등을 통해 알 수 있다. 성서에 나오는 인물의 특징과 성자의 심벌은 그 당시 누구나가 즉시 알아차릴 수 있을 정도로 일반적으로 잘 알려져 있었다.

　　독일어성서의 삽화는 차이너성서의 두문자 그림에서 시작하여 플란츠만성서에서는 두문자 형태가 아닌 삽화 자체만의 공간으로 삽입되며, 쾰른성서에 이르러 삽화의 독립적인 기능을 확보한다. 이어 젠센슈미트성서와 그뤼닝어성서가 차이너성서와 쾰른성서를 수정 보완하는 형태로 발전하며 뤼벡성서의 삽화에서 성서 삽화 예술의 정점을 이룬다. 그럼 각 독일어성서의 삽화를 설명이 곁들인 목록과 각 독일어성서 삽화의 특징을 살펴보도록 하자.

6.3.1. 차이너성서

1) 히에로니무스

그림은 편지를 적고 있는 히에로니무스를 보여주고 있다. 책상 위에는 책이 놓여 있고 히에로니무스는 추기경 복장을 하고 있다. 오른쪽에는 주교 복장을 하고 편지를 받고 있는 바울이 그려져 있다. 중세 시대에 히에로니무스의 편지는 성서의 서곡으로 이해되고 있다.

〈**그림 1**〉 히에로니무스

2) 창세기

왼쪽엔 축복을 내리는 몸짓을 하고 있는 그리스도가 세상의 창조자로서 등장한다. 그가 왼 손으로 잡고 있는 원에는 별, 하늘, 땅, 식물, 동물, 인간 등이 그려져 있다. 담으로 폐쇄된 낙원 정원에는 이브가 아담에게 사과를 건네고 있다창세기 1장 1-3, 6절.

〈**그림 2**〉 창조

3) 출애굽기

이스라엘사람들이 구원의 물가에 도달한 반면 그들을 따라오는 이집트인들은 파라오를 포함해 모두 홍해에 빠져 있다출애굽기 14장 5-31절.

〈**그림 3**〉 이집트 탈출

4) 레위기

목판화는 성서 텍스트와 관련이 없다. '뿔 달린' 모세와 아론으로 추정되는 인물이 율법에 대해 이야기하고 있으며 사람들에게 책에서 다루어진 율법에 대해 설명해주고 있다.

〈**그림 4**〉 모세와 아론

5) 민수기

모세와 아론이 이스라엘 민족을 가르치고 있는 모습이다. 이 그림은 책에 언급된 2개의 민족 중 하나를 가리킨다민수기 1장과 26장.

〈그림 5〉 모세와 아론

6) 신명기

오른쪽 위에서 모세가 신으로부터 십계명이 기록된 판을 받은 후, 중앙 부분에서 그 판을 사람들에게 보여주고 있다. 그림은 책 제목과 관련된다신명기 9장 9-17절.

〈그림 6〉 십계

7) 여호수아

그림은 여호수아에 속하지 않은 내용을 보여주고 있다. 아마 민수기 13장 23-24절의 내용일 것이다. 모세가 가나안땅을 정탐하려고 사람을 보냈는데, 그가 커다란 포도송이를 들고 귀환하였다. 다른 정탐꾼들이 그 땅의 주민들에게 공포를 느낀 반면, 오직 여호수아와 갈렙만이 정탐하는 용기를 보여주었다.

〈**그림 7**〉 정탐꾼의 귀환

8) 사사기

삼손, 기드온, 지프타흐 등이 포함된 심판관 대신에 집회를 그리고 있다. 두 개의 벤치에 12명의 남자들이 앉아 있는데, 아마 이스라엘의 12부족을 대표하는 사람들일 것이다. 왼쪽 앞부분에 있는 사람은 손에 우상을 들고 있어서, 사사기 첫 부분에 묘사된 신에 의한 이스라엘 부족의 멸망을 암시하고 있다 사사기 2장 2절, 2장 11절.

〈**그림 8**〉 사사기

9) 룻기

두문자 I를 경계로 해서 오른쪽에는 엘리멜렉과 나오미가 흉년으로 인해 베들레헴에서 모압으로 이주하는 모습이 그려져 있다룻기1장1절. 왼쪽에는 마지막 장의 내용인 룻과 보아스의 결혼룻기4장 13절이 묘사되어 있다. 보아스는 왕관을 쓰고 있는데, 왜냐하면 그는 계보룻기4장 18-22절에서 다윗의 증조할아버지이기 때문이다. 결혼식을 주관한 사제는 주교로 그려져 있다.

〈그림 9〉 룻

10) 사무엘 상

위에는 사무엘의 부모인 엘가나와 한나사무엘 상1장1-2절, 밑에는 사무엘과 그에 의해 왕으로 성유가 발라진 사울이 그려져 있다사무엘 상7장2절 이하.

〈그림 10〉 사무엘

11) 사무엘 하

묘사된 사건은 이미 앞에 나온 책의 내용에서 유래하고 있다. 그림의 하단에는 전염병에 고통 받는 블레셋 사람들이 자신들이 빼앗았던 언약궤를 이스라엘 민족에게 돌려주고 있다. 텍스트에 나오는 내용처럼 "젖 나는 소 둘"이 수레를 끌고 있다. 위에는 골리앗과 싸우는 다윗이 그려져 있다_{사무엘 상 17장}.

〈그림 11〉 다윗과 골리앗

12) 열왕기 상

아기의 어머니가 누구인지 가리기 위한 재판을 솔로몬이 주관하고 있다_{열왕기 상 2장 13-46절}.

〈그림 12〉 솔로몬의 심판

13) 열왕기 하

신에게 버림받은 아하시야왕이 침대
에 누워있다. 그림의 오른쪽 부분은 두
가지 해석이 가능하다. 첫 번째 해석은
엘리야에 의한 바알 선지자의 죽음_{이미 열}
_{왕기 상 1장 18절에 나옴}이며, 두 번째 해석은
엘리야를 데리고 와서 병든 왕에게 보여
주어야 하는 군인들이 하늘에서 내려온
불에 의해 죽임을 당하는 모습일 수 있
다. 그림의 하단은 엘리야의 승천을 암

〈**그림 13**〉 엘리야의 승천

시하고 있다. 그는 불수레를 타고 하늘로 올라간다_{열왕기 하 2장 11절}.

14) 역대상

역대상 1장은 그림의 하단 왼쪽 낙원
에 아담, 하단 오른쪽 방주에 노아, 상단
왼쪽에는 이삭을 제물로 하느님께 바치
려는 순간의 아브라함, 그리고 상단 오
른쪽에는 야곱과 이스라엘이 그려져 텍
스트의 내용을 알기 쉽게 만들고 있다.
그리고 나중에 언급되는 야곱과 이스라
엘이 그려져 있다_{상단 오른쪽}. 각 인물의
위에는 이름이 새겨진 띠가 그려져 있다.

〈**그림 14**〉 아담, 노아, 아브라함,
야곱

15) 역대하

솔로몬과 스바 여왕역대하 9장 1-12절.

〈**그림 15**〉 솔로몬과 스바 여왕

16) 에스라

페르시아 왕 고레스왼쪽는 바벨론 포로로 있는 유대인을 해방시킨다에스라 1장. 바벨론 후기에 에스라오른쪽가 율법 학자로서 영향력을 행사하고 사람들에게 새로운 법령을 내렸다에스라 7장 이하.

〈**그림 16**〉 고레스와 에스라

17) 느헤미야

그림은 느헤미야의 인솔 하에 예루살
렘의 재건을 보여주고 있다느헤미야3장 1-32
절, 7장 1-3절.

〈**그림 17**〉 예루살렘 재건

18) 요시야왕

인큐내뷸러 독일어성서들은 정경에
포함되지 않은 에스라 3서를 성서에 넣었
다. 내용은 에스라서와 마찬가지로 포로
생활에서 돌아온 유대인과 예루살렘의
재건을 다루고 있지만, 바벨론 포로 생활
이전에 요시야왕의 복귀로 시작된다. 그
림은 요시야의 유월절 제물인 양을 보여
주는 1장의 내용을 담고 있다. 현대의 성
서 역대하 35장 1-19절과 비교될 수 있다.

〈**그림 18**〉 요시야왕

19) 토비트

토비트가 앗시리아 포로 생활에서 살마나자르왕의 총애를 받는다 토비트 1장 13절.

〈**그림 19**〉 토비트와 살마나자르

20) 유디트

유디트가 하녀에게 홀로페르네스의 머리를 건네고 있다 유디트 13장 8-10절.

〈**그림 20**〉 유디트와 홀로페르네스

21) 에스더

왼쪽에 아하스버왕이 식사를 하고 있다. 이것은 아마 7장과 관련된 내용일 것이다. 오른쪽은 에스더의 향연을 그리고 있는데, 거기서 에스더는 왕 앞에서 유대인왕 하만의 정체를 밝히고 있다. 하만은 즉시 교수형을 받게 된다에스더 7장 10절.

〈그림 21〉 에스더

22) 욥

위에서 하느님과 악마가 거래를 하고 있다. 악마는 하느님의 허가 아래 욥의 재산과 건강을 빼앗아 버린다. 아래에는 욥의 아내가 문둥병이 걸린 욥에게 하느님을 부정하라고 요구한다욥기 2장 7-10절.

〈그림 22〉 욥

23) 시편

목판은 다윗 왕을 시편 작가가 아니라 책상에서 일하고 있는 모습이 묘사되어 있는 예언자 시리즈의 한 명으로 그리고 있다.

〈**그림 23**〉 다윗

24) 잠언

책상 앞에 앉아 글을 쓰고 있는 솔로몬 왕. 그 또한 예언자와 유사하게 묘사되어 있다.

〈**그림 24**〉 솔로몬

25) 전도서

전도서 2장 4-6절에서 솔로몬 왕은 다음과 같이 말하고 있다.

〈**그림 25**〉 솔로몬

"나의 사업을 크게 하였노라 내가 나를 위하여 집들을 짓고 포도원을 일구며, 여러 동산과 과수원을 만들고 그 가운데에 각종 과일 나무를 심었으며, 나를 위하여 수목을 기르는 삼림에 물을 주기 위하여 못들을 팠다."

분명 이 그림은 이 부분과 관련되어 있다. 그림의 위 부분에는 인간의 행복이 죽음에 직면하여 한갓 '산들바람'에 지나지 않음을 암시하고 있어 전도서의 핵심 주제와 연결된다.

26) 아가

그림의 아래 부분은 솔로몬 왕이 애인과 대화를 나누고 있는 모습이다. 위는 무슨 내용의 그림인지 분명하지 않다. 아가는 중세에 다양한 알레고리 해석이 가능했기 때문에 삽화에 그 내용이 구체적으로 그려지긴 어려웠다.

〈**그림 26**〉 솔로몬의 아가

27) 솔로몬의 지혜

다시 책상에 앉아 있는 솔로몬의 모습이다. 오른쪽에 청중을 그려 넣은 것은 아마 작가가 여러 가지 방법으로 독자에게 직접 이야기하는 것과 관련되어 있을 것이다. 그는 위안을 주기도 하고 올바른 삶을 요구하기도 한다.

〈그림 27〉 솔로몬의 지혜

28) 지라크의 아들 예수의 지혜서

지라크의 아들 예수가 책상 앞에 앉아 있으며, 다시 두 명의 청중이 그려져 있는데, 그 또한 - 아들에게 조언을 해줌으로써 - 간접적으로 그들에게 말하고 있다 지라크의 아들 예수의 지혜서 2장 1절. 차이너의 두 번째 성서에는 이 자리에 역대상의 그림이 삽입되어 있다. 현대 성서에는 포함되지 않은 외경이다.

〈그림 28〉 지라크의 아들 예수의
지혜서

29) 이사야

예언서의 그림들에는 자주 신약과의 관련성이 발견된다. 목판화는 왼쪽엔 책상 앞에 있는 이사야와 나무 위 부분에 마리아와 예수가 있고 나무의 뿌리 부분엔 이사야가 누워있다. 이사야 11장 1절 ^{"이새의 줄기에서 한 싹이 나며 그 뿌리에서 한 가지가 나서 결실할 것이요"}에 있는 메시아 예언이다.

〈그림 29〉 이사야

30) 예레미야

예레미야가 예루살렘에서 바벨론 포로로 끌려가는 유대인을 바라다보고 있다 _{예레미야52장}. 유대인의 고통에 대한 묘사는 예레미야애가에 나오는 내용을 담고 있다.

〈그림 29〉 이사야

31) 바룩

하단에는 바룩이 책상 앞에 앉아 있다. 그 위에는 바벨론 포로 생활에서 사슬에 묶여 있는 유대인의 모습이 보인다. 예레미야의 조수 바룩이 쓴 책은 포로 시대에 대한 개괄을 보여주며, 유대인에게 죄의 고백과 귀환을 요구하고 그들에게 희망을 전달한다.

〈그림 31〉 바룩

32) 에스겔

두문자 그림은 구술로 가르치는 예언자의 모습을 보여준다. 예레미야의 위에는 1장에서 의미를 알기 어려운 텍스트에 기인한 복음서 저자의 상징이 그려져 있다. 여기서 에스겔은 4종의 동물을 보여주는데, 텍스트에 묘사되어 있는 그대로 얼굴만 보여주는 형태이며, 인간, 사자, 황소, 독수리의 모습이다. 이것은 복음서 저자의 상징이기도 하다 에스겔 1장 10절.

〈그림 32〉 에스겔

33) 다니엘

왼쪽에는 느부갓네살 왕이 금으로 만든 신상에 절을 하지 않으려는 3명의 유대인 젊은이에게 명령하고 있다. 그는 그들을 맹렬히 타는 풀무불 가운데로 던져 넣으려 했으나 천사가 그들을 지켜준다 다니엘3장. 오른쪽에는 사자굴 속에서 다니엘이 예언자 하박국과 천사에 의해 먹을 것을 얻고 있다 다니엘6장.

〈그림 33〉 다니엘

34) 호세아

호세아는 비유적으로 바알 우상화를 비난한다. 그림에서는 이스라엘 민족이 기둥 위에 앉아 있는 우상에 제물을 바치고 있다.

〈그림 34〉 호세아

35) 요엘

요엘이 책상 앞에 앉아서 글을 쓰고 있다. 그의 옆에는 어두운 곳에서 반짝이는 별이 그려져 있다. 요엘 2장 31절, "여호와의 크고 두려운 날이 이르기 전에 해가 어두워지고 달이 핏빛 같이 변하려니와"과, 요엘 3장 15절, "해와 달이 캄캄하며 별들이 그 빛을 거두도다." 그림의 위 부분에는 3장에서 묘사된 민족에 대한 심판이 도래함을 묘사하고 있다. 하느님은 벌 혹은 상을 내리기 위해서 칼과 백합을 들고 있다.

〈그림 35〉 요엘

36) 아모스

이 그림에서도 신약과 구약을 연결하는 고리가 그려져 있다. 즉, 심판과 구원이라는 대립이 나타나며 그리스도가 구세주로 등장한다. 심판의 내용은 아모스 9장 1절 "내가 보니 주께서 제단 곁에 서서 이르시되 기둥머리를 쳐서 문지방이 움직이게 하며 그것으로 부서져서 무리의 머리에 떨어지게 하라 내가 그 남은 자를 칼로 죽이리니 그 중에서 한 사람도 도망하지 못하며 그 중에서 한 사람도 피하지 못하리라"이며, 구

〈그림 36〉 아모스

원의 내용은 아모스 9장 11절 "그 날에 내가 다윗의 무너진 장막을 일으키고 그것들의 틈을 막으며 그 허물어진 것을 일으켜서 옛적과 같이 세우고"이다. 바닥에 누워있는

남자들과 제단 위에 서 있는 그리스도는 이런 대립을 구체화하고
있다.

37) 오바댜

오바댜는 1장 21절로만 구성되어 있는
책이다. 그림은 이 짧은 텍스트의 내용
을 세 부분으로 나누어 묘사하고 있다.
1-15절은 에돔에 대한 심판을 다루고 있
으며, 16절은 다른 민족들_{한글성서에서는 '만}
_{국'으로 번역}에 대한 심판을 언급하고 있다.
그림의 상단 왼쪽에 세 명의 남자가 잔
을 들고 있다. 17-21절은 이스라엘의 구
원을 예견하고 있다. 17절"_{오직 시온 산에서}

〈**그림 37**〉 오바댜

_{피할 자가 있으리니 그 산이 거룩할 것이요 야곱 족속은 자기 기업을 누릴 것이며"}은 상단
에 '시온'_{Syon}이라는 이름이 기재된 띠로 직접 묘사되고 있다.

38) 요나

예언자 요나는 여호와로부터 신을 경배
하지 않는 도시 니느웨에 가서 형벌의 심판
을 전하라는 과제를 부여받았지만, 그는 여
호와의 명에 따르지 않고 도망치나 곧 물고
기에 의해 삼켜진다. 물고기는 3일이 지난
후 그를 다시 밖으로 뱉어낸다. 그림의 하단
부분은 물고기 밖으로 나오는 요나를 묘사
하고 있다. 물고기의 뱃속에서 나온 요나는

〈그림 38〉 요나

이제 여호와의 말씀을 니느웨에 가서 전하니, 왕그림 오른쪽이 도시의 모든
사람과 동물들그림 왼쪽에게 참회하고 신을 소리 높여 경배하라고 외치고
있다. 이렇게 해서 니느웨는 여호와의 심판을 피하게 된다. 요나 이야기
는 신약성서에서 그리스도가 인용마태 12장 40절 "요나가 밤낮 사흘 동안 큰 물고기
뱃속에 있었던 것 같이 인자도 밤낮 사흘 동안 땅 속에 있으리라"하게 되는데, 아마 상단에
그려진 인물이 요나 이야기를 언급하고 있는 그리스도일 것이다.

39) 미가

그림의 상단은 하느님, 혹은 그리스도
가 도시의 주민들을 징벌하는 장면이다.
미가 6장 13절"그러므로 나도 너를 쳐서 병들게
하였으며 네 죄로 말미암아 너를 황폐하게 하였나니"
을 바탕으로 묘사되었다. 하단에는 기도
하는 자들과 함께 있는 예언자 미가의
모습이 그려져 있다미가 4장 1-5절.

〈그림 39〉 미가

40) 나훔

책상 앞에 앉아 글을 쓰고 있는 예언
자 나훔은 신의 힘을 찬양하고나훔1장2-8
절, 니느웨에 대한 여호와의 심판나훔1장
9절-3장19절까지을 알리고 있다.

〈그림 40〉 나훔

41) 하박국

그림의 오른쪽은 용맹한 갈대아 기병
들의 전투 장면을 묘사하고 있다하박국1
장6-11절. 3장으로 구성된 짧은 예언서 하
박국은 특히 여기서 엄중한 심판관으로
등장하는 신에 대한 하박국의 기도로 끝
을 맺고 있다. 상단에는 손에 검을 잡고
있는 그리스도가 그려져 있다.

〈그림 41〉 하박국

42) 스바냐

그림은 스바냐 1장 4절 "내가 유다와 예루살렘의 모든 주민들 위에 손을 펴서, 바알을 숭배하는 제사장들을 포함하여 남아 있는 바알을 그 곳에서 멸절하며"의 내용을 묘사한 것이다. 동시에 예언서 스바냐의 주제인 유다, 예루살렘, 이웃민족들 등에 대한 심판을 묘사하고 있지만, 그리스도를 통한 구원을 예견하는 것으로 끝을 맺고 있다.

〈그림 42〉 스바냐

43) 학개

예언서 학개에는 동일한 구도로 예언이 다섯 번 도입된다. 여호와는 학개에게 바벨론 포로에서 유다로 돌아가는 소식을 유다의 대리인인 스룹바벨과 대제사장인 여호수아에게 전하라는 임무를 부여한다학개 1장 1절, 1장 12절, 2장 1절, 2장 10절, 2장 20절. 그림에는 글을 쓰고 있는 예언자 학개와 두 명의 고관, 즉 스룹바벨과 여

〈그림 43〉 학개

호수아가 두문자 I를 경계로 해서 서로 마주보고 있다.

44) 스가랴

이 그림은 내용을 이해하기 어렵다. 제단 앞에 있는 스가랴가 오른쪽에 보인다. 제단 위에 있는 두 명의 작은 인물이 누구인지는 알 수 없다_{스가랴 3장 1-10절}. 왼쪽은 스가랴 14장 2절"내가 이방 나라들을 모아 예루살렘과 싸우게 하리니 성읍이 함락되며 가옥이 약탈되며 부녀가 욕을 당하며 성읍 백성이 절반이나 사로잡혀 가려니와 남은 백성은 성읍에서 끊어지지 아니하리라"을 묘사한 것이다.

〈그림 44〉 스가랴

45) 말라기

글을 쓰고 있는 예언자의 오른쪽에 신의 심판이 불의 형태로 나타난다. 텍스트에서는 여호와가 심판의 날에 "용광로에 있는 불처럼"_{말라기 3장 2절} 나타나실 것이라 했다.

〈그림 45〉 말라기

46) 마카베오 상

두문자는 예루살렘의 정복을 보여준
다. 그러나 중앙에 위치한 문자 리본에
는 '네부카드네자르'가 아니라 '안디옥'이
기재되어 있어야 내용과 맞을 것이다.
그림은, 예컨대 왕이 손을 뻗어 불을 밝
히려고 하는 모습에서 볼 수 있듯이, 아
주 사실적으로 텍스트의 내용을 반영하
고 있다.

〈그림 46〉 예루살렘의 정복

47) 마카베오 하

유대인 봉기의 장면이 묘사되어 있다.
유다와 요나단이 젤레우키덴의 왕 안디
옥과 그의 군대에 대항해 싸우고 있다.
그림은 마카베오 하의 내용 전체를 포괄
적으로 묘사하고 있다.

〈그림 47〉 안디옥과 유대인들의
전쟁

48) 마태복음

복음서 저자인 마태가 자신의 상징인 천사와 함께 책상 앞에 앉아 있다. 왼쪽에는 마태 1장 1절에서 17절까지 인용된 계보를 구상적으로 묘사해 놓고 있다. 아브라함을 비롯해서 다윗, 솔로몬 등이 언급되고 있다. 그림에 묘사된 인물들은 모두 왕관을 쓰고 있다.

〈그림 48〉 마태복음

49) 마가복음

마가가 자신의 상징인 사자와 함께 책상 앞에 앉아 글을 쓰고 있다. 오른쪽에는 삼손이 그리스도의 부활을 상징하는 전형적인 예언인 가자의 성문을 들고 있는 모습이 그려져 있다.

〈그림 49〉 마가복음

50) 누가복음

누가가 자신의 상징인 황소를 데리고 책상 앞에 앉아 글을 쓰고 있다. 그는 그리스도의 어린 시절을 묘사한 세 가지 장면으로 둘러싸여 있다. 오른쪽 상단에 그리스도의 탄생누가 2장 1-20절, 왼쪽 상단에 선지자 안나와 함께 사원에 있는 모습누가 2장 36-38장, 왼쪽 하단에 그리스도의 할레가 그려져 있다누가 2장 39절.

〈그림 50〉 누가복음

51) 요한복음

왼쪽에 요한이 책상 앞에 앉아 글을 쓰고 있으며, 그의 상징인 독수리가 책상을 보며 앉아 있다. 두문자 I를 경계로 하여 오른쪽에는 아버지 하느님, 아들 그리스도, 성령으로 상징되는 비둘기가 그려져 있다. 이 그림은 1장의 내용을 근거로 하여 묘사한 것이다.

〈그림 51〉 요한복음

52), 53) 바울서

〈그림 52〉 바울서

〈그림 53〉 바울서

개별 서신에 대한 그림들이 그림 52와 53에서 알 수 있듯이, 구성
면에서 아주 유사하다. 그래서 하나하나씩 따로 설명할 필요가 없다.
그림 하단에는 사신에게 자신의 편지를 건네주고 있는 바울이 묘사되
어 있다. 상단에는 그 서신의 수신자가 묘사된다. 지명이 기재된 리본
이 그림이 어디에 속하는지 보여준다. 그래서 이 그림이 고린도서에
나오는 그림임을 쉽게 알 수 있다.

54) 사도행전

루터성서 이전에 인쇄된 독일어성서에
는 사도행전이 바울서 뒤에 나온다. 사도
행전의 작가로서 누가가 황소를 데리고
책상 앞에 앉아 글을 쓰고 있다. 오른쪽
에는 제자들 사이에서 구름 위로 올라가
는 그리스도의 승천 모습이 그려져 있다.

〈그림 54〉 그리스도의 승천

55) 야고보서, 베드로서, 요한서, 유다서

편지를 쓴 자들이 두문자 I를 경계로
편지의 수신자인 하느님과 마주보며 서
있다.

〈**그림 55**〉 유다서

56) 요한계시록

요한이 자신의 상징물인 독수리와 함
께 책상 앞에 앉아 글을 쓰고 있고, 편지
의 수신자인 아시아의 일곱 교회가 반대
편에 그려져 있다요한계시록 1장 4절.

〈**그림 56**〉 요한계시록

6.3.1.1. 텍스트와 그림의 관계

두문자 그림들은 대부분 삽입된 위치에 있는 성서 텍스트와 아주 밀접하게 관련되어 있다. 가능한 한 원본인『불가타』의 어휘에 충실하게 따랐던 번역의 경우와 마찬가지로 삽화의 경우도 성스런 텍스트의 내용에서 벗어난 경우는 거의 없다. 플란츠만성서나 조르크성서의 경우와는 달리 통일적이며 성서 전체를 관통하는 콘셉트가 존재하며, 분명 자신의 아이디어를 전달하게 하는 성서에 대한 심오한 전문가인 예술가에 의해 그려졌다. 그림 주제를 확정한 사람이 텍스트 편집자와 동일한 것으로 추정된다.

그림의 내용은 성서 텍스트로 제한되어 묘사되었던 반면, 두문자 자체와 그것을 둘러싼 장식은 예술가에게 원본의 착상과 해학을 표현하기 위한 공간을 제공한다. 이것은 삽화가가 이런 것들을 모델이 되는 서적이나 그 유사한 원본에서 전적으로 따온 것이라고는 여겨지지 않는다. 특히 그림 38과 그림 42은 아주 유머러스한 착상을 지닌 큰 변이의 폭을 우리에게 보여주고 있다.

그림의 배경으로 사용된 두문자 A, B, E, I, S, O, R 등은 삽화 공간을 자연스럽게 두 부분으로 나누게 만들며 그에 상응하게 항상 두 장면을 보여준다. 자주 등장하는 두문자 D와 U는 삽화에 하나의 텍스트 내용과 다수의 텍스트 내용 모두 사용될 수 있다.

만약 하나 혹은 다수의 구체적 성서 위치를 그림으로 옮겨야 한다면, 텍스트 전체에서 어떤 구절이 선택되는가? 차이너성서에서 삽화 내용을 결정하는 요인으로 다음과 같은 세 가지를 들 수 있다. 1) 텍스트 시작에 나오는 두문자의 위치, 2) 제1장에 일반적으로 나타나는 특별한 중요성, 3) 오랜 그림 전통에서 유래한 해석과의 연관성 등이다. 예컨대, 창세기의 경우 우리가 많은 성서 필사본, 특히 『벤첼성서』에서 알고 있듯이, 전통에 기반을 하여 두문자가 '창조'를 보여주고 있다는 사실이 명백하다.

차이너성서 삽화의 경우에 특히 첫 번째 경우가 중요하다. 예언서의 경우 각각의 1장은 삽화의 내용을 제공하는 가장 기본적인 텍스트로 사용된다. 예를 들면 예언서 에스겔의 경우그림 32 시작 버전1장 5절에 기인하여 인간, 사자, 황소, 독수리가 그려져 있다. 그림을 두 부분으로 나누는 두문자의 경우 텍스트 시작을 묘사한 장면이 다른 장면들을 통해 보완된다. 4장으로 적은 내용만을 담고 있는 룻기의 경우 텍스트 시작의 삽화가 텍스트 끝의 내용과 대립되어 표현되고 있다그림 9. 사무엘 상의 경우 1장에 등장하는 한나와 엘가나 아래에 사무엘과 사울이 서 있는데, 그 둘은 9장이 되어서 비로소 처음 등장한다그림 10. 사울을 통해 왕의 시대가 시작되기 때문에 그림에서 특별한 분기점이 그려져 있다. 에스라에 나오는 두문자가 이와 유사하다그림 16. 페르시아 왕 고레스가 1장에서 등장하는데, 그는 포로가 된 유대인들이 예루살렘으로 돌아가는 것을 허용했다. 그의 오른쪽에 에스라가 등장하고 있지만, 그는 7장부터 비로소 등장하여 그 공동체를 새로 조직하고 이스라엘로 가는 두 번째 귀향을 인도하였다. 열왕기 하와 욥기의 경우 두문자는 1장의 내용 외에도 2장의 내용을 의미하는 장면도 보여주고 있다그림 13과 그림 22.

다른 그룹의 목판화는 텍스트 시작 부분을 담고 있지 않고 중요한 내용이나 그 책에 특징적인 부분을 강조하고 있다. 여기에 속한 목판화로는 홍해에서 이집트인의 익사그림3, 10계명의 전달그림6 등이 해당된다. 다윗과 골리앗그림11, 솔로몬의 심판그림12, 솔로몬과 스바의 여왕그림15, 홀로페르네스의 머리를 들고 있는 유디트그림20, 혹은 예언서까지 끌어들이면 이사야에서 이새의 뿌리그림29 등이 이 그룹에 속한다. 장면의 선택은 신중하게 이루어졌다. 예컨대 솔로몬은 화려함으로 치장한 아주 현명한 왕으로 나타난다. 삽화들은 바로 이런 점들을 강조한다. 즉, 판결은 솔로몬의 현명함을 실증해 주고 있는 반면, 그가 스바의 여왕이 찾아왔을 때는 자신의 부富를 그녀 앞에서 펼쳐 보인다.

이새의 뿌리와 홀로페르네스의 머리를 든 유디트의 경우 전통에 근거를 둔 그림 소재이다. 이 두 경우에는 엄청나게 많은 중세 묘사가 존재한다. 율법으로 구성된 레위기의 경우 왼쪽에는 재판관 의자에 앉아 있는 모세와 아론, 오른쪽에는 서 있는 민중이 그려져 있다그림4. 이런 구도로써 책의 내용이 자연스럽게 관련되고 율법은 두 명의 고위 재판관을 통해 상징화된다. 결국 모세는 율법을 제정한 자로서 간주된다. 비슷한 방식으로 그 내용이 그림으로 옮겨지기 어려운 많은 경우에는 해당 책을 저술한 작가의 모습이 그려진다. 예컨대 시편에는 다윗그림23, 잠언에는 솔로몬그림24이 그려져 있다. 그리고 신약의 경우 많은 서간에서 그때그때 편지의 송신자와 수신자가 두 문자 그림에 나타난다. 예언서와 복음서의 경우 작가의 초상은 책 시작 혹은 다른 중요한 텍스트 위치에 기인하는 하나 혹은 다수의 장면을 통해 보완된다.

요약하자면, 차이너의 두문자 그림의 내용에 대한 텍스트와의 관계 유형은, 1) 성서 각권의 시작에 등장하여, 그 내용을 반영하고 있는 유형, 2) 텍스트 시작의 내용이 아니라 그 책에 특징적인 부분을 그리는 유형, 3) 그림으로 옮겨지기 어려운 내용의 경우 그 책을 저술한 작가의 모습을 그리는 유형 등으로 크게 3가지로 구분될 수 있다.

6.3.1.2. 두문자 그림의 콘셉트

목판화는 성서 이야기의 가장 중요한 부분을 상기시키려는 노력을 보여주고 있다. 이런 것은 특정 인물이 역사적 시대를 구체화하고 소위 그 시대의 상징이 될 경우에 특히 발생하며, 성서의 각 책마다 단 하나의 두문자만이 그려져 있다.

예컨대, 창세기의 경우 이것은 아담과 이브를 포함한 창조의 신을 묘사함으로써 이미 입증되었다. 다음에 이어지는 4권의 책은 모세의 시대를 다루고 있으며, 그에 상응하여 두문자 그림에는 모세가 전면에 등장한다홍해에서 이집트인의 익사, 재판관으로서, 가르침과 민족의 열거, 십계명의 전달. 창세기가 보고하고 있는 이스라엘 민족에 대한 이야기를 위해 중요한 족장들, 예컨대 야곱과 요셉 등은 여기선 그려지진 않는다. 그러나 족장들이 전혀 나오지 않는 것은 아니다. 역대상에서 원하는 '추신'에 대한 기회가 제공된다. 여기선 두문자 A 안이라는 좁은 공간에 아담, 노아, 이삭을 제물로 바치려는 아브라함, 야곱 내지는 이스라엘 등 12부족이 파생되었던 족장들이 그려져 있다그림 14. 이 목판화는 노아를 통해 홍수를 암시하고 있으며 이스라엘의 가장 중요한 선조를 보여줌으로써 그 틈을 매우고 있다. 여기서 그려진 인물들은 다른 곳에서처럼 그들의 이름과 결부된 사건이나 역사를 연상시킨다. 만약 역대기의 두문자 그림이 나중에 추가적으로 예컨대 이집트 포로, 도망, 사막을 횡단하는 방랑 등을 소급하는 역사의 틀로 편입시켰다면 그 삽화들은 모세의 선조에 대한 이야기가 이미 끝났음을 의미하고 있다.

이런 연대기는 계승될 수 있으며, 대부분 행동하는 인물을 매개로 해서 가능할 것이다. 여호수아의 두문자 그림은 정찰자인 여호수아와 갈렙이 거대한 포도송이를 들고 오는 모습을 보여준다. 이 경우에는 그의 이름에 따라 명명된 책의 주인공이 핵심에 서 있음을 보여준다. 비슷한 방식으로 성서 이야기의 아주 중요한 위치를 인물을 매개로 계속 추적할 수 있다. 예컨대, 룻, 사무엘, 사울, 다윗, 솔로몬, 엘리야, 에스라, 느헤미야, 막가베 등이 그림에 등장한다.

대부분 특정 사건은 인물들과 결부되어 있다. 사건의 선택은 우리에게 시사하는 바가 많다. 각 장면들은 성서 이야기의 중요한 위치를 암시하려고 노력하고 있다. 창조, 원죄, 홍수, 아브라함을 통한 이삭의 의도된 제물, 홍해에서 이집트인의 익사 등이 그림에서 중심 사건들로 고정되었다. 홍해에서 이집트인의 익사는 이집트로부터 이스라엘 민족의 탈출과 연관된 중심 사건을 묘사한 것이다. 이것을 기념해 유월절 축제도 유래하였다. 그 다음 사막을 통한 방랑의 시기에 두문자 그림은 십계명의 전달과 모세의 재판관 활동을 강조한다. 따라서 여기서도 사건들이 아주 중요한 의미를 지니고 있다.

여호수아에 나오는 두문자 삽화는 특별한 역할을 담당하는데 그림 7,

왜냐하면 거대한 포도송이에 대해선 민수기 13장, 즉 앞에 나온 책에서 이미 언급되었기 때문이다. 이 장면이 왜 그림 시리즈에서는 뒤에서 등장했을까? 정찰병의 파견을 통해 가나안 땅의 정복이 시작되기 때문이다. 그럼으로써 이 목판화는 이야기 전개에서 방랑 후의 위치에 나오게 되는 것이다. 바로 이런 '추신'이 삽화에 기저에 깔려있는 전체 콘셉트에 대한 암시이며, 그 어떤 중요한 시기도 생략하지 않으려는 노력이다.

다음에 나오는 두문자는그림8 벤치에 앉아 있는 12명의 재판관을 보여준다. 이것은 이스라엘의 12부족과 정복당한 땅의 분할을 상기시켜준다. 다시 말해 연대기는 의미 있게 계속 이어질 것이라는 사실을 암시한다.

또 다른 흥미 있는 추후 묘사는 사무엘 하에서 볼 수 있다그림11. 여기서 블레셋 사람들을 통한 언약궤의 소환이나 골리앗에 대한 다윗의 승리는 모두 사무엘 상의 내용에 속한다. 축복 받은 땅에 거주하는 이스라엘민족에 대한 이민족의 위협과 가장 많이 알려진 다윗의 행위는 아주 중요한 사건으로 간주되어 전형적인 중세의 성서삽화로 고정되었다.

열왕기그림12, 그림13/15, 바벨론 포로 생활그림30.31, 페르시아 왕 시대에 유대민족의 귀환그림16, 예루살렘의 재건그림17, 마카베오 시대그림46/47 등 성서에서 보고하고 있는 모든 중요한 시대는 그림으로 그려진다.

예언서는 앞선 경우와 다르다. 여기서는 역사적 전개를 묘사하지 않고, 두문자 그림은 심판과 구원이라는 대립을 강조한다. 복음서의 경우 삽화는 그리스도 선조의 계보를 강조하며, 그리스도의 유년시절 장면탄생, 사원에서의 그리스도 묘사, 할례 의식, 그림 49와 50, 부활, 삼위일체그림 51 등이 그려지지만, 그리스도의 수난은 묘사되지 않는다.

따라서 차이너성서의 경우 잘 고안된 전체 콘셉트에 의해 제작되었다고 분명 말할 수 있을 것이다. 아주 중요한 인물 그리고 가능하다면, 성서 이야기의 주요 장면, 특히 '추신'이 보여주는 중요 장면을 그림으로 고정하려는 노력을 엿볼 수 있다. 이 점에서 차이너성서는 플란츠만성서의 삽화와 구분된다.

6.3.2. 플란츠만성서

플란츠만성서는 오랫동안 인쇄본 독일어성서 중 최초로 삽화가 들어간 성서로 간주되었다. 지금까지 알려지지 않았던 그림들이 차이너성서의 두문자 그림과 많은 부분에서 일치하고 있기 때문에 다음에 서술할 그림 목록과 차이너성서의 두문자 그림을 비교해보자.

57) 서재에서 사자와 함께 있는 히에로니무스

그림은 선반 위에 중세의 주머니 책이
등장하고 있기 때문에 서지학적으로 아주
흥미롭다.

〈그림 57〉 히에로니무스

58) 창조

차이너성서의 창세기 두문자 그림과 아
주 유사하다.

〈그림 58〉 창조

59) 이브의 탄생

차이너가 인쇄한 『구원의 거울』에 있
는 삽화와 아주 유사하다.

〈**그림 59**〉 이브의 탄생

60) 홍해를 가로지르는 이스라엘민족의 행렬. 파라오의 익사

차이너성서의 두문자 그림 3과 비
교될 수 있다. 두문자만 제거하면 거
의 같은 그림이다.

〈**그림 60**〉 이집트 탈출

61) 제물의 묘사

차이너성서와 비교해 새로운 그림
이다.

〈**그림 61**〉제물

62) 인구조사

차이너 두문자그림 5와 비교될 수
있음.

〈**그림 62**〉인구조사

63) 여리고의 정복

차이너성서와 비교해 새로운 그
림이다여호수아 6장.

〈그림 63〉 여리고의 정복

64) 이스라엘과 가나안 민족의
      전쟁

차이너성서의 그림 11과 비교될
수 있다.

〈그림 64〉 가나안민족과의 전쟁

65) 다윗이 사울 왕관의 전달자를 참수하다

차이너성서에는 없다_{사무엘 하 1장}.

〈**그림 65**〉 다윗 왕

66) 솔로몬의 판결

차이너성서 그림 12와 비교될 수
있다.

〈**그림 66**〉 솔로몬의 판결

67) 아하시야왕의 병

엘리야가 하늘에서 불이 떨어지게 만든다. 차이너성서의 두문자 13번과 비교될 수 있다.

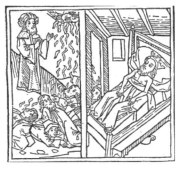

〈그림 67〉 아하시야왕과 엘리야

〈그림 68〉 다윗 왕

〈그림 69〉 책을 들고 있는 성인

〈그림 70〉 도시의 정복

〈그림 71〉 지나고게

〈그림 72〉 에클레시아

〈그림 73〉 십자가에 매달림

〈그림 74〉 사울의 개종

〈그림 75〉 성령의 분출

　플란츠만성서의 삽화는 두문자로서의 기능을 지니고 있지 않음으로써 차이너성서의 두문자 그림과 구분된다. 삽화는 두문자 그림처럼 항상 책의 시작에 나오지는 않고 텍스트 중간에서도 등장한다. 삽화는 부분적으론 내용을 이미 선취하는 기능을 지니게 되었으며, 이것은 쾰른성서를 통해 비로소 일반화된다. 차이너성서가 먼저냐 아니면 플란츠만성서가 먼저냐 라는 질문이 오래 동안 중요한 연구대상이었다Kunze 1975, 238. 물론 이 경우에는 언어적 관점도 중요하다. 언어적 관점은 비록 발터가 차이너성서가 더 오래되었다고 주장할지라도 어떤 분명한 결론에 도달하지 않고 있다. 왜냐하면 두 명의 성서 인쇄업자들이 주지하다시피 서로 독립적으로 성서의 언어 작업을 했기 때문이다. 삽화라는 관점에서 보면, 두 독일어성서는 부분적으로 친밀한 관계를 보여주는데, 이런 사실은 여태까지 큰 주목을 받지 못했지만, 상호의존 관계는 연구에서 이미 널리 인정된 사실이다.

창조를 묘사한 목판화그림 2와 58는 그림 구성 면에서 유사하다. 신을 묘사한 그림에서 오른 손의 손가락 표시가 거의 동일하다. 또한 원 내부위에 별, 밑에 도시, 전면에 시골에서도 아주 유사하다. 플란츠만성서의 경우 선악과를 따먹는 원죄 장면이 없지만, 그것은 플란츠만의 경우 창세기를 묘사하는 두 번째 목판화에서 이브의 탄생이 그려지고 있기 때문이다. 차이너의 경우 책마다 전체 콘셉트를 근거로 해서 단지 한 점의 그림만이 허용되고 있다.

홍해에서 이집트인들의 익사 장면그림 3과 60의 경우에는 차이너와 플란츠만 목판화의 유사성이 특히 두드러진다. 그림의 구성왼쪽에 이집트인, 오른쪽에 이스라엘인이 비슷할 뿐만 아니라, 파라오의 쓰러지는 말, 그 뒤에 전차, 군대의 깃발, 모세의 지팡이 등 세밀한 곳에서조차 일치하고 있다.

처음 다섯 점의 목판화는 직사각형 형태그림 57, 58, 59, 61은 8×10혹은 10,5㎝, 그림 60은 8×8,5㎝인 반면, 그 다음 나오는 목판화 모두는 거의 정사각형8×8㎝이다. 이런 크기의 변화는 플란츠만이 자신의 원래 콘셉트를 바꾼 것처럼 보이게 만든다.

민수기에 나오는 차이너의 두문자모세와 그 맞은편에 한 무리의 이스라엘민족이 그려져 있음는 플란츠만성서의 경우 부분적으로 간혹 좌우가 바뀐 상태로 그려지며그림 5와 62, 하느님 혹은 그리스도가 추가로 그려져 있기도 한다. 그림 주제의 선택이나 인물들의 배치를 근거로 이 두 점의 목판화가 서로 독립적으로 제작되었다고는 생각하기 어렵다.

밀접한 유사성은 다른 경우에도 아주 분명하게 입증된다. 열왕기하에 나오는 차이너의 두문자는 엘리야의 승천, 병상에 누운 아하시아, 불을 통한 예언자의 적대자 처형 등을 묘사하고 있다그림 13. 이와 비교될 수 있는 플란츠만의 목판화에는 승천이 빠져 있는데, 승천은 엘리아 장면으로 기독교 도상학에서 중요한 요소이다그림 67. 승천은 그리스도 승천에 대한 본보기로서 유형학적 해석과 관련되어 있다Kirschbaum 1968, Sp. 608. 다른 두 개의 사건 묘사는 드문 것으로 표시될 수 있지만특히 병상에 누워 있는 왕, 차이너성서뿐만 아니라 플란츠만성서에서도 이 장면이 나오고 있다.

차이너성서와 플란츠만성서 인쇄업자의 이런 공통성은 어떻게 설명될 수 있을까? 그들의 삽화는 완전히 독자적으로 출현할 수 없는 작품들이었다. 최소한 공동의 원본 혹은 공동의 모범 사례에서 출발할 수 있다. 그러나 차이너의 그림이 플란츠만 삽화의 원본으로 사용되었을 가능성이 많다. 차이너성서는 언어뿐만 아니라 삽화에서도 오래 동안 계획되고 세심하게 수행된 프로젝트임을 엿볼 수 있다. 그에 반해 플란츠만성서의 경우 작품 전체를 관통하는 그림 콘셉트가 발견되지 않는다. 플란츠만성서는 특히 유형학적 분야에서, 그리고 목판화에서도 피상적인 작업 방식을 암시하는 흔적을 많이 보여주고 있다.

차이너의 두문자에 비해 플란츠만의 그림들은 아주 단순화되어 있다. 이런 사실 또한 차이너성서가 원본이었음을 추정하게 만든다. 인쇄업자 플란츠만의 최초이며 동시에 유일하게 큰 제작물은 성서이다. 따라서 아마도 그는 아우크스부르크의 최초 인쇄업자로서 이익을 남기려 했을 것이다.

차이너의 그림이 원본으로 사용되었을 것이라는 추측은 또 다른 상황을 통해 확인된다. 이브의 탄생을 그린 목판화그림 59는 분명히 차이너의 『구원의 거울』에 나오는 삽화를 모방하고 있다. 차이너성서가 세 번째 고지독일어성서이며 삽화가 들어간 최초의 독일어성서로 간주될 수 있다는 데서 아마 출발할 수 있을 것이다. 그러나 삽화의 관점에서는 아주 밀접하게 연관되어 있는 이 두 성서가 언어적 분야에서는 어떤 등가적 관계도 없다는 사실이 여전히 수수께끼이다. 이 두 성서는 서로 독자적인 방법으로 그리고 상이한 범위에서 현대화되었던 에게슈타인성서의 텍스트에 기초하고 있다그림 3 참조.

그러나 플란츠만성서는 차이너에서 유래하지 않은 일련의 목판화도 보여주고 있다. 모세의 제물그림 61과 여리고성의 정복그림 63은 구약에서 눈에 띄는 보기로 언급될 수 있다.

마찬가지로 차이너성서와 비교해 새로운 두 점의 목판화그림 71과 72는 구약과 신약의 대립을 상징화하고 있다. 그림은 에클레시아와 지나고그를 다루고 있다. 이미 초기 기독교시대 이래 이 두 개의 장면은 여성 인물로 상징화되고 있는데, 종종 여기서처럼 여왕으로 묘사된다. 중세 동안 아마 십자군 원정의 영향으로 지나고그는 점점 부정적인 특성이 첨가된다.

지나고그의 눈은 그녀가 볼 수 없음을 나타내기 위해 종종 붕대로 감겨져 있고, 그녀의 깃대는 부러져있다. 그리고 그녀는 자신이 지은 죄의 표시로서 숫염소의 머리를 들고 있다. 플란츠만성서에서 그녀는 추가로 자신의 왕관을 잃어버리는 모습이 사실적으로 그려져 있다. 반면에 그녀 오른쪽에 있는 판자들은 구약의 율법을 암시하고 있다. 목판화의 오른쪽이 묘사하고 있듯이, 그녀의 이름으로 성인들이 죽임을 당했다.

승리한 적 에클레시아가 머리가 테트라모르프Tetramorph라 불리는 짐승 위에 앉아 있다. 이 짐승은 몸통은 사자이고 머리는 4개, 발은 4개를 가지고 있는데, 각각 그 모양이 다르다. 이 짐승은 『즐거움의 동산』Hortus deliciarum 혹은 보름스교회의 남문에도 그려져 있다. 머리들은 복음서 작가의 상징인 사자, 황소, 인간, 독수리의 모습이다. 에클레시아는 승리의 표시로 오른 손에 깃대를, 왼 손에 그리스도의 피가 담긴 잔을 들고 있다.

기독교 예술이 여러 가지 변이형으로 에클레시아와 지나고그를 다루고 있는 이런 모티브를 통해 플란츠만성서는 구약에서 신약으로 넘어가는 과정을 재현해 주고 있다.

플란츠만성서에서는 복음서 저자의 그림이 빠져있는 것이 특이하다. 아마 복음서 저자들이 테트라모르프를 통해 이미 그림 시리즈로 들어왔다고 생각했기 때문일 것이다. 그 증거로 십자가에 매달린 그리스도그림 73, 기독교로 개종하는 사울그림 74, 성령의 분출그림 75 등을 들 수 있다. 이 세 점의 삽화는 플란츠만의 목판을 구매했던 루터성서 이전에 인쇄된 독일어성서 중 조르크의 첫 번째 성서를 제외하면 어떤 독일어성서도 신약의 이런 장면을 그리지 않았기 때문에 좀 더 특별하다. 복음서 삽화가 다른 성서에는 전혀 없고 플란츠만성서에만 몇 점 그려져 있는 데 대한 이유에 대해서는 현재로선 거의 알 수 없다.

6.3.3. 조르크성서

조르크성서의 삽화의 앞부분은 플란츠만성서의 삽화와 거의 동일하기 때문에 언급할 필요가 없다. 두 번째 조르크성서의 삽화는 차이너성서에서 사용된 목판을 그대로 사용하였다. 그래서 여기서는 조르크가 새롭게 보충한 첫 번째 성서 삽화 부분만을 살펴보자. 이 그림들

〈**그림 76**〉 십계명의 전달

도 성서를 위해 새롭게 제작되었다고는 말할 수 없는데, 왜냐하면 조르크가 두 번째 성서에 원본으로 사용하게 될 차이너의 삽화들을 모방의 원본으로 사용했기 때문이다. 이런 주장을 뒷받침해줄 삽화를 살펴보자.

십계명의 전달그림6과76이 이런 사실을 분명히 보여주는 좋은 사례이다. 차이너의 경우 두 개로 나누는 목판화의 분할 구도는 - 신이 불타고 있는 숲으로부터 십계명판을 모세에게 건네주고 있으며, 그 십계명판을 모세가 다시 사람들에게 전달해주고 있다 - 조르크가 그대로 모방하였다. 모방 그림은 배경을 모두 삭제함으로써 좀 더 단순하게 그려졌다.

이 그림도 플란츠만성서에는 없고 차이너의 두문자그림에 존재하는 사례이다그림7과77. 오른쪽에 그려진 '뿔 달린' 모세가 지팡이에 의지한 채 막대기를 이용하여 포도송이를 운반하고 있는 두 명의 정탐병을 바라보고 있다. 이 목판화는 배경으로 도시가 아주 세밀하게 그려져 있지만, 조르크성서는 이런 배경에서 나무나 언덕을 그리지 않고 생략해 버린다. 그럼으로써 이 장면은 훨씬 더 단순하게 묘사된다.

〈그림 77〉 정탐병의 귀환

세 번째 보기로서 사사기의 삽화를 들 수 있다그림8과78. 두 개의 긴 의자에 12명의 성인 남자가 앉아 있는데, 그들 앞에는 나이 든 사람이

〈그림 78〉 심판관들

서 있다. 차이너성서의 삽화에서 이미 이 그림에 어떤 배경도 넣지 않았기 때문에 조르크성서의 그림과 아주 비슷한 모습을 보이고 있다.

보기로 든 세 가지 경우는 조르크성서가 플란츠만성서에서 따온 그림에 추가로 차이너성서에서 많은 삽화를 모방했다는 사실을 분명하게 해주고 있다. "플란츠만성서에 등장하지 않고 새롭게 추가된 그림들은 성서가 아닌 작품에서 유래했다"Eichenberger/Wendland 1980, 60는 아이헨베르거/벤트란트의 주장은 지금까지 연구에서 충분히 설명되지 못하고 있다.

6.3.4. 젠센슈미트성서

차이너성서의 두문자를 젠센슈미트성서의 그것과 비교해보면 우선 공통점들이 눈에 띤다. 즉, 동일한 장면, 동일한 인물이 묘사되어 있고, 목판화는 서로 유사하다. 젠센슈미트성서의 정확한 성립년도는 알 수 없고, 대략 1476년에서 1478년 사이에 제작되었을 것으로 추정되지만, 언어와 삽화를 근거로 더 이전에 제작되었을 수도 있었을 것이다. 다시 말해 차이너가 젠센슈미트성서를 원본으로 사용하였을 수도 있다는 것이다.

두 성서가 아주 유사함에도 불구하고 목판화 시리즈는 세세한 부분에서는 몇몇 흥미로운 차이를 보여준다. 두 성서 삽화의 차이는 삽화의 크기에서 벌써 시작된다. 차이너의 경우 두문자 그림은 대략 75×88 ㎜의 작은 크기로 제작되었다. 이것은 이중 윤곽선으로 그려진 알파벳이 그림의 절반정도를 차지하고, 차이너와 인쇄 장소인 아우크스부르크의 전형적 특징인 작은 은방울꽃과 꽃잎 모형이 많은 부분을 차지한다. 확실한 윤곽선이 없이 장식으로 그려진 두문자가 드물게 등장한다. 그러므로 성서의 장면이나 거기에 속한 인물을 위한 여백은 정말 미미한 수준이다.

젠센슈미트성서를 제작한 예술가는 이런 단점을 잘 알고 있었으며, 자신의 두문자를 가로로 더 크게 확장하여 제작한다. 창세기 삽화를 제외하면 그림의 크기는 대략 85×77 ㎜이다. 그럼으로써 그림들은 소소한 기교를 통해 덜 답답해 보이게 된다. 알파벳은 차이너성서의 그것과 유사하지만, 은방울꽃 모형은 사라졌다. 그 대신에 그는 알파벳을 윤곽선이 입체적 느낌을 주는 틀로 둘러싸게 만들었다.

차이너는 성서의 삽화를 제작하기 위해 71개의 목판을 사용하였는데 반해, 젠센슈미트는 58개의 목판으로 충분했는데, 왜냐하면 그는 신약의 서간書簡서에서 같은 삽화를 사용했기 때문이다. 구약과 복음서에서 두 성서는 그림 주제의 관점에서 정확히 일치하고 있다.

연구에서 자주 논의된 질문, 즉 두 목판 중 어떤 것이 더 높게 평가될 수 있는가 라는 질문은 여기서 명료하게 답변되기는 어렵다. 파울 크놉라우흐는 차이너의 그림을 여전히 후기 고딕 양식에 넣은 반면, 젠센슈미트성서의 삽화는 "육체나 의복을 다루는 기술, 그리고 묘사의 획일성이나 강렬함이라는 관점에서 보면 차이너성서의 삽화를 능가하고 있다"Knoblauch 1916, 108고 보고 있으며, 르네상스의 정신이 느껴질 수 있고, 중요한 것이 비유로 묘사되어 있다고 주장한다. 이 점에 대해서 동의할 수는 있지만, 보다 수준 높은 질을 이끌어내려고 했다는 주장은 르네상스 예술이 후기 고딕예술보다 기본적으로 더 높게 평가되어 있다는 전제 하에 가능할 것이다. 물론 두 시대 사이에 있는 정의나 경계 문제를 제외시킨다는 것도 전제에 속한다. 결국 두 성서는 단지 몇 년의 간격으로 제작되었다. 게다가 차이너의 두문자는 원본을 묘사하고 있는 반면, 젠센슈미트의 경우 새로운 그림이 문제가 된다. 그 때문에 어떤 순위를 정하지 않고 두 성서의 그림 시리즈에 그들 나름대로의 독자적인 가치를 인식하는데 만족해야 할 것이다.

그렇다면 뉘른베르크에서 인쇄된 최초의 독일어성서인 젠센슈미트성서는 기존의 독일어성서와 어떤 점에서 다른가? 인물, 동물, 대상 등을 '사실적으로' 그릴 때 좀 더 원근법적으로 강조된 묘사의 질이 우선 두드러져 보인다. 몇몇 두문자 그림을 보기로서 비교해보면 이런 사실이 분명하게 이해될 것이다.

79) 이집트 탈출

출애굽기의 두문자 그림그림3과 79은 두 성서에서 홍해에서의 이집트인의 익사를 보여주고 있다. 그림의 주제나 텍스트와 그림의 관계라는 관점에서 보면 완전히 일치한다. 또한 젠센슈미트성서는 아주 상세하게 그려져 있고 구성에서 왼쪽에는 이

〈그림 79〉 이집트 탈출

집트인, 오른쪽에는 이스라엘민족으로 양분되어 있으며, 모세와 파라오가 두 민족을 인솔하고 있다. 그럼에도 불구하고 젠센슈미트성서의 예술가는 몇몇 주목할 만한 변화를 가함으로써 독자적인 목판을 제작했다. 예를 들면 여기서 젠센슈미트성서의 삽화는 쾰른성서의 삽화를 작은 크기로 변화 없이 복사했던 쉰스페르거성서와는 구분된다. 젠센슈미트성서의 출애굽기 두문자 그림의 경우 이 장면을 조망하고 약간 빽빽하게 보이지 않게 하려는 예술가의 노력을 엿볼수 있다. 우선 그는 그림 구분의 윤곽선을 그려 넣지 않았다. 이스라엘민족이 올라가려 했던 산의 형상을 추가함으로써 그림은 원근감과

공간적 깊이를 갖게 되었다. 인물들이 서로 다르게 행동하고 있는 모습도 특히 눈에 띠는데, 얼굴들은 각기 다른 개성을 띠고 있으며 의복의 구김살도 예술적으로 묘사되었다. 이집트인들이 물에 빠지는 모습에서 이 사건의 극적 효과는 강하게 표현되었다. 이집트인 중 한 명이 손을 하늘로 뻗고 있으며, 왼쪽 구석 자리에 그려진 이집트인은 절망에 빠져 절규하고 있다. 파라오의 말도 또한 잘 어울리게 그려져 있다. 그렇다면 그 차이점은 어디에 있는가? 차이너성서는 이런 장면을 자연스럽게 모사하지 못함으로써 여전히 중세의 전통에 얽매어 있다. 오늘날의 관점에서 보면 차이너성서는 많은 것들이 도식화되고 유형화되어 있다.

80) 다윗과 골리앗

다윗과 골리앗 싸움을 다룬 목판화에서도 젠센슈미트성서는 텍스트에서 묘사된 사건의 역동성을 그림으로 옮기려고 노력했다그림 11과 80. 다윗의 태도와 투척 행위를 위해 팔을 뒤로 제치고 있는 모습은 그림을 생동감 있게 해주며 장면을 역동적으로

〈그림 80〉 다윗과 골리앗

만들고 있다. 젠센슈미트성서의 경우 다윗은 자신의 직업을 상징하는 '목동이 지니고 다니는 자루'를 허리에 차고 있다. 또한 그가 쓴 왕관은 미래에 왕이 됨을 암시한다. 차이너와 비교해 보면 골리앗의 갑옷과

투구도 훨씬 더 세밀하고 정확하게 묘사되어 있다. 세세한 것을 표현하고자하는 열망이 젠센슈미트성서 두문자 그림의 일반적인 특징으로 간주된다. 두 마리의 젖소도 '자연스러운' 모습을 보여준다. 그림을 그릴 수 있는 공간이 아주 적었음에도 불구하고 블레셋Philister 사람들의 의상과 두건까지도 아주 정교하게 그려져 있다.

81) 솔로몬의 판결

솔로몬의 판결그림 12와 81의 경우 젠센슈미트성서는 배경으로 설정된 탑과 문을 그리지 않음으로써 관찰자가 사건에 더 자세히 접근할 수 있도록 만들고 있다. 왕좌에 앉아 있는 솔로몬은 아이 문제로 다투고 있는 두 여인을 포함해 많은 사람들로

〈**그림 81**〉 솔로몬의 판결

둘러싸여 있다. 이 장면 역시 주변 사람들의 얼굴이나 몸짓에서 읽을 수 있듯이 역동성과 생동감을 지니고 있다.

82) 엘리야의 승천

차이너의 경우 원래 세 개의 서로 다른 장면으로 구성되어 조망하기 어렵게 그려진 열왕기 하의 두문자_{그림 13과 82}는 아주 많이 변형되어 있다. 첫 장면에는 엘리야가 적을 없애고 있고, 두 번째 장면은 왕의 병상을 지키는 엘리야를 보여 주고 있으며, 세 번째 장

〈그림 82〉: 엘리야의 승천

면은 그의 승천을 주제로 하고 있다. 차이너의 경우 이런 삼등분은 분명하게 드러나지 않지만, 젠센슈미트의 경우 엘리야가 세 번씩이나 반복해서 그려짐으로써 그림의 구분이 분명해진다. 승천을 묘사한 부분도 마차를 탄 엘리야가 그림의 상단 부분으로 올라가서 사라지는 것처럼 보이게 함으로써 훨씬 더 생동감 있게 묘사되고 있다. 이 세 장면은 원본을 수정 및 보완한 것이라고 말할 수 있을 정도로 분명하고 일목요연하게 묘사되어 있다.

83) 예루살렘의 재건

느헤미야서 두문자_{그림 17과 83}의 경우 젠센슈미트는 시각을 달리하였고, 연장과 도구를 통해 건축 행위를 인상적으로 묘사하였다.

〈그림 83〉 예루살렘의 재건

84), 85) 이미 앞에서 언급하였듯이 젠센슈미트성서의 목판화는 인간과 동물을 아주 세밀하게 그렸다. 낙타를 타고 있는 기사와 함께 온 스바 여왕의 방문그림 15와 84, 혹은 연못에 물고기가 그려져 있는 솔로몬의 정원그림 25와 85이 이것을 입증해 주고 있다.

이 두 경우에서 젠센슈미트성서의 그림이 훨씬 더 정교함을 느낄 수 있다.

〈그림 84〉 스바의 여왕

〈그림 85〉 솔로몬 왕

86) 다윗 왕

시편의 삽화그림23과86도 세밀
한 인물 묘사를 보여준다. 두문
자 S가 차이너의 경우 책상 앞에
앉아 있는 다윗은 그림의 하단
에만 보임으로서 그림은 양분되
어 있다. 젠센슈미트의 경우 놀
라운 예술적 기교가 엿보인다.
여기서 다윗은 그림 밖으로 튀

〈그림 86〉 다윗 왕

어나올 정도로 크게 묘사되어 있다. 'S'의 중간 부분이 세련되게 그의
팔 아래로 들어가서 책상을 대신해 글을 쓰기 위한 지지대 역할을
해준다. 그러나 무엇보다도 다윗의 얼굴 표정이 개성이 있어 보이고
너무나 인상적이다.

87) 솔로몬 왕

차이너와 마찬가지로 젠센슈
미트에서도 잠언의 저자로 간주
되는 솔로몬이 책상 앞에 앉아
쓰기에 몰두하고 있는 모습이
묘사되어 있다그림24와87. 솔로몬
이 베끼려고 하는 책이 책상에
수직으로 세워져 있다. 젠센슈
미트의 경우 심지어 책을 고정

〈그림 87〉 솔로몬 왕

시켜주는 끈까지 묘사되어 있다. 쓰기를 받쳐주는 책상의 윗면은 기울어져 있는데, 차이너의 경우 삽화가가 책상의 오른쪽 끝에 붉은색 잉크와 검은색 잉크를 담는 작은 뿔을 놓아두기 위한 홈이 파진 독특한 판자도 삽입하였다. 젠센슈미트성서에서는 이 부분이 빠져 있고, 그 대신에 솔로몬이 왼손에 오자를 지우는 데 사용하는 칼을 들고 있다.

88), 89) 요나서와 누가복음서에 삽입된 두문자그림 38과 50, 그림 88과 89는 원본에 비해 대폭 "축소되었음"이 눈에 띤다. 요나서에서 차이너의 두문자는 도시 니네베 위에 그리스도를 그려 넣었는데 반해 젠센슈미트는 그리스도를 그리지 않고 관찰자를 사건에 더 가깝게 끌어들였다. 그래서 물고기가 더 커 보인다. 그러나 그리스도를 그리지 않음으로써 중요한 유형학적 관련성도 그림에서 없어졌다. 누가복음의 경우 젠센슈미트성서는 그리스도의 탄생만을 그리고, 나머지 두 장면을 그려 넣지 않았다.

〈그림 88〉 요나

〈그림 89〉 누가

젠센슈미트성서의 삽화가가 전체적으로 원본에 충실하면서도 항상 새로운 아이디어를 가져오고, 예컨대 인간, 동물, 대상 등의 묘사와 시각 등 스타일 면에서도 독자적인 방식으로 처리했음을 보여주는 사례가 이 외에도 많이 있다.

차이너성서와 젠센슈미트성서의 두문자 그림을 누가 그렸는지 아직 알려져 있지 않다. 차이너성서의 두문자가 아우크스부르크 예술 전통과 밀접한 관계가 있는 것처럼 보이는 반면, 크놉라우흐는 젠센슈미트의 삽화가는 "뉘른베르크1476와 아우크스부르크1477에서 활동했음에도 불구하고 울름의 서적삽화와 아주 유사해서 울름의 예술가들 중 한 명일 것"Knoblauch 1916, 116이라고 추정한다. 물론 이 주장을 명확히 입증해줄 만한 증거는 없다. 두 성서가 약 1년 내지는 3년의 간격을 두고 제작된 목판화를 스타일적으로 너무나 강하게 서로 차이를 보인다는 사실이 흥미롭다.

6.3.5. 쾰른성서

쾰른성서1478/79는 성서 삽화의 역사에서 새로운 장을 열었다. 두문자 기능을 지닌 조그만 크기의 목판화는 큰 크기의 그림으로 대체되었으며, 성서 각 책의 시작부분뿐만 아니라 항상 삽화가 필요하고 어울린다고 생각되는 곳에는 어디든지 삽입되었다.

쾰른성서의 경우 언어적으로 그리고 목판화의 수에서 서로 다른 저지라인어 판과 저지작센어 판이 존재한다. 전자에는 123점의 목판화가 삽입되어 있고, 후자에는 113점의 목판화만이 삽입되어 있는데, 저지작센어 판에는 특히 요한계시록에 나오는 8점의 그림이 빠져있다.

퀼른성서의 목판화는 예술사적인 관점에서는 이미 충분히 연구되었지만, 텍스트와 그림과의 관계라는 관점에서는 여전히 연구가 이루어지지 않고 있다. 우선 모든 목판화에 대해 개별적으로 정확히 서술하고, 그 목판화가 삽입되어 있는 성서의 위치에 대한 정보를 제공하는 목판화 목록을 작성해 보자.

퀼른성서의 머리말 시작 부분뿐만 아니라 창조를 묘사한 목판화도 무늬 장식에 의해 둘러싸여 있다. 그 중 하나는 세 명의 동방박사를 통한 아기 예수의 숭배를 보여준다. 퀼른에서 동방박사는 특별한 위치를 점하고 있다.[10] 다른 부분은 넝쿨장식과 소용돌이무늬로 둘러싸여 있고, 사냥과 춤을 우스꽝스럽게 표현하고 있다.

---

10 퀼른의 상징인 퀼른성당에는 세 명의 동방박사 유골함이 보존되어 있어서, 중세 때부터 순례자들의 방문이 많았고, 그런 이유로 퀼른은 동방박사와 특별한 관계에 있다.

1) 창조

<그림 1> 창조

　쾰른성서와 코베르거성서에 삽입된 중세의 창세기 그림은 중세인의 세계관을 한 눈에 들어오게 만든다. 종교개혁시기까지 이 그림은 여러 번 반복해서 모사되었다. 원모양의 창세기 그림의 천정에 하느

님이 손으로 축복을 내리면서 상반신의 모습으로 그려져 있다. 세상의 창조는 빛, 즉 신의 입김을 통해 이루어졌음을 암시하고 있다. 두 개의 원 모양의 구름 띠 사이에는 천사들이 하느님에게 손을 모아 기도를 드리고 있다. 구름 띠 안쪽으로는 태양, 달, 별이 둘러싸고 있다. 지상은 원 모양의 하천이 흐르고 있고, 그 안에서 물고기, 백조, 인어, 수상동물들이 돌아다니고 있다. 지상의 원반에는 선과 악을 알게 하는 나무와 수많은 동물들이 있는 산악지역 풍경을 배경으로 잠을 자고 있는 아담이 누워있다. 하느님은 막 그의 몸에서 그의 동반자인 이브를 끄집어내고 있다. 이브의 탄생이라는 이런 독특한 묘사 형태가 중세 예술에서는 널리 알려져 있었다. 원모양의 세계상은 사각형으로 둘러싸였다. 4개의 구석에 바람이 네 방향으로 불고 있다. 신의 입에서 나온 빛은 아마 요한복음 1장 1절"태초에 말씀이 계시니라 이 말씀이 하나님과 함께 계셨으니 이 말씀은 곧 하나님이시니라."을 의미하고 있을 것이다 창세기 1장과 2장.

2) 원죄와 낙원에서의 추방

낙원이 문이 있는 벽으로 둘러싸여 있는 정원으로 묘사되어 있다. 아담과 이브를 유혹한 뱀의 윗부분은 긴 머리를 지닌 여인의 머리로 그려져 있

〈그림 2〉 원죄

다. 원죄를 저지른 후에 검을 든 천사가 최초의 인간 쌍인 아담과 이브를 내쫓고 있다 창세기 3장.

3) 카인의 형제 살인

그림은 세 장면으로 나누어져 있다. 왼쪽 위에는 카인과 아벨이 제단을 사이에 두고 마주하고 있는데, 제단 위에는 아벨의 제물만 불처럼 피어오르고 있고 카인의 제물

〈그림 3〉 카인이 아벨을 죽이다

은 축 쳐져 있다. 그림의 전면에는 카인이 아벨을 죽이고 있는 장면이 등장한다. 오른쪽엔 카인이 신의 말씀을 듣고 있는 모습이 보인다 창세기 4장 1-16절.

4) 노아의 방주

노아가 방주의 창문
을 통해 비둘기가 올
리브가지를 물고 돌아
오고 있는 모습을 바
라보고 있다. 방주는
여러 종류의 동물들과
사람들로 차있고 바다
에는 상상의 동물들이

〈그림 4〉 노아의 방주

헤엄치고 있다창세기 7장과 8장.

5) 술에 취한 노아

포도주에 취한 노아
가 바닥에 누워있다. 아
들 함은 오른손으로 아
버지의 벗은 모습을 가
리키고 있고, 함의 동생
인 셈과 자페트는 외투
로 아버지를 덮어주고

〈그림 5〉 술 취한 노아

있다창세기 9장 18-27절.

6) 바벨탑 건설

삽화가는 바벨탑 이
야기를 중세의 세계로
옮겨 놓았다. 쾰른성당
을 건축하는 모습을 연
상하게 만든다_{창세기 11}

<창세기 11
장 1-9절.

〈그림 6〉 바벨탑 건설

7) 아브라함과 멜기세덱

아브라함이 적에게
승리를 거둔 후 멜기세
덱 왕이 그를 영접하며
빵과 포도주를 주고 있
다. 아브라함은 그에게
얻은 것에서 십분의 일
을 주겠다고 약속한다

〈그림 7〉 아브라함과 멜기세덱

창세기 14장 18-20절.

8) 아브라함과 세 남자

아브라함이 자신의 집 앞에서 세 남자를 보며, 자신의 손님이 되어 줄 것을 간청하고 있다. 이어 그들은 그에게 이삭의 탄생을 약속한다 창세기 18장 1-15절.

〈**그림 8**〉 아브라함과 세 남자

9) 제물로 바친 이삭

그림은 두 부분으로 나누어진다. 오른쪽 전면에는 아브라함과 이삭이 제물을 바치는 장소로 이동하고 있다. 왼쪽 후면에는 천사가 이삭을 제물로 바치려는 아브라함의 행동을 제지하고 있다 창세기 22장 1-19절.

〈**그림 9**〉 아브라함과 이삭

10) 야곱이 장자의 축복을 훔치다

이 그림도 두 장면으로 나누어져 있다. 에서가 사냥을 하는 동안에 리브가와 차남 야곱이 눈먼 이삭을 속이고 있다창세기 27장 1-29절.

〈그림 10〉 이삭의 장자 축복

11) 야곱의 꿈

야곱이 하늘로 올라가는 사다리가 보이는 꿈을 꾸고 있다창세기28장 10-15절.

〈그림 11〉 야곱의 꿈

12) 형들이 요셉을 팔다

야곱의 아들들이 동생을 우물에 빠뜨려 죽이려 하지만, 곧 생각을 바꾸어 오른쪽에 있는 이스마엘 사람들에게 요셉을 팔려고 한다. 그들은 요셉을 이집트로 데려간다창세기 37장 23-36절.

〈**그림 12**〉 우물에 있는 요셉

13) 감옥에 갇히는 요셉

이집트로 끌려가 파라오의 신하 친위대장 보디발의 집에서 관리인으로 일하게 된 요셉이 여주인의 유혹을 물리치자 그녀의 중상모략에 의해 감옥에 갇히게 된다창세기 39장.

〈**그림 13**〉 감옥에 갇히는 요셉

14) 파라오의 꿈

파라오의 꿈에 나타
난 일곱 마리의 살찐 젖
소와 일곱 마리의 바짝
마른 젖소. 파라오의 꿈
은 요셉에 의해 풍요의
칠년과 빈곤의 칠년으
로 해석된다_{창세기 41장}

〈그림 14〉 파라오의 꿈

1-4절.

15) 이집트에 온 요셉의 형들

기아에 시달리던 야
곱의 아들들이 이집트
로 와서 그 사이 고위직
에 오른 요셉에게 식량
을 청하고 있다. 그들
은 동생인 야곱을 알아
보지 못한다_{창세기 42장}

〈그림 15〉 이집트에 온 요셉의 형들

3-7절.

16) 요셉이 그의 형들을 실험하다

요셉이 형들과 식사를 하고 있는 동안그림 의 왼쪽, 하인들이 곡식 자루 중 하나에 은잔을 숨기고 있다. 이것은 요셉이 옛날에 자신을 죽이려 했던 형들에게 절도죄를 덮어씌우기 위한 계략이다창세기 43장 26-44절.

〈그림 16〉 요셉이 그의 형들을 실험하다

17) 선물과 함께 형들을 풀어주는 요셉

요셉과 파라오가 선물을 주며 형들을 풀어준다창세기 45장 16-24절.

〈그림 17〉 선물과 함께 형들을 풀어주는 요셉

18) 야곱이 이집트로 가다

기아 때문에 힘든 고
향 땅에서 야곱은 수많
은 자손들을 이집트로
오게 한다. 거기서 파라
오가 그들에게 땅을 할
당해준다창세기 46장 5절
-47장 10절.

〈그림 18〉 이집트에 온 야곱

19) 요셉의 장례와 영아 살해

이 그림은 요셉의 죽
음으로 끝나는 창세기
에서 출애굽기로 넘어
가는 과정을 내용으로
한다. 오른쪽에는 파라
오가 히브리 산파에게
모든 영아들을 죽이라
고 명령한다. 그러나

〈그림 19〉 요셉의 장례와 영아 살해

그들이 자신의 말을 듣지 않았기 때문에 파라오는 이스라엘 영아를
나일강에 던져버리라고 자신의 부하에게 명령한다창세기 50장 26절, 출애굽기
1장 15-22.

20) 모세의 어린 시절

모세의 어머니가 모
세를 조그만 상자 안에
넣어 나일강에 띄운다.
파라오의 딸이 동정심
에서 모세를 건져 하녀
에게 숨기게 한다. 모세
는 궁정에서 자란다출
애굽기 2장 1-10절.

〈**그림 20**〉 모세의 어린 시절

21) 불타는 가시나무 덤불

신이 불타는 가시나
무 덤불 속에서 나타나
서 모세를 민족의 지도
자로 임명한다. 모세는
텍스트의 내용처럼 목
자로 묘사되어 있다출
애굽기 3장 1절. 모세가 신
께 다가가기 전에 자신

〈**그림 21**〉 불타는 가시나무 덤불

의 신발을 벗어서 들고 있다3장 5절. 모세가 신으로부터 부름 받은 데
대한 증거로서, 신은 모세에게 목자 지팡이를 뱀으로 변화시키는 능력을
부여하는데, 이것은 배경으로 그려져 있다.

22) 파라오 앞에 서 있는 모세와 아론

모세와 아론이 파라 오에게 민족의 탈출을 위한 허가를 받기 위해 파라오의 앞에서 기적 을 행하고 있다. 아론은 뱀으로 변한 자신의 지 팡이를 바닥에 던진다. 파라오의 선지자가 동

〈그림 22〉 파라오 앞에 서 있는 모세와 아론

일한 기적을 행했을 때 아론의 뱀이 다른 뱀을 삼켜버린다. 모세가 나일강의 물을 피로 바꾸어 놓는다출애굽기 7장 8-25절.

23) 이집트의 근심

왼쪽에 신이 모세와 아론에게 나타나서 그 들에게 파라오를 위협 하라고 명령한다. 파 라오가 고집을 피우자 개구리가 이집트 전역 에서 나타나 소동을 피 운다출애굽기 7장 26절-8장 2절.

〈그림 23〉 개구리 소동

24) 맏아들의 죽음

오른쪽에 이집트를 덮은 어둠이 묘사되어 있다출애굽기 10장 22-23절. 왼쪽에는 첫 번째로 태어난 자식들이 죽임을 당하고 있다출애굽기 12장 29절.

〈그림 24〉 맏아들의 죽음. 암흑

25) 유월절 축제

그림은 텍스트의 내용을 아주 충실히 따르고 있다. 이스라엘 사람들 모두 손에 지팡이를 잡고 효모 없이 만든 빵과 양을 먹고 있다. 오른쪽에는 집의 문기둥이 피로 칠해져 있는 모습을 보여주고 있다출애굽기 12장 1-11절.

〈그림 25〉 유월절 축제

26) 홍해에서 이집트인들의 익사

이 그림은 출애굽기를 대표하는 장면으로 차이너성서 등에서도 그려졌다출애굽기 14장 27-28절.

〈**그림 26**〉 홍해에서 이집트인들의 익사

27) 이스라엘 민족의 찬미가

악기는 15세기에 사용되었던 것으로 그려졌다. 오른쪽에는 모세가 쓴맛의 물을 달콤한 맛으로 바꾸기 위해 나뭇가지를 꺾고 있다출애굽기 15장 1-25절.

〈**그림 27**〉 이스라엘 민족의 찬미가

28) 십계명의 전달

이스라엘 민족이 천막에서 기다리고 있는 동안 모세가 신으로부터 율법이 기록된 판을 받고 있다출애굽기 19장 20절-20장 21절.

〈그림 28〉 신이 십계명을 모세에게 줌

29) 성전과 기구

장인들이 성전을 짓고 있다. 브살렐과 오홀리압은그림에서 Bezeleel과 Coliap이란 문자로 표시 성전과 성전을 지을 도구를 만들고 있다. 그림의 전면에는 언약궤가 그려져 있다출애굽기 31장 1-11절.

〈그림 29〉 장인들이 성전을 짓고 있다

30) 황금송아지

이스라엘 사람들이 아론에게 귀걸이를 모아 주었으며, 아론은 그것으로 황금송아지를 만들었다 출애굽기 32장 1-6절. 오른쪽에 신과 모세가 등장하는데, 모세는 두 번 그려져 있

〈그림 30〉 황금송아지

다. 첫 번째 모세는 기도에 깊이 빠져 있는 모습이며 두 번째 모세는 황금송아지를 만드는 사람들의 철없는 짓을 바라보고 있다 출애굽기 32장 7절.

31) 레위 사람들이 배신자를 죽임

레위 사람들이 배신자를 죽이다 출애굽기 32장 26-28절. 징계를 내린 후 모세와 이스라엘 민족이 신에게 기도한다 출애굽기 32장 29절. 그림의 전면에는 부서진 십계명 판이 흩어져 있다.

〈그림 31〉 레위 사람들이 배신자를 죽이다

32) 거대한 포도송이를 들고 돌아온 정탐병

모세에 의해 가나안 땅으로 간 정탐병들이 거대한 포도송이를 들고 돌아온다. 차이너성 서에도 이 장면이 그려져 있다 민수기 13장 23절.

〈그림 32〉 거대한 포도송이를 들고 돌아온 정탐병

33) 반란자들에 대한 형벌

다단, 아비람, 모세의 통솔을 거부한 모든 이들'고라의 패거리'을 땅이 삼켜버리고 있다 민수기 16장.

〈그림 33〉 반란자들에 대한 형벌

34) 녹색 지팡이

언약궤 위에 12개의 녹색 지팡이12부족을 상징함 중에서 아론의 지팡이만이 그가 성직자임을 증명해주기 위해 꽃이 그려져 있다민수기 17장 8절.

〈그림 34〉 아론의 녹색 지팡이

35) 놋뱀

그림의 오른쪽에 독사가 선동가들을 습격하고 있는 모습이 보인다. 왼쪽에는 모세가 신께 기도하여 장대 위에 놋뱀을 만들어, 그것을 보는 사람을 모두 살리는 모습이 그려져

〈그림 35〉 놋뱀

있다민수기 21장 6-9절. 중세인들은 이런 형상을 예수의 십자가 모습과 연결시키고 있다.

36) 발람과 나귀

더 이상 가려고 하지 않는 나귀가 검을 든 천사를 보지 못한 발람의 생명을 구한다. 뒤돌아보고 있는 나귀의 머리는 자신을 매질하고 있는 예언자 발람에게 말

〈그림 36〉 발람과 나귀

하고 있음을 암시한다민수기 22장 22-31절.

37) 신과 두 명의 천사가 모세를 묻다.

베를린의 이야기성서에는 다음과 같이 번역되어 있다.

"Ind der here (!) begroyff yn in den daill des lantz moab…"

〈그림 37〉 모세의 장례식

그리고 신께서 그를 모압 땅에 묻으셨다

따라서 여기서는 신이 모세를 장례하는 주관자로 강조되며, 그림도 내용에 일치하게 그려져 있다. 쾰른성서도 이 부분의 텍스트는 다음과 같다. "Ende [de here] begrepe en"그리고 신께서 그를 묻었다 여기서는 신 'de here'이라는 어휘에 괄호를 사용함으로써 약간 조심해서 표현

하고 있지만, 삽화의 관점에서는 이야기성서와 별반 차이가 나지 않는다. 오늘날의 번역 성서에서는 신이라는 말이 없고 일반적인 대명사 'man'으로 표현되어 있다. "Man begrub ihn…"사람들이 그를 묻었다: 신명기 34장 6절

> "벳브올 맞은편 모압 땅에 있는 골짜기에 장사되었고 오늘까지
> 그의 묻힌 곳을 아는 자가 없느니라."
> "Und er begrub ihn im Tal, im Lande Moab gegenüber Bet-Peor.
> Und niemand hat sein Grab erfahren bis auf den heutigen Tag."
> 『루터성서』

38) 여리고의 정복

이스라엘 민족이 언약궤를 들고 여리고로 가고 있다. 오른쪽에 그려진 여리고의 성벽이 기울어진 탑의 모습에서 알 수 있듯이 그들의 나팔소리의 울림으로 붕괴되고 있다여호수아 6장 1-20절.

〈그림 38〉 여리고의 정복

39) 기드온

기드온이 자신의 임명에 대한 증거물을 보여 달라고 신께 청하고 있다. 무릎 꿇고 있는 기드온의 왼쪽에 양털이 보인다사사기 6장 36-40절. 오른쪽에는 이스라엘 민족의 군대가 물가

〈그림 39〉 기드온

에 있는 모습이 보인다. 무릎을 꿇고 손으로 물을 마시고 있는 사람도 보이고, 미디안을 정복한 사람이 혀로 물을 핥아 먹고 있는 모습도 보인다사사기 7장 5-8절.

40) 입다

암몬 사람들에 대한 입다의 승리 후에 그의 딸이 집에서 그를 영접하고 있다. 그의 딸은 그가 준수해야 할 서약에 따라 희생되어야 한다. 장수인 입다는 고통으로 자신의 옷을 찢고 있다사사기 11장 30-35절.

〈그림 40〉 입다

41) 삼손

삼손이 맨손으로 사자를 죽이고 있다. 배경으로 강가에 위치한 도시의 풍경이 특이하다. 아마 쾰른을 묘사했을 것이다 사사기 14장 6절.

〈그림 41〉 삼손

42) 엘가나와 그의 두 부인

제물을 바치는 엘가나와 그의 두 부인 사무엘 상 1장 1-6절, 21절. 제물을 드리는 의식을 다루고 있음이 책상 위에 놓인 두 마리 비둘기를 통해 분명하게 표현된다

〈그림 42〉 엘가나와 그의 두 부인

레위기 5장 7절 "만일 그의 힘이 어린 양을 바치는 데에 미치지 못하면 그가 지은 죄를 속죄하기 위하여 산비둘기 두 마리나 집비둘기 새끼 두 마리를 여호와께로 가져가되 하나는 속죄제물을 삼고 하나는 번제물을 삼아", 누가복음 2장 24절 "또 주의 율법에 말씀하신 대로 산비둘기 한 쌍이나 혹은 어린 집비둘기 둘로 제사하려 함이더라" 참조.

43) 언약궤를 강탈당함

시간적으로나 공간
적으로 나누어져 있는
세 가지 사건이 이 그림
에서 통합되어 묘사된
다. 이스라엘 사람들이
블레셋 사람들과의 전
투에서 언약궤를 가져
가서 잃어버린다그림 중

〈그림 43〉 언약궤를 강탈당함

앙, 사무엘상4장4-11절. 사제 엘리가 아들의 죽음과 언약궤의 손실에 대해
들었을 때 그는 의자 뒤로 넘어져 죽는다사무엘상4장18절. 전면에 보이는
쥐들은 페스트를 상징한다. 블레셋 사람들은 페스트에 걸리게 되고
결국 언약궤를 돌려주게 되는 계기가 된다사무엘상6장4-5절.

44) 사울의 왕 사무엘

사무엘이 사울의 머
리에 기름을 붓고 그를
왕으로 삼는다사무엘상
10장1절.

〈그림 44〉 사무엘이 사울을 왕으로 삼다

45) 사무엘이 다윗의 머리에 기름을 붓다

사무엘이 이새와 그 형제들이 참석한 가운데 다윗의 머리에 기름을 붓는다. 그리스도가 자신의 조상인 다윗의 위쪽에 그려져 있다_마

〈**그림 45**〉 사무엘이 다윗의 머리에 기름을 붓다

태복음 1장 1-17절. 중세에서 다윗은 일반적으로 그리스도를 암시한다. 성서 자체는 다윗의 머리에 기름을 붓는 경우에 다윗과 그리스도의 관계를 특별히 표현하고 있지는 않다사무엘 상 16장 1절과 16장 13절.

46) 다윗과 골리앗

왼쪽 부분에 다윗과 사울이 대화를 나누고 있는 모습이 그려져 있다. 오른쪽에서는 다윗이 골리앗을 향해 투석기를 들고 돌을 던지려는 포즈를 취하고 있다

〈**그림 46**〉 다윗과 골리앗

사무엘 상 17장 49-50절.

47) 전투 장면

이 목판화는 베를린 필사본성서의 삽화와 비교해보면 마카베오 상에 들어가야 한다. 그러나 사무엘 상 27장 8-11절의 내용도 전투를 다루는 것이기에 이곳에 넣어도 별 무리 없어 보인다.

〈**그림 47**〉 전투 장면

48) 사울의 죽음

블레셋 사람들과의 전투에서 중상을 입은 사울이 자신의 검에 찔러 쓰러지고 있다사무엘 상 31장 1-4절. 아말렉 사람이 슬퍼하고 있는 다윗에게 사울의 왕관을 건네준다사무엘 하 1장

〈**그림 48**〉 사울의 죽음

1-16절. 목판화는 사무엘 상에서 사무엘 하로 넘어가는 과정을 그리고 있다.

49) 언약궤의 운반

다윗이 춤을 추고 음악을 연주하면서 예루살렘으로 언약궤를 운반하게 한다_{사무엘 하 6장 1-5절.}

〈**그림 49**〉 언약궤의 운반

50) 다윗과 밧세바

왕궁의 높은 곳에서 다윗이 목욕하고 있는 밧세바를 바라본다. 이 장면은 베를린 이야기 성서에서 상당히 자유분방하게 그려져 있다. 주지하다시피 쾰른성서의 책임자는 이 장면

〈**그림 50**〉 다윗과 밧세바

에서 어떤 꼬투리도 잡히지 않길 원했다. 그래서 그들은 밧세바의 요염한 모습을 모두 배제하고 물에 담겨져 있는 그녀의 발만을 그리고 있다_{사무엘 하 11장 2절.}

51) 압살롬의 죽음

다윗의 아들 압살롬
은 아버지에 대항해서
반란을 일으킨 후에 도
망가는 과정에서 상수
리나무 가지에 머리카
락이 걸린다. 그는 다윗
의 부하들에게 창에 찔
려 죽는다 사무엘 하 18장
9-15절.

〈그림 51〉 압살롬의 죽음

52) 요압이 아마사를 죽이다

요압이 압살롬 편을
들었던 아마사를 죽인
다 사무엘 하 20장 8-10절. 다
윗이 신의 뜻을 거역하
고 인구조사를 한 후 이
스라엘에는 페스트가
창궐한다. 그림에서 페
스트는 천사의 손에 있

〈그림 52〉 요압이 아마사를 죽이다

는 검을 통해 상징화된다. 요한계시록의 삽화에도 검을 든 천사가 등장
한다. 다윗은 곧 회개한다 사무엘 하 24장 15-17절.

53) 다윗의 장례

다윗이 장례를 치르고 있다열왕기 상 2장 19절. 밧세바가 아들 솔로몬에게 그의 왕위 계승 경쟁자인 아도니야에게 관용을 베풀 것을 부탁하고 있다열왕기 상 2장 19-25.

〈그림 53〉 다윗의 장례

54) 솔로몬의 판결

왼쪽에 무릎을 꿇은 진짜 어머니가 솔로몬에게 아이를 죽이지 말 것을 부탁하고 있고, 오른쪽에 가짜 어머니가 그려져 있다열왕기 상 3장 16-28절.

〈그림 54〉 솔로몬의 판결

55) 스바의 여왕

사원과 궁궐의 건축 후 솔로몬이 스바의 여왕에게 자신의 부유함을 보여주고 있다열왕기상 10장 1-5절.

〈그림 55〉 스바의 여왕

56) 엘리야의 승천

큰 문을 두고 그림이 좌우로 나누어져 있다. 왼쪽에는 엘리야가 불마차를 타고 하늘로 올라가고 있는 모습이 그려져 있다. 그는 자신의 외투를 지상에 남겨둔다. 엘리야의 제자인

〈그림 56〉 엘리야의 승천

엘리사는 슬픔으로 가득 차 자신의 옷을 찢는다열왕기 하 2장 11-14절. 오른쪽에는 엘리사의 대머리를 조롱한 아이들이 곰에게 잡아먹히는 장면이 그려져 있다열왕기 하 2장 23-25절.

57) 요단강에서 나아만의 치료

엘리사의 지시로 아르메니아의 장군인 나아만이 요단강에서 목욕을 하고 있다. 목욕으로 그의 문둥병이 치료된다. 마차와 하인이 그의 높은 지위를 암시해 준다 열왕기 하 5장 13-14절.

〈그림 57〉 요단강에서 나아만의 치료

58) 엘리사의 기적

이스라엘 민족이 엘리사의 장례에서 모압 도적떼에 놀라서, 엘리사의 유골에 죽은 사람을 던지자 그 죽은 사람이 다시 살아난다. 이 장면에 등장하는 죽음의 형상은 중세에 인기

〈그림 58〉 엘리사의 기적

있었던 그림 소재인 '죽음의 무도'를 상기시킨다 열왕기 하 13장 20-21절.

59) 이스라엘의 종말

유다 왕 아하스가 이
교도의 번제를 봉헌한
다 열왕기 하 16장 10-13절.
오른쪽에는 앗수르 사
람들이 이스라엘 북부
를 정복하고 호세아왕
을 비롯해 이스라엘 사
람들을 끌고 가고 있다
열왕기 하 17장 1-6절.

〈그림 59〉 앗수르가 이스라엘을 정복하다

60) 앗수르인들의 죽음

하느님의 천사가 앗
수르인들을 죽이고 유
다 남부제국의 수도인
예루살렘을 구하고 있
다 열왕기 하 19장 35-36절.
오른쪽에는 이사야를
톱으로 자르는 장면이
나오는데, 성서에서 일
치하는 내용은 없다.

〈그림 60〉 앗수르인들의 죽음

61) 엘르아살의 용맹

다윗의 세 용사 중 한 명인 엘르아살이 보리밭에서 블레셋 사람들을 물리치고 있다역대상 11장 12-14절.

〈그림 61〉 엘르아살이 블레셋 사람들을 무찌르고 있다

62) 요시야의 장례

바벨론 포로시기 이전 유다의 마지막 경건한 왕으로 연대기에 기록된 요시야의 장례가 묘사되어 있다역대하 35장 24절.

〈그림 62〉 요시야의 장례

63) 다리오와 에스라

페르시아 왕 다리오
는 유대인을 포로에서
풀어주고, 예루살렘으
로 돌아가 도시를 재
건할 것을 허용하였다
에스라 6장 1-12절. 왕 앞
에 무릎을 꿇고 있는
선지자 에스라는 후기

〈그림 63〉 다리오와 에스라

시대에 속하며 아닥사스다 왕 시대에 두 번째 귀향을 인도한다. 따라
서 성서에서는 다리오 왕과 에스라는 서로 관련이 없다에스라7장 참조.
이 그림은 베를린의 이야기성서에도 빠져 있다. 아마 여기서는 이 장
면과 비슷한 두문자그림을 보여준 차이너성서가 원본으로 사용되었
을 것이다. 차이너성서그림16에서는 고레스와 에스라가 두문자 I를 경
계로 분리되어 그려져 있다. 고레스는 다리오 왕 이전에 왕이었고 유
대인을 자기 나라로 귀향하게 허용해준 최초의 왕이었다. 아마 쾰른
성서의 이 삽화는 성서를 제대로 이해하지 못하거나, 아니면 단순한
실수일 것이다.

64) 토비트가 눈이 멀다

토비트가 수면을 취하는 중에 눈으로 들어간 새의 똥에 의해 눈이 멀게 된다. 지붕 바로 밑에 새가 그려져 있다 토비트 2장 9-10절.

〈그림 64〉 토비트가 눈이 멀다

65) 토비아스의 물고기 잡이

천사 라파엘의 지시에 따라 토비아스가 눈먼 아버지를 치료할 수 있는 약으로 쓰일 수 있는 물고기를 잡고 있다 토비트 6장 1-9절.

〈그림 65〉 토비아스가 물고기를 잡고 있다

66) 토비아스의 아버지 치료

토비아스가 아버지
의 눈을 치료하기 위
해 물고기의 쓸개를
아버지의 눈에 바르고
있다토비트 11장 10-13절.
왼쪽에는 그의 부인이
될 여성인 사라가 그
려져 있다. 사라와 토

〈그림 66〉 토비아스가 아버지를 치료하고 있다

비아스가 같이 그려진 이 장면은 동시에 일어난 것처럼 보이나, 시간
적으로 한참 지난 뒤에 일어난다토비트 11장 16절.

67) 유딧와 홀로페르네스

유딧이 죽은 바벨론
장수 홀로페르네스의
머리를 하녀에게 건네
주고 있다. 이로써 그
녀는 자기 민족을 구하
게 된다유딧 13장 8-10절.

〈그림 67〉 유딧와 홀로페르네스

68) 왕과 에스더

하만의 박해로부터
유대인을 구하기 위해
에스더는 하녀들을 데
리고 그녀의 남편인 아
하수에르 왕 앞에 불시
에 등장한다. 왕후 에
스더가 뜰에 선 것을 본
왕은 그녀가 매우 사랑

〈그림 68〉 왕과 에스더

스러워 손에 잡았던 금 막대기를 그녀에게 내밀고 있다에스더 5장 1-3절.

69) 욥

그림은 욥이 받게 되
는 고통, 예컨대, 가축
을 잃음, 가옥의 화재,
자식들의 죽음 등을 요
약적으로 보여주고 있
다욥기 1장 13-22절. 벌거
벗은 욥이 자신의 불행
을 받아들이는 반면,

〈그림 69〉 욥

그의 부인은 신을 저주하라고 그에게 요구하고 있다욥기 2장 8-10절.

70) 다윗 왕

시편을 연주하고 부르면서 성령으로 충만한 다윗 왕. 오른쪽 위에 성령을 상징하는 비둘기가 그려져 있다.

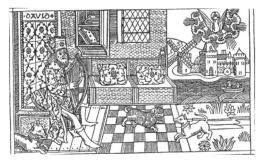

〈그림 70〉 다윗 왕

71) 풀무불 속에 있는 3명의 청년

3명의 히브리 청년, 사드락, 메삭, 아벳느고는 느부갓네살의 명령으로 풀무불 속으로 던져졌지만, 죽음을 모면하게 되고, 오히려 주변에 서 있는 왕의 부하들이 불에 타죽게 된다 다니엘 3장 19-23절.

〈그림 71〉 풀무불 속에 있는 3명의 청년

72) 다니엘의 네 짐승 환상

바다에서 나온 네 짐
승에 대해 성서에 기록
되어 있는데, 첫 번째
짐승은 사자와 비슷해
보이는데 독수리의 날
개를 지녔고, 두 번째
짐승은 곰과 비슷해 보

〈**그림 72**〉 다니엘의 환상

이는데 인간을 먹고 있으며, 세 번째 짐승은 표범과 비슷해 보이는데
4개의 머리와 4개의 날개를 지녔고, 네 번째 짐승은 철과 뿔로 된 이빨을
지니고 있었다. 삽화는 이런 서술에 가능한 한 정확하게 따르고 있다다니
엘7장18절. 배경으로 네덜란드 지역의 풍차가 그려져 있는 것이 흥미롭다.

73) 다니엘과 수잔나

다니엘이 재판관 의
자 옆에 무릎 꿇고 있는
수잔나의 생명을 구한
다. 처음에 그녀를 농
락했고, 그녀가 저항하
자 죽게 내버려 두길 원

〈**그림 73**〉 다니엘과 수잔나

했던 두 노인이 사람들에 의해 연행되어 죽게 된다. 오른쪽 위에 그려진
언덕에는 사형 장소가 보인다다니엘 13장[11]

---

[11] 다니엘서는 현대성서에는 12장까지만 있음.

74) 사자굴 속에 있는 다니엘

일곱 마리의 사자가 있는 굴속으로 던져진 다니엘이 다치지 않고 살아남는다. 그는 천사가 하늘에서 데려온 예언자 하박국으로부터 음식물을 받는다. 바벨론 왕이 용서를 구하는

〈그림 74〉 사자굴 속에 있는 다니엘

다니엘의 적을 사자굴로 던지게 한다다니엘 14장 29-42절.

75) 마태

왼쪽에 복음서저자 마태가 자신의 상징물인 천사와 함께 그려져 있다. 오른쪽에는 그리스도의 선조들이 그려져 있는데, 그 중에는 아브라함과 다윗이 있다. 이 계보는 마태 1장

〈그림 75〉 마태

1-17절의 내용을 근거로 한다.

76) 마가

왼쪽에는 자신의 상
징물인 사자와 함께 복
음서 저자 마가가, 오
른쪽에는 그리스도의
부활이 그려져 있다.
그리스도의 무덤을 지
키는 로마 군인은 잠자
고 있다. 가자의 도시

〈그림 76〉 마가

성문을 들고 걷고 있는 삼손이 배경으로 보이는데, 왜냐하면 이 장면이
그리스도 부활에 대한 구약의 전례로서 간주되었기 때문이다. 『빈자의
성서』에서 이런 삼손의 모습을 볼 수 있다마태 16장, 사사기 16장 1-3절.

77) 누가

복음서 저자인 누가
가 책상 앞에 앉아 있고
옆에는 그의 상징물인
황소가 앉아 있다. 오
른쪽 세 장면은 예수의
유년시절, 즉 예수의
탄생누가 2장 1-20절, 사원
에서 할레 의식을 치르

〈그림 77〉 누가

는 예수누가 2장 1-25절, 동방박사의 경배를 그리고 있다. 그러나 세 명의

동방박사는 누가복음에서는 전혀 언급되어 있지 않다. 또한 원본으로 사용된 차이너의 두문자 그림도 이 장면을 보여주지 않는다그림 50 참조. 그럼에도 불구하고 동방박사가 그림에 등장하고 있다면 아마 퀼른성서의 제작 도시인 퀼른에서 동방박사의 경배가 주는 특별한 의미[12] 때문일 것이다.

78) 요한

왼쪽에 책상 앞에 앉아 있는 요한과 그의 상징물인 독수리, 오른쪽에는 성부, 성자, 비둘기로 상징된 성령 등 삼위일체가 그려져 있다. 일곱 봉인이 찍힌 책은 요한계시록을 암시한

〈그림 78〉 요한

다. 책 아래 그려진 작은 원은 퀼른성서의 첫 삽화에서도 나타나는 창조에 대한 내용일 것이다. 창조를 그린 목판화가 창세기의 시작을 알리는 것처럼, 이제 거꾸로 이 그림도 요한복음의 시작을 알리고 있다. 창세기와 요한복음의 관계는 아마 첫 문장의 유사성에서 드러난다. 창세기의 시작은 "태초에 하나님이 천지를 창조하시니라"이며, 요한복음의 첫 문장은 "태초에 말씀이 계시니라 이 말씀이 하나님과 함께 계셨으니 이 말씀은 곧 하나님이시니라"이다.

---

[12] 퀼른성당에는 동방박사의 유골을 담은 성유물함이 보관되어 있다.

성서에 등장하는 하느님의 모습은 후기 중세인들의 상상에 따라 그려졌다. 초기에 하느님은 그림으로 결코 그려질 수 없거나 혹은 하늘에서 돌출한 손을 통해서만 상징화되었다면 중세에는 중키의 위엄 있는 노인의 모습으로 나타난다. 하느님과 하느님의 아들의 구상적 융합은 삼위일체의 사상과 일치한다. 그러나 후기 중세에 두 인물은 분명히 서로 구분되었다. 하느님은 노인으로, 아버지로 묘사되고, 대부분 구름에 둘러싸인 채 후광을 받으며 상반신만 드러내고 있는데, 가끔 교황의 왕관인 티아라를 쓰고 있다. 거기에 반해 그리스도는 젊은 남성이며 아들로 분명히 인식될 수 있다. 또한 그리스도는 대부분 후광을 지니고 있다. 이 그림에서 하느님과 그리스도의 차이를 분명히 알 수 있다.

79) 요한계시록

요한계시록의 첫 목판화는 세 부분으로 나누어져 있다. 왼쪽은 뜨거운 기름이 들어있는 솥에 요한이 순교하는 모습인데 성서에는 없는 내용이다. 중앙에 있는 그림에는 조그만 섬 밧모라요한계시록1장9절에서 요한이 앉아 있다. 그의 무릎 위에는 그가 기록하고 있는 책이 놓여 있다. 그는 오른손에 잉크통과 작은 주머니를 들고 있는데, 이 주머니는 필기구를 보관하는 용도로 사용된다. 요한 위에 떠 있는 천사는 나팔을 불고 있는데, 아마 요한계시록 1장 10-11절의 내용"주의 날에 내가 성령에 감동되어 내 뒤에서 나는 나팔 소리 같은 큰 음성을 들으니 이르되 네가 보는 것을 두루마리에 써서 에베소, 서머나, 버가모, 두아디라, 사데, 빌라델비아, 라오디게아 등 일곱 교회에 보내라 하시기로"과 관련될 것이다. 요한이 천사로부터 계시록을 받았다는 사실은 이미 요한계시록 1장 1절"예수 그리스도의 계시라 이는 하나님이

그에게 주사 반드시 속히 일어날 일들을 그 종들에게 보이시려고 그의 천사를 그 종 요한에게
보내어 알게 하신 것이라"에 언급되어 있다.

〈**그림 79**〉 요한계시록

오른쪽 부분은 그리스도 앞에 무릎 꿇고 있는 사도 요한을 보여준다. 요한의 환상요한계시록 1장 12-20절과 관련된 텍스트에서는 그리스도가 이름으로 언급되지 않지만, 그 위치가 그림에서는 그리스도와 관련된 것으로 이해되고 있다. 텍스트에선 사람처럼 보이는 것이 있는데, 그는 과거에 죽었지만 이제 영원히 살고 있으며, '사망과 지옥으로 가는 열쇠'를 가지고 있다고 한다. 텍스트에 따르면 그리스도의 주변에는 일곱 개의 황금 촛대가 있고, 오른쪽에는 일곱 개의 별이 그리스도의 왼손 주위에 반짝이고 있고, 그리스도의 입에서 칼이 나오고 있다. 별은 일곱 공동체의 천사를 상징하며, 촛대는 공동체 자체를 상징한다. 그리스도의 오른손에 있는 책은 일곱 봉인이 찍힌 책을 암시한다.

80) 요한계시록 6장

4명의 기사가 처음 4개의 봉인을 열자 나타난다. 궁수인 첫 번째 기사의 위에 천사가 면류관을 들고 있다요한계

〈그림 80〉 요한계시록 6장

시록 6장 2절 "이에 내가 보니 흰 말이 있는데 그 탄 자가 활을 가졌고 면류관을 받고 나아가서 이기고 또 이기려고 하더라". 갑옷과 투구를 쓴 두 번째 기사는 검을 휘두르고 있다요한계시록 6장 4절 "이에 다른 붉은 말이 나오더라. 그 탄 자가 허락을 받아 땅에서 화평을 제하여 버리며

서로 죽이게 하고 또 큰 칼을 받았더라". 세 번째 기사는 손에 저울을 들고 있다. 그의 위에는 글을 써 넣는 띠를 들고 있는 천사가 그려져 있다. 이 띠에 기록된 문자는 아마 텍스트에서 언급된 음성과 관련되어 있을 것이다요한계시록 6장 5-6절 "셋째 인을 떼실 때에 내가 들으니 셋째 생물이 말하되 오라 하기로 내가 보니 검은 말이 나오는데 그 탄 자가 손에 저울을 가졌더라. 내가 네 생물 사이로부터 나는 듯한 음성을 들으니 이르되 한 데나리온에 밀 한 되요 한 데나리온에 보리 석 되로다 또 감람유와 포도주는 해치지 말라 하더라".

네 번째 기사를 묘사하는 말은 텍스트에 나오지 않는다. 단지 다음과 같은 언급만 있다. "내가 보매 청황색 말이 나오는데 그 탄 자의 이름은 사망이니 음부13가 그 뒤를 따르더라 그들이 땅 사분의 일의 권세를 얻어 검과 흉년과 사망과 땅의 짐승들로써 죽이더라"요한계시록 6장 8절 중세의 전통에 따르면 죽음은 손에 큰 낫을 들고 있는 해골로 그려진다. 음부의 위세는 왼쪽 끝부분에 그려져 있다. 많은 사람들이 죽음을 몰고 오는 기사에 의해 희생되고, 거기에는 머리에 쓴 모자나 왕관으로 알 수 있는 교황, 황제, 대주교도 예외는 아니다. 단지 한 명의 경건하게 기도하는 부인만이 이런 재앙에서 벗어나 있는 것처럼 보인다.

---

13 한글성서에는 지하세계Unterwelt를 '음부'로 번역했음.

81) 요한계시록 6, 7장

목판화는 각각의 봉인 개봉 후에 나타나는 현상을 그리고 있다. 세 장면이 각각 구름을 통해 나누어진다. 다섯 번째 봉인을 열자 제단 아래 순교자의 영혼들이 나타나는데, 그들

〈**그림** 81〉 요한계시록 6, 7장

모두가 흰옷을 입고 있다요한계시록 6장 9-11절.

중앙에 있는 장면은 여섯 번째 봉인을 연 후의 모습을 그리고 있다. 해와 피처럼 변한 달이 어둡게 되고 별이 떨어지고 있다. 그 밑에는 지상의 권력자들, 예컨대 교황, 황제, 왕, 주교 등이 두려움에 떨고 있다요한계시록 6장 12-17절.

오른쪽에는 4명의 천사들이 동서남북으로 흩어져 바람을 잡는 모습이 그려져 있다요한계시록 7장 1절. 이로써 이스라엘 자손의 각 지파 중에서 정의로운 자 십사만 사천 명이 이마에 봉인으로 표시되기 전까진 지상에는 어떤 해도 당하지 않는다요한계시록 7장 2-4절.

82) 요한계시록 8, 9장

이 목판화와 다음에 삽입된 두 목판화는 일곱 나팔과 관련된 재앙을 그리고 있다. 묘사되어 있는 많은 사건들과 여러 챕터에서 서로 뒤섞여 나오는 장면들은 그림을 난해하게 만

〈**그림 82**〉 요한계시록 8, 9장

든다. 요한계시록의 삽화는 성서의 그 어떤 다른 부분보다 텍스트의 내용을 이해시켜주기 위한 그림이다. 그래서 텍스트의 정확한 이해 없이는 그림을 이해하지 못한다. 왼쪽 상단에 그려져 있는 선들은 네 번째 나팔 소리 후에 나타난 태양과 달의 암흑을 표시한다요한계시록 8장 12절. 그 오른쪽에 그려져 있는 새는 바로 다음 문구에서 언급된 3번에 걸쳐 '화, 화, 화로 울부짖으며 날아가는 독수리이다8장 13절. 중앙에서 삽화는 다섯 번째 나팔 소리에 따라오는 재앙으로 옮겨가고 있다. 9장 1-2절에 하늘에서 별이 떨어지고, 떨어진 별 중 하나가 무저갱의 열쇠를 받게 된다. 그 무저갱으로부터 연기가 피어올라 공기와 태양이 어두워진다. 중앙의 선들은 어둠을 상징하고 있다. 손에 여러 개의 화살을 들고 있는 그리스도는 신의 분노와 심판을 상징하고 있다. 열려진 무저갱으로부터 "전갈 같이 침을 지니고 있는"9장 5절과 10절 황충蝗蟲은 물론이거니와 인간의 얼굴같이 생긴 물체도 올라온다9장 7절. 그들은 그림의 전면에서 보이듯이 바닥에 누워있는 인간들을 괴롭힌다. 거기에는

다시 교황이나 황제와 같은 사람들도 포함되어 있다. 단지 오른쪽에 그려져 있는 사람들만 그런 고통에서 벗어나 있는데, 그들의 이마에는 신의 봉인이 찍혀있다9장 4절.

83) 요한계시록 7, 8장

이 그림은 원래 시간 순으로 보면 그림 82 보다 앞선 내용을 담고 있다. 그림의 순서는 원본 인쇄에서 정해졌다. 그림은 요한계시록 7장과 8장의 내용을 담고 있지만, 그림 82는

〈그림 83〉 요한계시록 7, 8장

9장의 내용을 그리고 있다. 은총과 심판이라는 대립이 구상적으로 표현되어 있다. 왼쪽 부분은 그림 81에 그려진 정의로운 자와 같으며, 7장 1-8절의 내용에 따른 것이다. 이어 텍스트는 흰옷을 입고 있는 선택된 자들을 통한 신과 양에 대한 숭배를 보고하고 있다. 이 그림은 이런 텍스트의 내용을 아주 정확하게 따르고 있다. 화환 모양의 구름 바깥으로 둘러싸고 있는 복음서 저자의 상징들은 아마 7장 11절에서 언급된 4마리의 짐승과 관련되어 있을 것이다. 일곱 번째 봉인의 개봉 후 신은 일곱 나팔을 천사에게 나누어준다8장 2절. 그림의 중앙 부분은 이 내용을 그리고 있다. 또 다른 천사 한 명이 황금 제단 위에서 향을 태우고 난 뒤 불타는 향로를 땅에 쏟고 있다8장 3-5절. 오른쪽 부분은 자세히

보면 첫 세 나팔을 암시해준다. 첫 번째 나팔 소리에 하늘에서 우박과 불이 떨어져 땅의 3분의 1이 불탄다8장7절. 성 옆으로 불과 우박이 그려져 있으며, 불타고 있는 땅은 하단 오른쪽 구석에 묘사되어 있다. 두 번째 나팔 소리에 불타는 산이 바다로 떨어지며 배를 파손시키고 있다. 배 바로 앞에 산이 묘사되어 있다. 마지막으로 세 번째 나팔 소리에 별이 하늘에서 떨어져 횃불처럼 활활 타오르고 있다. 배 왼쪽 땅 사이로 불타고 있는 별이 묘사되어 있다. 이어서 네 번째와 다섯 번째 나팔 소리를 묘사한 그림 82가 연결될 수 있을 것이다. 따라서 그림의 올바른 순서는 그림 81 - 83 - 82 - 84가 될 것이다.

84) 요한계시록 9, 10장

그림은 세세한 부분에 이르기까지 텍스트의 내용을 따르고 있다. 여섯 번째 나팔을 분 천사는 신이 서 있는 황금으로 된 제단의 구석으로부터 들려오는 음성, 즉 유브라데 강

〈**그림 84**〉 요한계시록 9, 10장

에 억류된 4명의 천사를 풀어주라는 명령을 받는다9장 13-14절. 그림에서 검을 치켜들고 있는 4명의 천사가 인간의 3분의 1을 죽여야 한다는 것이다9장 15절. 천사 옆에 악마 군대가 있는데, 그들은 사자 얼굴을 하고 불을 내뿜는 말 위에 앉아 있다9장 17-19절. 오른쪽에는 10장으로

넘어가는 장면이 이미 그려져 있다. 거기서는 구름으로 둘러싸인 천사가 등장하는데, 그의 머리 위에는 무지개가 떠 있고, 그의 다리는 기둥과 유사하다10장1절. 그 천사는 오른손을 하늘로 치켜 올리며 종말이 왔다고 선언하고 있다10장5-7절. 하늘에서 내려온 음성이 천사에게서 책을 받아 삼키라고 요한에게 명령한다. 그런 다음 요한은 다음 목판화에서 보여줄 예언들을 알려야만 한다10장8-11절.

85) 요한계시록 11, 12장

하늘로부터 들려온 음성아마 왼쪽 상단에 있는 그리스도의 모습으로 표현의 명령에 요한은 사원과 제단이 없음을 한탄한다. 뒤 이어서 계시가 큰 권력으로 무장한 두 명의 선지자가 도래함

〈**그림 85**〉 요한계시록 11, 12장

을 공포한다. 그 선지자들은 촛대로서도 표현되는데, 그림에서는 두 명의 선지자 위에 실제로 촛대가 그려져 있다11장3절. 그들은 바로 오른쪽에 그려진 짐승에 의해 죽임을 당하는데11장7절, 그들에게 괴롭힘을 당하던 지상의 주민들이 그들의 죽음을 기뻐한다11장10절. 하단 오른쪽에 그려진 전투 장면은 그 의미를 해석하는 것이 어렵다. 이것이 위에서 암시만으로 그친 선지자의 죽음을 그린 것인가? 그러나 바닥에는 5명의 사람이 누워 있는데, 그들은 짐승이 아니라 두 명의 용병에 의해 살해되고

있다. 여기서 '짐승'이라는 개념이 아마 용병이라는 인간의 특정 집단을 지칭하는 것일 수도 있다. 또 다른 해석 가능성은 선지자의 추종자들이 살해당하는 장면으로 볼 수도 있다. 그러면 이 삽화는 텍스트의 내용에는 없는 장면을 묘사한 것이다. 선지자들이 다시 생명을 얻게 되어 구름을 타고 하늘로 올라가는 반면에 그들이 죽었던 도시에서는 그림 중앙에서 묘사되어 있듯이 지진이 일어나 도시를 초토화시킨다11장 12-13절.

오른쪽 부분은 12장 시작을 묘사하고 있다. 일곱 번째 나팔 소리가 울리자마자 하늘에서 징표가 나타나는데, 태양으로 옷을 입은 여인이 나타나며 그녀의 발아래에는 달이 그려져 있다12장 1절. 그녀를 추적하는 용으로부터 빠져나오기 위해 그녀에게는 두 개의 날개가 주어져 있다. 두 번째 표징으로서 일곱 개의 머리, 일곱 개의 왕관, 열 개의 뿔이 달린 용이 나타나는데, 꼬리로 별의 3분의 1을 지상으로 던져버린다12장 3-4절. 용은 임신한 여인을 원하며 특히 그녀의 아이를 죽이려한다. 그렇지만 아이는 하늘로 피신해 있다12장 5절. 여기서 이 여인을 마리아로 보면, 그 위에 그려진 장면은 두 명의 천사 곁에 있는 아기 예수로 짐작할 수 있다.

86) 요한계시록 12, 13장

앞의 그림과 바로 연결된다. 왼쪽에 대천사 미하엘이 지상에서 나쁜 짓을 행하는 사탄을 상징하는 용을 그의 사자와 더불어 하늘에서 추방하고 있다12장 7-9절. 그림의 나머지 부분

〈그림 86〉 요한계시록 12, 13장

은 13장과 거기 나타난 괴물을 묘사하고 있다. 중앙에 바다에서 솟아 올라온 일곱 개의 왕관을 쓴 머리, 열 개의 뿔이 그려져 있다. 성서에서 적혀 있듯이 중앙의 네 번째 머리는 상처를 입은 모습이다. 인간들이 그의 앞에 무릎을 꿇고 있다13장 1-4절. 오른쪽에는 땅에서 올라온 뿔 달린 짐승이 그려져 있다. 그 짐승은 기적을 행하는데, 특히 하늘에서 불이 떨어지게 만든다. 짐승의 말을 귀담아 듣지 않는 자는 하단 오른쪽에 묘사되어 있는 것처럼 죽임을 당한다13장 11-15절.

87) 요한계시록 14-21장

요한계시록 1장에서 13장까지 8점의 목판화가 삽입되어 있는 반면, 14장에서 21장까지는 단 한 점의 목판화만 삽입되어 있다. 이 그림은 두 가지 방법으로 읽을 수 있다. 텍스트

〈**그림 87**〉 요한계시록 14-21장

의 내용을 시간적으로 따른다면 14장의 내용을 담고 있는 오른쪽 추수 장면부터 시작해야 한다. 다가올 심판은 구상적으로 추수로 예고되어 있다. 요한은 구름 위에서 땅에 낫질을 하는 신을 손으로 가리키고 있다14장16절. 낫을 든 천사가 지상에서 추수를 하고 있으며 포도송이를 줄기에서 따라고 명령하고 있다14장17-19절. 이 천사는 낫을 가진 신의 바로 밑에 그려져 있으며 그 오른쪽에 자신이 어떻게 포도를 수확하는지 한 번 더 보여주고 있다.

바벨론 창녀의 추락은 이미 14장에서 짧게 언급되었지만14장8절, 왼쪽부분의 장면은 16장과 17장의 내용과 관련되어 있다. 마지막 일곱 번째 고통 중에서 - 천사가 쏟아 내고 있는 분노의 껍질을 통해 상징화되어 있는데 - 마지막 고통은 도시 바벨론을 파괴하는 강력한 지진이다16장17-19절. 왼쪽 끝에 그려진 부서지고 있는 탑이 지진과 관련되어 있다. 17장이 바벨론 창녀를 좀 더 상세하게 서술한다. 그녀는 화려한 옷을 입고 보석으로 치장하고 있다. 그녀의 손에는 간음의 더러

움으로 가득 찬 황금 술잔이 있다17장 4절. 그녀는 늪에서 살며 일곱 개의 머리와 10개의 뿔이 달린 짐승 위에 앉아 있다17장 1-3절. 지상의 왕들이 그 창녀와 음탕한 놀이를 하며 그림에서처럼 그녀를 숭배하고 있다.

그림의 중앙에는 한 천사가 거대한 맷돌을 떨어뜨리려 한다. 이미 떨어진 또 다른 맷돌이 바다 밑으로 가라앉아 있다. 여기에 대해 성서에는 다음과 같이 서술하고 있다.

> "이에 한 힘 센 천사가 큰 맷돌 같은 돌을 들어 바다에 던져 이르되 큰 성 바벨론이 이같이 비참하게 던져져 결코 다시 보이지 아니하리로다."18장 21절

거기서 오른쪽으로 또 다른 천사가 있는데, 그는 한 손에 무저갱으로 들어가는 열쇠를 들고 있다. 다른 손에는 사탄을 묶어 놓은 무거운 쇠사슬이 그려져 있다. 천사는 사탄을 무저갱 속으로 던져 넣고 입구를 1천년 동안 열쇠로 채우려 하고 있다20장 1-3절. 짧은 재림 후에 사탄은 궁극적으로 제압당하고 하늘의 예루살렘이 도래하게 된다21장, 오른쪽 상단 부분.

이 그림은 다른 방법으로도 해석이 가능하다. 예컨대 왼쪽에서 오른쪽으로 나아가는 방식으로도 해석할 수 있다. 왼쪽에 그려진 바벨론 창녀가 몰락하고 사탄이 결국 패배하게 된다. 오른쪽의 추수 장면만이 최후의 심판과 관련될 것이다20장 11-15절. 거기서는 그림 오른쪽 하단에 요한이 가지고 있는 책으로 상징되는 생명의 책들이 개봉될 것이다. 그런 다음 하늘의 예루살렘이 심판에 이어 나타날 것이다.

6.3.5.1. 새로운 방식의 삽화 콘셉트

쾰른성서 삽화의 경우, 두 개, 혹은 요한계시록을 포함한다면 세 개의 그룹으로 세분화될 수 있다Kautsch 1896, 17. 신약에서 4점의 복음서 작가에 대한 삽화와 2점의 편지 전령 장면 삽화가 첫 번째 그룹인데, 분명 차이너성서를 참조하고 있다. 코르스텐은 이 그룹을 가장 오래된 그룹으로 생각하고 있다Corsten 1981, 52.

두 번째 그룹은 구약의 삽화들이다. 이 삽화들은 베를린에 보관되어 있지만 원래 쾰른 지역에서 제작된 필사본과 대부분 밀접한 관련이 있다. 라이츠는 베를린필사본이 쾰른성서 삽화의 원본이라고까지 주장한다Reitz 1981, 122. 이 질문에 대해 최종적인 답변은 현재까지 분명하진 않지만, 쾰른성서의 삽화가 원본이 아니고 어떤 삽화를 모방하였다는 추측은 어느 정도 인정되고 있다.

베를린필사본은 1450년에서 1460년 사이에 제작되었을 것으로 추정되는데, 이런 날짜 추정은 쿤체가 지적하고 있듯이Kunze 1975, 150 물론 확실한 것은 아니다. 베를린필사본은 구약에서만 100점의 펜화가 들어있는 이야기성서를 다루고 있으며, 모세오경에 51점이 집중적으로 삽입되어 있고 그 중에서도 창세기와 출애굽기에 몰려있다. 이런 집중 현상은 쾰른성서의 삽화 배치에서도 그대로 나타난다.

쾰른성서의 삽화는 중세에 인기 있었던 이야기성서들의 몇몇 특징을 고려했을 경우에만 비로소 올바르게 이해될 수 있다. 폴머의 연구Vollmer 1912에도 불구하고 이런 것들은 독일문화학의 관점에서는 아직 충분히 연구되지 않았다Gerhardt 1983. 일반적으로 독일어산문으로 작성된 텍스트는 성서 소재를 이용해 자유롭게 개작하고 있으며, "외경이나 세속적 이야기 첨가물"Vollmer 1912, 5로 보충되어 있다.

여기서 이야기성서에 대해 좀 더 상세히 논의해보자. 폴머는 자신이 알고 있는 필사본을 10개 그룹으로 나누었다. 이것은 분명 새로운 연구 분야이며 보완되는 소재로 연구에 기여할 것이다. 원본 문제는 아주 구체적인 사례에서만 연구될 수 있다. 예컨대 이야기성서에서 텍스트와 그림의 관계를 집중적으로 분석한 블로-푈커Bloh-Völker 1988의 연구를 들 수 있다.

저지독일어 방언으로 저술된 베를린필사본은 삽화의 소재로 사용되었던 텍스트 위치에 그 삽화를 넣는다. 가능한 한 묶어서, 순수한 사건 진행에 따라 서술하며 전설적인 삽입 내용을 간략하게 줄여 재현하는 것이 이야기성서의 특징으로 간주된다. 이런 특징은 펜화가 다루어진 곳에서 삽화도 들어가게 많은 영향을 미쳤다.

그림으로 옮길 텍스트를 결정하는 선별 작업은 분명 성서의 수용자 그룹과 밀접하게 관련되어 있다. 도시 상류층에 속한 사람들, 예컨대 지배계급에 속한 귀족, 도시 문벌, 부유한 시민들이나 평신도 사제, 귀족 등이 수용자에 속한다. 블로-푈커가 고지독일어 필사본에서 행했던 관찰은 여러 방면으로 베를린필사본에도 옮겨졌다. 소묘는 성서의 내용에 밀접하게 따르고 있으며, 개별 장면 혹은 텍스트에 동등하게 첨부되어 있는 장면을 끄집어내고 있다. 그림은 기억, 그림 구조, 개별 제스처 등에 영향을 미치며 상징물은 쉽게 알아볼 수 있도록 의도적으로 그려졌다.

그러나 무엇보다도 서론 부분의 주석이 끝난 후에 구체적으로 저지독일어 필사본에 접근해보면 그림 주제의 선택은 펜화가 독자 내지는 관찰자의 기억에 고정되어 머물러 있는데 기여한다. 만약 사람들이 주로 이야기 거리가 많은, 내지는 극적인 장면을 삽화로 나타낸다면 자극적인 것에 대한 쾌감이 아니라 철저하게 심사숙고하여 심오한 성서 지식을 지니고 그림을 선택했다. 그 이면에는 그림이 그 자체로 어떤 이야기를 해주어야 하며, 동시에 텍스트에 밀접하게 관련되어야 한다는 생각을 했다. 요셉 이야기의 삽화는 특히 이것을 명약관화하게 해준다. 특정 이야기를 알고 있는 사람에게는 베를린필사본의 펜화를 관찰할 경우 즉시 줄거리 진행에서 가장 중요한 부분이 떠오를 것이다. 물론 그림은 텍스트의 내용을 빈틈없이 묘사하고 있지는 않다. 만약 그림을 텍스트 없이 그림 그 자체만으로 차례로 따라가다 보면 강독에서 얻은 빈틈들이 속속 드러난다. 그에 반해 텍스트를 연구해보면 삽화는 잠깐 멈추어 방금 읽은 것에 대한 내용의 심화 과정으로 독자를 초대한다.

극적 장면들이 많이 묘사되고 있는데, 특히 이집트에서 탈출하는 이스라엘 민족과 관련된 소묘가 좋은 사례이다. 모세가 파라오 앞에서 보여준 기적과 이집트인들의 고통에 대한 묘사는 폭넓은 공간을 차지한다. 여기서 대중성이 주제 선택에서 의심의 여지없이 중요한 역할을 담당한다. 예컨대 오리기네스와 아우구스티누스는 십계명을 열 가지 이집트인의 고통과 비교하고 있으며, 이런 비교는 15세기 예술에서 종종 표현되었다Kirschbaum 1968, 442-443, 표제어 '이집트인의 고통'. 그리고 결국 이집트인의 고통은 성서 그 자체, 이스라엘 민족의 이야기에도 중요한 위치를 점하게 된다. 그 고통들이 이스라엘 민족의 해방과

이집트 탈출을 가능하게 했고, 거기에 유월절 축제의 기원도 유래한
다. 따라서 이집트인의 고통이 주로 평신도로 구성된 독자그룹에 오
락을 주기 원했기 때문에 그렇게 많이 그려졌다고 단순하게 말할 수
도 있을 것이다. 이런 관점은 물론 소홀히 다루어질 수는 없지만 신학
적 관점에서도 그 선택은 쉽게 정당화될 수 있다.

쾰른성서의 삽화에는 두 가지 관점이 중요하다는 사실에서 출발할
수 있다. 그림 내용의 대상으로서 대개의 극적 장면 선택은 비슷하게
그 근거를 제시할 수 있는데, 말하자면 성서 그 자체가 지니고 있거나
성서의 해석자들이 생각하고 있는 중요성에 기인한다. 예를 들면 사
사기에서 삼손이 사자를 찢어 죽이는 모습이 있다. 이 장면은 중세
예술이 여러 번 다루고 있는 주제이지만, 고대인들도 카타콤의 벽화
등에서 이 장면을 알고 있으며 극적인 요소를 통해 관찰자의 주목을
받는 펜화였다. 그러나 거기에만 그림 주제의 선택 이유가 놓여있는
것은 아니다. 왜냐하면 사람들은 이 장면이 그리스도를 통한 죽음과
악마의 극복을 '예시'Präfiguration로 보았기 때문이다. 여기에 추가로 사
탄에 대한 그리스도의 승리를 보여주는 모범 사례로서 골리앗과 싸우
는 다윗이 사용된다Kirschbaum 1968, 표제어 '다윗'. 여기서도 사건이 그림에
서 특별한 극적 요소 때문에 선택되어진 것이 아니고 그 이면에 숨겨
진 유형학적 의미를 보여주고 있기 때문에 선택되었다. 추가로 다윗
의 행위는 철천지원수인 블레셋 사람들에 대한 유대인의 승리를 보여
주고 있다. 전체적으로 만약 사람들이 오랜 시간에 걸쳐 베를린필사
본의 그림을 연구해본다면 주제가 선택된 데 대한 세심함과 영리함에
대해 놀라움을 금치 못할 것이다. 베를린필사본의 펜화는 사색을 자

극하고 그럼으로써 텍스트의 이해를 보완해 줄 뿐만 아니라 기억을 도와주는 보조 역할을 담당한다. 게다가 펜화는, 그것이 행동하는 개인과 풍경적인 배경에 관련된 한, 높은 수준에 도달하고 있다.

『불가타』를 토대로 번역된 쾰른성서는 계속해서 이야기성서의 그림 콘셉트와 그림 주제들을 수용하였다. 이런 유래는 목판화가 이야기성서의 장르는 알고 있지만 성서는 모르는, 전설적이며 외경의 사건들을 묘사할 때 특히 눈에 띤다. 이런 맥락에서 모세의 청년시절 이야기가 언급될 수 있다. 상응하는 목판화 그림 20의 오른쪽 부분에 모세가 그려져 있는데, 그는 파라오의 왕관을 가지고 놀고 있다. 성서에는 이런 내용이 없다. 이것은 분명 이야기성서에서 그 모티브가 유래한다. 거기서 언젠가 모세가 아이일 때 젊은 공주에게 보내졌던 내용을 읽을 수 있다. 모세는 자신을 구해준 공주에게 감사한 내용도 들어있다. 그녀의 아버지인 파라오는 값비싸며 우상의 그림으로 장식된 왕관을 쓰고 있었으며 모세를 자기의 품안으로 안았다. 그가 아이를 귀여워하는 동안 아이가 그의 왕관을 잡고 그것을 바닥에 던져서 그것을 부셔버렸다. 사람들은 그 아이를 죽이라고 파라오에게 조언했다. 왜냐하면 그의 행위는 이집트를 파괴한 것을 의미하기 때문이었다. 모세가 불을 움켜잡는 뒤이어 나온 실험이 유아적이며 순진무구한 태도를 보여주는 증거로서 해석되었기 때문에 아기 모세는 계속 살아남는다Merzdorf 1963, 201 이하.

성서는 예언자 이사야가 쾰른성서의 목판화에서 보듯이그림 60 톱으로 잘려 나가는 내용에 대해선 언급하지 않는다. 이것은 그 당시 널리 퍼져 있었던 전설에 기인한다. 거기에 따르면 마나세왕이 예언자 이사야를 톱으로 잘라 죽이라고 명령한다. 그럼으로써 이사야는 순교자 그룹에 속하게 되며, 이것은 또한 그리스도와 유사함을 보여준다. 그 이후로 톱이 이사야의 상징물이 되었다. 그의 죽음은 고대 조형예술 에서 이미 묘사되었다Kirschbaum 1968, 표제어 '이사야'.

쾰른성서가 이야기성서의 삽화들을 수용함으로써 인쇄된 독일어성 서의 역사에 새로운 장이 열렸다. 루터 또한 견지하게 될 전통이 이제 시작된 것이다. 아마도 쾰른성서의 창작자에겐 그런 결정이 쉽지 않 았을 터인데, 왜냐하면 성스런 텍스트를 민중어로 재현했다는 비난 이외에도 적대자들이 이젠 그림들을 대중성을 위한 논거로 끌어들일 수 있었기 때문이었다.

성서에 삽화를 끌어들인 이유가 무엇이었던가? 쾰른성서의 머리말 은 특히 특정 독자그룹을 향하고 있는데, 그 때문에 그 머리말이 삽화 콘셉트에 대해 어떤 열쇠를 전달해 주는지 좀 더 자세히 살펴보도록 하겠다.

머리말에서는 우선 성서에 대해 일반적으로 취급되는 서론이 적혀 있다. 일반적 부분에서는 성서의 중요성과 사람들이 성서를 다룰 올 바른 사용에 대해 언급된다. 작가는 독자에게 직접 말을 건네고 있으 며, 심지어 분명하게 독자가 원하는 그림을 제공하고 있다. 성서가 인간의 이성을 뛰어 넘고 있기 때문에 성령만이 올바른 이해로 인도 할 수 있다는 주장도 나온다. 그럼으로써 머리말 작가는 독서 능력이 있는 사람뿐만 아니라 텍스트가 크게 낭독될 경우 듣는 사람까지도, 다시 말해 '선량한 마음을 지닌 사람'guede herten을 대상으로 하고 있다. 그리고 좀 더 뒤에는 성서에 대한 일반적인 사항들이 언급된다. 모든 성직자와 세속인, 학식이 있거나 혹은 없는 모든 자들은 성서를 유용하게 읽을 수 있다는 일반적 진술에 "신적인 현명함을 지니고 학문적으로 존경 받는 장인들"hogeleerde meestere der scholen der gotlycker wijsheyt: Ising 1976, 667이라는 정확히 세분화된 표현이 따라온다. 이 말은 대학의 신학자를 의미할 수도 있지만, 일반적으로 학문적 교양을 지닌 이들은 히에로니무스의 라틴어 텍스트를 사용해야 한다는 것이다. 그러나 여기 있는 독일어성서는 "배우지 못해 어리석은 사람들, 성직자나 세속인, 특히 정신적으로 유약한 어린이들[14]"de ungeleerden simpell mynschen beyde gheystelyck vnde wertlyk vnde besonder gheysterlycke beslaten kinder을 위해 제작되었다고 한다. 머리말은 후에 이렇게 언급된 독자그룹을 "모든 명예로운 사람들"alle eenvoldyghe mynschen: Ising 1976, 668이라고 한 번 더 정의하고 있다. 『불가타』의 중요성은 평가절하 되어서는 안 되며, 그 가치는 보존되어야 한다고 적고 있다. 그러나 성서를 라틴어를 모르는 사람도 포함해서 아주 넓은 주민 계층으로 보급하는 것이 목적이라고 적고 있다. 여기서 '데보티오 모데르나'Devotio moderna의 사상을 엿볼 수 있다Reitz 1981, 83.

머리말의 저자는 쾰른성서로 두 가지 목적을 성취하고자 한다고 적고 있다. 하나는 번역이 『불가타』에 매우 의존하고 있으며, 번역으로 인해 『불가타』의 권위가 손상되지 말아야 한다는 것이다. 이런 번역이 성직자 그룹에서도 수용되기를 희망하고 있다. 결코 "신성로마제국의 기독교 교회"de hyllyge Roemsche cristelyke kerke에 해가 될 일을 원치 않는다고 적었다. 번역물의 판매에 관해서는 의심할 바 없이 성직자

---

14 낮은 직위의 성직자와 수도원생을 의미한다.

도 고객이었다. 한편으로는 저지독일어 번역을 통해 평신도에게도 성서 읽기가 가능해지길 원했고, 동시에 무엇보다도 발전하는 도시에서 지위가 향상된 시민계급을 독자그룹으로 생각했는데, 왜냐하면 성서처럼 값비싼 서적을 모든 사람이 살 수는 없었기 때문이다. 그럼에도 불구하고 낭독을 통해 많은 사람들이 텍스트를 이해할 가능성도 존재했다. 인쇄물은 성직자뿐만 아니라 평신도도 구매자로 생각했기 때문에 성서를 구매 그룹의 취향에 맞게 장식했다. 처음에 나오는 목차와 각 장의 제목들은 독자에게 강독의 방향설정을 손쉽게 해주는데, 이런 구성은 분명 고지독일어성서와 비교해 발전된 양상이며, 그때까지 알지 못했던 책의 구성이기도 했다. 난해한 텍스트 부분의 좀 더 나은 이해를 위해 "높은 지식수준의 장인"hogheleerden mysters Ising 1976, 668이었던 니콜라우스 폰 리라의 설명도 삽입되었다.

니콜라우스 폰 리라의 설명에 이어 머리말은 삽화에 대해 언급하고 있다. 성서에 많은 그림을 삽입하려는 결정은 독자에 대한 서비스로 이해될 수 있다. 머리말의 저자는 목판화가 두 가지 관점에서 독자에게 도움을 준다고 생각하고 있다. 첫째, 목판화는 독자가 잠깐 읽기를 중지하고 생각하는 것을 자극함으로써 텍스트를 이해하게 되는 것을 도와준다. 둘째, 삽화는 독자를 기쁘게 해주며, 독자에게 성서 연구에 시간을 보내게 해주는 충동을 준다고 언급하고 있다. 책은 장식이라는 관점에서만 보면 독자가 정말 마음에 들 정도로 제작되었다. 위에 인용된 텍스트 "수도원이나 교회에서도 그런 그림들은 마주치게 된다"는 언급도 문화사적인 관점에서 오늘날의 독자에겐 흥미로운 사실이다.

이제 끝으로 쾰른성서의 삽화에서 특별한 위치를 점하고 있는 요한계시록 삽화를 한번 살펴보도록 하자. 쾰른성서 삽화의 세 번째 그룹에 속하는 요한계시록 삽화의 원본은 지금까지 알려지지 않고 있다. 그러나 이 시리즈는 중세 필사본의 삽화와 유사하다. 쾰른성서는 중세 영어-프랑스 요한계시록 그룹에 속하는데, 이 그룹은 고대 기독교-이탈리아 필사본에 근거를 두고 있다. 또한 중세 목판본과의 비교는 인큐내뷸러 독일어성서의 목판화 이해에 도움을 준다. 목판본 요한계시록의 그림과 텍스트는 일반적으로『불가타』뿐만 아니라 야코부스 데 보라지네1228~1298의『황금전설』Legenda Aurea과도 관련된다. 예컨대『황금전설』의 요한 이야기에서 나온 일련의 장면들이 쾰른성서에 나오는데, 예컨대 파트모스섬에서 기름 솥 안에 있는 요한을 들 수 있다그림 79.

목판본에서 볼 수 있는 복음서 작가인 요한의 삶에서 나온 또 다른 장면과 기적에 대해서 쾰른성서는 더 이상 참조하지 않는다. 전반적으로 쾰른성서의 요한계시록 시리즈는 간소화와 요약이라는 경향으로 특징 지워진다. 요한계시록은 목판본에 92 혹은 96점의 그림이 등장하는 반면Blockbücher des Mittelalters 1991, 81, 쾰른성서에는 단지 9점의 그림만으로 삽입되어있기 때문이다. 물론 쾰른성서가 하나의 목판화에서 여러 장면들을 요약해서 그린 것도 고려해야만 하며, 바로 이런 점이 그림의 이해를 아주 어렵게 만든다. 예컨대 요한계시록 기사는 목판본에서는 대부분 4점의 삽화로 묘사되고 있다.

6.3.6. 그뤼닝어성서

그뤼닝어성서는 코베르거를 통해 중개된 쾰른성서의 목판을 이용
했다. 코베르거는 쾰른성서의 목판을 구입하여 자신이 인쇄한 독일어
성서에 사용하였다. 그러나 그뤼닝어성서의 삽화는 몇몇 예외적인 그
림도 있기 때문에 그 부분을 중심으로 살펴보자.

1) **창조**창세기 1, 2장

〈그림 1〉 창조

2) 바벨탑 건축_{창세기 11장}

〈그림 2〉 바벨탑 건축

3) 하늘 사다리 꿈을 꾸는 야곱_{창세기 28장}

〈그림 3〉 야곱의 꿈

4) 모세의 구조_{출애굽기} 2장

4) 모세의 구조출애굽기 2장

〈**그림 4**〉 모세의 구조

5) 감사의 노래
쓴 물을 달콤하게 만
들다출애굽기 15장.

〈**그림 5**〉 감사의 노래 / 쓴 물을 달콤하게 만들다

6) 황금 송아지

모세가 십계명판을 받고 있는 동안 이스라엘 사람들은 황금송아지를 제작한다출애굽기 32장.

〈그림 6〉 황금 송아지

7) 기드온과 양털

천사가 그에게 말한다. 그 내용이 오른쪽 상단 글자가 기재된 띠로 그려진다. "큰 용사여 여호와께서 너와 함께 계시도다"Dominus tecum virorum fortissime, 사사기 6장 12절 이런 문자 띠를 지닌 천사는 쾰른성

〈그림 7〉 기드온

서와 비교해 그뤼닝어성서의 독창적인 묘사이다.

8) 사무엘이 사울의 머리 위에 기름을 붓는 모습

사무엘이 사울의 머 리 위에 기름을 붓다사 무엘 상 10장.

〈그림 8〉 사무엘이 사울의 머리 위에 기름을 붓다

9) 사울이 다윗의 머리 위에 기름을 붓는 모습

사울이 다윗의 머리 위에 기름을 붓다사무엘 상 16장.

〈그림 9〉 사울이 다윗의 머리 위에 기름을 붓다

10) 다윗과 골리앗

오른쪽에는 사울이 다윗에게 자신의 검을 주고 있는 모습이 그려져 있고, 왼쪽에는 다윗이 그 검으로 골리앗을 죽이는 장면이 그려져 있다_{사무엘 상 17장}.

〈**그림 10**〉다윗과 골리앗

11) 다윗이 전투 장면

다윗이 전투를 벌이고 있다_{사무엘 상 27장}.

〈**그림 11**〉전투 장면

12) 사울의 죽음

사울과 그의 아들들이 전쟁에서 죽는다. 다윗이 그들의 운명을 애도한다사무엘 상 31장.

〈그림 12〉 사울의 죽음

13) 이스보넷의 죽음

바아나와 레갑이 이스보셋을 죽이고 그의 머리를 다윗에게 가져다준다. 그들은 이스보셋이 다윗을 죽이려 한다고 생각하고 그를 죽였지만, 실재는 그렇지 않았다사무엘 하 4장. 그림은 쾰른성서에는 삽

〈그림 13〉 이스보넷의 죽음

입되지 않았으며, 그 자리에 요압을 통한 아브넬의 살해가 삽입되었다.

14) 언약궤의 운반

예루살렘으로 언약궤를 옮기고 있다사무엘하 6장.

〈그림 14〉 언약궤의 운반

15) 솔로몬의 판결

슈람의 연구서에서는 그림의 순서가 바뀌었다열왕기 상 10장.

〈그림 15〉 솔로몬의 판결

16) 앗수르인을 죽임

하느님의 천사가 앗
수르인을 죽이고 있다
열왕기 하 19장. 쾰른성서
와 비교해보면 이사야
를 톱으로 잘라 죽이는
장면이 빠져있다쾰른성
서 그림 60과 비교.

〈그림 16〉 앗수르인을 죽임

17) 유딧과 홀로페르네스

홀로페르네스의 머
리를 들고 있는 유딧유
딧 13장.

〈그림 17〉 유딧과 홀로페르네스

18) 욥

욥의 불행욥기 1장과2장

〈그림 18〉 욥

19) 욥과 그의 친구들

욥이 하느님을 바라
보고 있다욥기 2장. 쾰
른성서에는 없는 그림
이다.

〈그림 19〉 욥과 그의 친구들

20) 마태

그리스도의 선조들

마태복음 1장.

〈**그림 20**〉 마태

21) 마가

그리스도의 부활_마

가복음 16장.

〈**그림 21**〉 마가

22) 누가

그리스도의 유년시절 누가복음 2장.

〈**그림** 22〉 누가

23) 요한

삼위일체 묘사 요한복음 1장.

〈**그림** 23〉 요한

24) 요한계시록, 기사

〈그림 24〉 요한계시록

25) 요한계시록

〈그림 25〉 요한계시록

26) 요한계시록

〈그림 26〉 요한계시록

그뤼닝어성서의 목판화가 쾰른성서의 그림을 작은 크기로 모방했음은 얼핏 보아도 알 수 있다. 평균적으로 19 × 12 ㎝ 크기의 그림이 13,3 × 10 ㎝ 크기로 작아졌다. 그러나 그뤼닝어성서는 쾰른성서의 그림을 그대로 모방하지는 않고 대부분 약간의 수정을 가했으며, 새로운 그림을 추가하기도 했다. 쾰른성서의 목판은 안톤 코베르거의 수중에 들어갔으며, 총 123점의 목판 중 109점이 코베르거성서에 그대로 삽입되었다. 코베르거성서의 삽화는 쾰른성서의 삽화와는 달리 대부분 채색되었는데, 이 책의 부록으로 뒤에 첨부하였다. 코베르거성서의 그림을 원본으로 사용했던 그뤼닝어성서의 경우에도 이 109점의 그림이 원본임을 쉽게 알아볼 수 있다.

1485년에 제작된 그뤼닝어성서는 그뤼닝어의 초기 인쇄물에 속한다. 그는 1483년에 처음으로 서적 인쇄를 시작하였다Geldner 1970, 71. 인쇄업에 종사하는 오랜 기간 동안 삽화가 들은 수많은 인큐내뷸러를 제작했던 그뤼닝어에게는 이 성서가 거의 최초의 작품이라고 할 수 있다.

목판화를 담당했던 예술가는 원본에 많이 의존하고 있지만 어느 정도의 독창성도 보여주려 노력했다. 이 점에서 그뤼닝어성서는 쇤스페르거성서와 오트마르성서와 구분되는데, 이 성서들의 그림들도 마찬가지로 축소되어 삽입되었지만, 쾰른성서의 삽화를 거의 그대로 모방하였다. 그러나 그뤼닝어성서의 삽화가는 인물뿐만 아니라 전경까지도 놀라울 정도로 독창적으로 개작한다. 특히 목판화의 윤곽선이 눈에 띄는데, 채색을 불필요하게 만들 정도로 정교하게 그려졌다. 삽화가는 윤곽선을 통해 원본과 비교해 완전히 다른 효과를 창출해 내고 있다.

그림 1 창조의 묘사에서 이브의 탄생은 쾰른성서와 비교해보면 가장 안쪽에 있는 원에서 좌우가 바뀐 채로 그려졌다. 그리스도의 경우에도 쾰른성서에는 없으나 차이너성서에는 그려져 있는 축복을 내리는 듯한 제스처도 볼 수 있다.

바벨탑 축성의 경우 삽화가는 건축 과정을 약간 다르게 묘사하며, 하늘 사다리의 경우 전원적 배경과 그림의 구도를 변화시킨다. 동시에 그림과 텍스트의 관계는 변화가 없다. 창세기 삽화도 전체적으로 원본에 충실히 따르고 있다.

보다 크고 독창적인 변화는 출애굽기에 처음 등장하는데, 홍해에서 이집트인들이 물에 빠지는 장면이다. 그림 5는 왼쪽에 이스라엘 민족이 승리의 노래를 부르고 있고 오른쪽에 쓴 물이 달콤한 물로 바뀌고 있는 장면이다. 초기근대고지독일어 텍스트에는 '나뭇가지'holtz라는 표현이 나오는데, 이것은 모세가 물을 마실 수 있게 하려고 물에 던진 것이다. 전체적으로 그림의 수준이 높은 쾰른성서에는 이 과정을 불분명하게 묘사하고 있다. 텍스트를 정확히 읽을 경우에만 이 장면을 이해할 수 있고, 그렇지 않을 경우 이 장면은 불확실하게 남는다. 그뤼닝어성서의 삽화가는 이런 결함을 인식하였고 그림의 오른쪽 부분을 새롭게 그렸다. 이제 원본에서 추측만 할 수 있었던 장면, 즉 강가에서 무릎을 꿇고 강물에 '나뭇가지'를 던지는 모세의 모습이 뚜렷이 묘사된다. 이것은 그뤼닝어성서의 경우 쾰른성서를 단순히 모방한 것이 아니라, 필요한 장면에서 개정을 위해 노력했음을 보여준다.

황금송아지의 경우그림6에도 많이 변화된 그림이다. 원본은 두 장면 레위 사람들이 배반자들을 죽이고, 모세가 신께 기도하는 모습을 보여주고 있다. 반면에 배경에서 옛날에 우상을 섬겼던 하나의 기둥이 서 있었는데, 여기서는 그려지지 않는다. 이런 그림 구도는 그뤼닝어성서의 삽화가에겐 충분히 개괄적이지 못했다. 그 때문에 그는 싸움의 대상인 황금송아지를 크고 분명하게 묘사했을 뿐만 아니라, 황금송아지를 지지해 주고 있는 기둥들도 그림의 중앙으로 옮겼다. 그는 배신자들의 죽음도 기둥 옆에서 일어나게 그렸으며 신의 경배를 간단하게 그려 오른쪽 위 구석진 곳으로 옮겨 놓았다. 이로써 삽화가는 세 번째 장면을 그릴 공간을 확보했다. 이 장면은 쾰른성서에는 없는 부분이다. 즉, 기둥 오른쪽으로 이스라엘 민족들이 모세를 곤경에 빠뜨리고 있으며, 모세는 우상숭배에 대한 분노로써 십계명판을 던지고 위협적으로 주먹을 치켜들고 있다.

기드온 목판화그림 7에서도 쾰른성서의 삽화와는 다른 원본을 참조했을 가능성이 큰데, 왜냐하면 "Dominus tecum virorum fortiissime"라는 문자 띠를 한 영웅 위의 천사는 루터성서 이전에 인쇄된 독일어성서에는 그 어떤 곳에도 그려져 있지 않기 때문이다. 모피를 입은 기드온은 그리스도의 탄생을 알리는 원형으로서 유형학에서도 중요하다. 그래서 기드온 그림은 『빈자의 성서』나 『구원의 거울』과 같은 서적에서 참조했을 가능성이 높다.

그뤼닝어성서는 두 가지 목판화의 경우, 즉 사울과 다윗이 사무엘에 의해 왕으로 기름 부움을 묘사할 때 극히 단순하게 그렸다. 쾰른성서는 두 개의 서로 다른 장면을 보여준다. 즉, 사울은 대체로 늙은 사람으로, 그에 반해 다윗은 하프를 지닌 젊은이로서 그려지고 또 다윗의 옆에는 그의 아버지와 형제들도 그려져 있다. 그뤼닝어성서는 이 두 가지 상황이 동일하기 때문에, 삽화가는 여기서 작업을 절약할 수 있다고 믿었다. 그 때문에 그는 이 두 경우에 동일한 목판을 사용했는데, 이 목판은 원래 다윗의 기름 부음을 보여주는 것이다. 그런 후에 다윗이라는 이름이 적힌 문자를 없애고 다윗의 하프도 지웠다. 마지막으로 'Isai'를 'Saul'로 바꾸려고 했는데, 성공하지 못했다.

다음에 나오는 다섯 점의 목판화에는 퀼른성서와 비교해 네 가지 개정이 나타나는데, 하나는 다른 원본에 기인하거나 혹은 새롭게 창작한 것이다. 우선 다윗과 골리앗의 싸움에서 원본과는 다른 점이 눈에 띤다. 사울과 다윗 사이의 장면_{사무엘 상 17장 31-40절}에서 그뤼닝어성서는 인물에 장식을 덧붙였다. 사울은 다윗에게 자신의 방패를 제공할 뿐만 아니라, 텍스트에 강조되어 있는 것처럼, 투구와 칼도 제공한다. 다윗은 자신의 막대기와 주머니를 통해 자신이 목자임을 드러내고 있다. 이런 세세한 묘사들은 원본에 없는 것이다. 그의 당황한 얼굴 표정은 왕과 목자 사이의 대립을 아주 강조하고 있으며 익숙하지 않은 무기에 대한 다윗의 거부감을 암시해 주고 있다. 삽화가는 골리앗의 죽음을 보다 극적으로 그리고 있다. 돌에 맞은 거인이 바닥에 주저앉아 있고 그의 위로 투석기가 보인다. 다윗은 골리앗을 죽이기 위해 칼을 휘두르고 있다. 그뤼닝어성서에서 여기와 또 다른 곳에서 시도한 독창적인 수정은 이와 같이 텍스트를 정확히 아는 것을 전제로 한다.

퀼른성서는 전투 장면을 그린 목판화를 열왕기 상에 삽입하였다. 이것은 오늘날 사무엘 상에 상응하는 위치이다. 어떤 이름도 언급되지 않았기 때문에 이 그림은 기본적으로 전쟁이 언급된 성서의 여러 곳에 삽입될 수 있다. 이에 반해 그뤼닝어성서의 경우 이 묘사는 구체적인 텍스트를 가리키고 있다. 싸움의 중심에 다윗이 있는데, 이것은 이름을 나타내는 문자뿐만 아니라 하프가 그려진 그의 방패에서도 분명하게 표시되고 있다. 게다가 오른쪽에는 '그술'Gesre이라는 이름도 기재되어 있다. 이것은 사무엘 상 27장 8절 "다윗과 그의 사람들이 올라가서 그술 사람과 기르스 사람과 아말렉 사람을 침노하였으니 그들은 옛적부터 술과 애굽 땅으로 지나가는 지방의 주민이라", 즉 다윗의 침략 행각을 보고하고 있는 장면으로 루터성서 이전에 인쇄된 독일어성서는 다윗이 침략한 민족을 '그술'이라고 표시하였다.

사울의 죽음도 그뤼닝어성서에서는 마찬가지로 세밀한 장식과 독창적인 부분이 첨가되어 있다. 원본과 비교해 추가로 그림에서는 요나단, 아비나답, 말기수아IONATH, AMINADAB, MELCHISUE라고 적어 넣은 왕의 세 아들의 죽음이 묘사되어 있다사무엘 상 31장 2절. 야영지와 도시를 그린 배경은 새로운 묘사이다. 이것은 아마 사무엘 상 1-2절과 관련되어 있을 것이다.

'바나아'banaa와 '레갑'rechab에 의한 '히스보셋'hisboset의 죽음은 쾰른성서나 코베르거성서에서 따온 것은 아니다. 여기선 아마 다른 알려지지 않은 원본이 사용되었을 것으로 추정된다.

마지막으로 예루살렘으로 가는 언약궤의 운송은 독창적으로 수정을 가한 대표적 사례이다. 쾰른성서에서 그려진 두 마리의 말 대신에 두 마리의 수소가 언약궤를 실은 수레를 끌고 있다그림 14. 외관적으로 보면 별로 중요하게 보이지 않는 이런 변화는 정확한 텍스트 분석을 통해 새롭게 그려졌다. 즉, 사무엘 하 6장 6절"그들이 나곤의 타작 마당에 이르러서는 소들이 뛰므로 웃사가 손을 들어 하나님의 궤를 붙들었더니"에 '웃사'oza가 '소가 날뛸 때' 손으로 궤를 붙잡았다는 구절에 연유한 수정이었다. 이 번역에 따라 삽화가는 수레 앞에 소를 등장시켰다. 또한 원본에 등장하는 것보다 훨씬 많은 수의 악기도 그려 넣었는데, 이것은 성서 텍스트에 적힌 많은 수의 악기 나열사무엘하6장5절에 근거를 두고 있다.

그림 16의 경우, 쾰른성서는 이야기성서에서 톱으로 이사야를 자르는 장면을 수용했고 따라서 성서의 재현에 전설적인 내용을 첨가했지만, 그뤼닝어성서는 신의 천사에 의한 앗수르인의 죽음만을 보여준다. 이것은 텍스트에 의거해서 그뤼닝어성서의 삽화가 얼마나 세심하게 장면들을 검증했는지에 대한 또 하나의 사례이다. 만약 단순한 모방에 그쳤다면 이사야의 종말을 의심의 여지없이 수용했을 것이다. 또한 그림 4의 경우에도 파라오의 궁정을 배경으로 그려진 모세의 유년시절은 성서에 나오지 않으므로 그뤼닝어성서는 이 부분을 그리지 않았다.

욥기 삽화는 원본에 하나로 그려진 것을 두 개의 목판화로 나누어 표현했다. 첫 번째 목판화에는 쾰른성서와 일치하는데, 벌거벗은 욥이 아내와 함께 있으며, 그를 망가뜨린 재앙에 둘러 쌓여있는 모습이 그려져 있다. 추가된 목판화는 책상에 앉아 신을 올려다보는 욥과 두 명의 친구를 묘사하고 있다. 이 그림은 욥과 그의 친구 사이 벌어졌던 논쟁을 암시하고 있다.

새로운 삽화를 첨가하는 사례는 구약으로 제한된다. 복음서와 신약에선 일반적으로 어떤 새로운 그림도 발견되지 않는다. 복음서 저술자들의 그림은그림 20-23 서지학의 관점에서 필사와 관련된 여러 도구 때문에 흥미롭다.

코베르거성서에서처럼 요한계시록은 8점의 목판화로 구성되어 있다. 쾰른성서에서 잘못된 위치에 삽입되어 다섯 번째 나팔소리를 다루었던 목판화는 이미 코베르거의 경우에 빠져 있었다. 요한계시록 기사의 예외와 더불어 그림들은 세 부분으로 나누어지는데, 이것은 부분적으로 혼란한 장면의 순서를 개괄적으로 보여주고 있다.

요한계시록에 대한 그림들의 축소화와 3등분 구분을 통해 그뤼닝어성서에서는 곳곳이 축소되거나 그림의 구조가 변했다. 또한 삽화들이 좌우가 바뀌기도 했다. 요한계시록 기사의 경우에는 그들이 죽 늘어서서 말을 달리지 않고 하나의 원으로 빙글빙글 돌면서 말을 타고 있는 모습이 눈에 띤다그림 24. 이런 묘사를 통해 전쟁, 불행, 기아, 죽음 등이 인간을 반복하여 찾아들고 있다는 사실을 암시해 주고 있다.

다른 목판화의 경우 대천사 미하엘의 변화된 묘사 방식이 눈에 띤다그림 25. 미하엘은 쾰른성서에서 긴 창을 가지고 용을 죽였다. 여기서는 미하엘이 검을 치켜들 때 갑옷으로 완전 무장하고 있다. 이것은 다른 도상학적 전통에 따른 것인데, 이런 묘사를 선택한 데에는 지역적인 상황에 관련 있거나 삽화가의 취향과 연관되어 있었을 것이다. 마지막 목판화의 경우 아마 공간이 협소해서 빠뜨렸겠지만, 천상의 예루살렘을 암시하는 부분이 빠졌다.

이런 저런 조그만 차이를 제외하면 요한계시록 삽화시리즈는 원본에 충실하고 있다. 차이점들은 내용에선 거의 없고, 대부분 그림구조와 묘사 방법에만 관련되어 있다.

6.3.7. 뤼벡성서

슈테판 아른데스에 의해 인쇄된 뤼벡성서는 1494년에 나왔으며, 언어와 삽화의 관점에서는 원본으로 사용되었던 쾰른성서를 기초로 하고 있다. 삽화는 2명이 그렸을 것으로 추정되는데, 모세 5경의 삽화를 그렸던 삽화가와 나머지 부분의 목판화를 담당했던 삽화가로 구분된다Lübecker Bibel 1923, 5-11. 뤼벡성서의 삽화는 전체적으로 인간과 동물의 묘사, 여러 종류의 사물 등이 특별히 다루어지고 있다. 우선 여기서 텍스트와 그림의 관계, 그리고 쾰른성서의 삽화와 비교해서 어떤 것이 다른가에 대해 언급해보자.

1) 사자와 함께 있는
   히에로니무스

〈그림 1〉 히에로니무스

2) **창조**창세기 1장과 2장

〈**그림 2**〉 창조

3) **원죄와 낙원 추방**

창세기 3장

〈**그림 3**〉 원죄

4) 노아의 방주와 대
홍수창세기 7, 8장

〈그림 4〉 노아의 방주

5) 아브라함과 세 남
자창세기 18장 2절

〈그림 5〉 아브라함과 세 남자

6) 롯과 그의 딸들
소돔과 고모라의 명
망이 배경으로 그려져
있다. 롯의 부인이 소
금 기둥으로 굳어져 버
렸다창세기 19장 23-30절.

〈그림 6〉 롯과 그의 딸들

7) 아브라함의 제물

이삭을 제물로 바치
는 아브라함창세기 22장

〈그림 7〉 이삭을 제물로 바치는 아브라함

8) 장자의 축복을 가
로채는 야곱

야곱이 이삭의 축복
을 가로채다창세기 27장.

〈그림 8〉 장자의 축복을 가로채는 야곱

9) 야곱의 꿈_{창세기 28장}

〈그림 9〉 야곱의 꿈

10) 요셉을 파는 형
　　제들

형제들이 요셉을 팔아
넘기고 있다_{창세기 37장}.

〈그림 10〉 형제들이 요셉을 팔아버리다

11) 파라오의 꿈_{창세}
　　_{기 41장}

〈그림 11〉 파라오의 꿈

12) 이집트에 온 요
    셉의 형제들

요셉이 이집트에서
부와 권력을 손에 넣는
다. 이 그림은 쾰른성
서에 원본이 없다창세기
41장.

〈그림 12〉 이집트에 온 요셉의 형제들

13) 형들을 실험하는
    요셉

요셉이 형들과 함께
식탁에 앉아 있다. 곧
이어 그는 형들을 실험
한다창세기 44장.

〈그림 13〉 요셉이 형들을 실험한다.

14) 이집트인들의
고통

이집트인들이 궤양
으로 고통을 겪고 있다.
쾰른성서와 비교해 보
면 신의 변화된 모습이
흥미롭다. 교황과 가깝
고 교회에 충실하다는

<그림 14> 이집트인들의 고통

것을 보여주기 위해 신의 머리위에 교황이 쓰는 티아라를 그려 넣었다출
애굽기 9장.

15) 이스라엘 민족의
찬미가

쓴 물이 단물로 변
하는 장면을 묘사하고
있다출애굽기 15장. 아마
그뤼닝어성서가 이 그
림에 영향을 미쳤을
것이다.

<그림 15> 이스라엘 민족의 찬미가

16) 전투 장면

여호수아가 아말렉 인들을 쳐부수고 있다 출애굽기 17장.

〈그림 16〉 전투 장면

17) 황금송아지

황금송아지가 제작되어 그 주변으로 사람들이 춤을 추고 있다. 이 장면은 쾰른성서와 비교해보면 새로운 것이다 출애굽기 32장.

〈그림 17〉 황금송아지

18) 책상 앞에 앉아 있는 모세

모세가 책상 앞에 앉아 있는 이 모습은 서지학적으로 흥미로운 모습이다. 성서 텍스트에는 이 장면에 대한 묘사가 없다. 역시 하느님이 티아라를 쓰고 있다.

〈그림 18〉 책상 앞에 앉아 있는 모세

19) 모세의 장례식

신명기 34장 6절

〈그림 19〉 모세의 장례식

20) 입다와 그의 딸

들 사사기 11장

〈그림 20〉 입다와 그의 딸들

21) 사자를 찢어 죽이는 삼손

퀼른성서와 비교해 보면 가자의 성문을 들고 있는 삼손의 모습이 새로이 추가되었다사사기 14장과 16장. 가자의 성

〈그림 21〉 삼손과 사자

문을 들고 있는 삼손은 퀼른성서에서는 마가복음 삽화의 배경으로 등장한다.

22) 엘가나와 그의 부인들

슬퍼하는 한나가 신에게 기도하고 있는 오른쪽 부분은 새로 첨가되었다사무엘 상 1장 10절 이하.

〈그림 22〉 엘가나와 그의 부인들

23) 언약궤를 빼앗김

그림은 세 가지 장면

〈그림 23〉 언약궤를 빼앗김

을 묘사하고 있다. 왼쪽
은 엘리의 죽음, 중앙은
페스트에 걸린 블레셋
인들, 오른쪽은 블레셋
인들이 언약궤를 빼앗
아 가는 모습을 그리고
있다. 쾰른성서보다 훨씬 더 분명하게 묘사되어 있다.

24) 다윗과 골리앗

왼쪽에 목동 지팡이

〈그림 24〉 다윗과 골리앗

를 들고 있는 다윗이 그
려져 있다. 쾰른성서에
서는 목동 지팡이가 묘
사되어 있지 않지만,
그뤼닝어성서에는 묘
사되어 있다. 이것은 뤼벡성서가 이 두 종의 성서를 모두 참조하였다는
증거이기도 하다. 오른쪽 부분에는 다윗이 골리앗을 죽이는 장면이다사
무엘 상 17장.

25) 골리앗의 머리를
들고 있는 다윗

〈**그림 25**〉 골리앗의 머리를 들고 있는 다윗

새로운 목판화이다. 골리앗의 머리를 손에 들고 있는 다윗이 예루살렘에 도착한다사무엘상17장54절. 성서 텍스트에는 열광적인 환영에 대한 내용이 없지만, 차이너의 『구원의 거울』 혹은 『황금 놀이』에서 이런 장면은 이미 그려졌다.

26) 사울의 죽음

〈**그림 26**〉 사울의 죽음

사울이 자신의 칼에 찔린다. 그의 왕관이 다윗에게 건네진다. 무기나 갑옷이 상세히 그려진 전투 장면은 아주 사실적이다. 그림의 중앙에 보병이 싸우고 있는 반면, 왼쪽 위에는 긴 창을 든 두 무리의 기병들이 서로 싸우고 있다. 이 부분은 새로 추가된 장면이다사무엘상 31절.

27) 요압이 아브넬을
　　　죽이다
　이 모티브는 슬픔에
젖은 다윗이 참여한 아
브넬의 장례로까지 확
장되고 있다_{사무엘 하 3장}
_{31-32절.}

〈그림 27〉 요압이 아브넬을 죽이다

28) 언약궤 운반_{사무}
　　　_{엘 하 6장}

〈그림 28〉 다윗의 예루살렘 입성

29) 다윗과 밧세바

다윗이 목욕하고 있는 밧세바를 바라보고 있다. 이어 그는 그녀에게 접근하며 왼쪽 나중에 그녀의 남편 우리아를 불러들인다 오른쪽. 이 두 장면은 쾰른성서와 그뤼닝어성서에 없다 사무엘 하 11장.

〈그림 29〉 다윗과 밧세바

30) 다윗이 우리아를 죽게 만든다

새로 첨가된 목판화이다. 세 장면을 묘사하고 있다. 왼쪽 위 부분은 다윗의 명령으로 우리아가 암몬 자손들과의 전투에서 죽는

〈그림 30〉 다윗이 우리아를 죽게 만든다 / 회개

장면이며 사무엘 하 11장 14-17절, 오른쪽 앞부분은 다윗에 대한 나단의 고해성사를 묘사하고 있으며 사무엘 하 12장 1-12절, 오른쪽 뒷부분은 다윗이 죽어가는 자신의 아이 때문에 단식하며 신께 기도하는 모습이다 사무엘 하 12장 15-17절.

31) 압살롬의 죽음

다윗의 부하들이 압살롬을 죽인다_{사무엘 하}

18장.

〈그림 31〉 압살롬의 죽음

32) 다윗의 그림

이 그림은 세 장면을 하나의 그림으로 묶었다. 오른쪽은 다윗의 임종을 바라보는 솔로몬의 모습인데, 이것은 열왕기 상 2장 1-10절의 내용을 바탕으로 새로

〈그림 32〉 다윗의 죽음 /솔로몬 왕

추가한 것이다. 왼쪽은 다윗의 장례식 모습이며, 중앙은 솔로몬과 마주한 밧세바의 모습이다열왕기 상 2장.

33) 솔로몬의 판결

〈그림 33〉 솔로몬의 판결

왼쪽은 언덕에서 솔로몬의 제사를 묘사하고 있다. 열왕기 상 3장 2-4절의 내용을 토대로 새로 첨가되었다. 오른쪽은 솔로몬의 판결을 그리고 있다 열왕기 상 3장.

34) 솔로몬과 스바의 여왕 열왕기 상 10장

〈그림 34〉 스바의 여왕

35) 엘리야의 승천

엘리사가 자신의 옷을 찢는다. 아이들이 엘리사를 조롱하자 곰이 아이들을 죽이는 장면 등은 쾰른성서와 그 뤼닝어성서에서 잘 알려진 장면들이다. 뤼벡

〈**그림 35**〉 엘리야의 승천

성서에는 두 장면이 추가되었다. 왼쪽에 아하시야왕의 병상 곁에 있는 엘리야와 바알신을 모시는 사제의 죽음, 혹은 선지자를 데려와야 하는 왕의 부하의 죽음이 그려져 있다. 이 두 장면은 고지독일어성서에서 유래했다. 차이너의 첫 번째 성서에 이미 나와 있으며 플란츠만성서, 젠센슈미트성서, 조르크성서에도 나타난다. 뤼벡성서의 삽화가는 언급된 고지독일어성서 중 최소한 한 종을 참조했던 것으로 보이는데, 왜냐하면 쾰른성서와 그뤼닝어성서는 이런 모티브를 전혀 그리지 않았기 때문이다 열왕기 하 1, 2장.

36) 엘리사의 기적

요단강에서 나아만이 목욕을 하고 있다열왕기 하5장. 오른쪽에 엘리사가 행한 기적 중 하나가 새롭게 묘사되어 첨가되었다. 엘리사는 죽어 있는 아이 위를 올

〈**그림 36**〉 엘리사가 기적을 행하다

라가 손을 대며 아이를 깨운다 열왕기 하 4장 32-37절.

37) 앗수르인을 죽임

왼쪽에 히스기야 왕이 사원에서 기도하고 있는 부분은 열왕기 하 19장 1절과 14-19절의 내용을 토대로 새로 첨가되었다. 중앙에는 천사가 앗수르인을 죽이

〈**그림 37**〉 앗수르인을 죽임

고 있으며, 오른쪽에는 이사야가 톱으로 잘리고 있다. 그뤼닝어성서는 성서에 나오지 않고 전설로 내려오는 선지자 이사야의 죽음을 묘사하지 않았다 열왕기 하 19장.

38) 다윗과 그의 용사들

중앙에 다윗과 그의 용사들이 그려져 있다역대상 11장 10-47절. 쾰른 성서에서 그림의 전체를 차지했던 보리밭에

〈그림 38〉 다윗과 그의 용사들

서 엘르아살의 승리 장면이 여기서는 3분의 1로 축소되었다. 엘르아살과 마찬가지로 다윗의 세 용사 중 한 명인 브나야가 사자를 죽이는 모습이 새로 첨가되었다역대상 11장 22절.

39) 요시야 왕

그림의 배경은 역대하 34장과 관련되어 있다. 거기선 요시야 왕이 바알의 제단과 우상의 그림들을 파괴하게 만든다. 왼쪽에는 오래

〈그림 39〉 요시야 왕

동안 잊혀 있었으나 이제 새롭게 발견된 율법책이 왕 앞에서 낭독되고 있다. 그것으로 대제사장 힐기야가 옛날의 약속을 새롭게 상기시키고 유월절 축제를 다시 도입하였다역대하 34장 8-18절. 오른쪽에는 왕의 묘지 안장이 묘사되어 있는데역대하 35장 24절, 이것은 쾰른성서에서 전체를 따온 것이다.

40) 다리우스와 에
    스라

그림의 오른쪽 두 남
자 위에 '다리우스'의
'에스라'라는 문자만 첨
가하고 창세기에 삽입
된 바벨탑 건설 삽화를
다시 넣었다. 첨가된

〈그림 40〉 다리우스와 에스라

문자로 예루살렘의 재건을 다루고 있음을 알 수 있다. 아마도 이 삽화는
처음에 목판으로 찍은 다음 바벨탑 내용으로 다시 사용하기 위해 문자를
제거했을 것이다.

41) 눈 먼 토비트

눈이 먼 토비트에 대
한 묘사는 왼쪽 절반만
을 차지하고 있다토비트
2장. 오른쪽에는 그의
아들 토비아스와 천사
라파엘과 집 떠나는 모
습이 묘사되어 있다토
비트 5장 17절 이하.

〈그림 41〉 토비트가 눈이 멀다

42) 토비아스가 토비
트를 치료

왼쪽에 토비트와 그
의 부인 한나가 아직 돌
아오지 않은 아들을 걱
정하고 있다토비트 10장
1-7절. 오른쪽에 토비아
스가 그의 아버지를 치
료하고 있다. 토비트 11장.

〈그림 42〉 토비아스가 토비트를 치료하다

43) 유딧과 홀로페
르네스

유딧이 홀로페르네
스의 머리를 하녀에게
건네고 있다. 그림의 오
른쪽 도시 성벽에서는
유딧이 이스라엘 민족
에게 명령했던 것처럼

〈그림 43〉 유딧과 홀로페르네스

막대기에 매달려 있는 머리가 보인다. 이런 세밀한 부분은 쾰른성서에서
는 묘사되지 않았다. 이것은 그뤼닝어성서에서 따왔을 것이다유딧 14장
1절.

44) 불행의 욥

욥에 대한 삽화는 쾰른성서에서 하나인 반면 뤼벡성서와 그뤼닝어성서에서는 두 개다. 이것은 슈테판 아른데스가 그뤼닝어성서를 알고 있었다는 증거이기도 하다.

〈그림 44〉 욥

첫 번째 삽화는 욥을 파멸로 몰고 가는 불행을 일목요연하게 구성해 놓았다. 왼쪽에는 욥이 식사하는 중에 첫 번째 불행의 전령이 나타나는 모습이며, 그 전령 뒤로 성서에서 표현되어 있듯이 두 번째 불행이 바로 이어 나타나고 있다 욥기 1장 14-19절.

45) 벌거벗은 채 슬퍼하는 욥

쾰른성서 삽화의 왼쪽 부분을 모방한 욥에 대한 두 번째 삽화는 벌거벗은 채 슬퍼하고 있는 욥을 중앙에 넣었다. 그의 부인에 대한

〈그림 45〉 벌거벗은 채 슬퍼하는 욥

묘사는 마찬가지로 쾰른성서에서 따온 것이다. 그에 반해 그와 논쟁을 하던 세 친구는 그뤼닝어성서에서 따왔다 욥기 1, 2장.

46) 다니엘과 수잔나

다니엘과 수잔나의 이야기에서 배경으로 나오는 형상의 모습은 보이지 않는다. 그려진 사람의 숫자도 감소하였다 다니엘서 13장.

〈그림 46〉 다니엘과 수잔나

47) 요나의 물고기

오른쪽에는 요나가 선원들에 의해 바다로 던져져서 물고기에게 먹히는 모습이 그려져 있다. 왼쪽에서 물고기가 요나를 3일 뒤에 육지로 다시 뱉어내고 있

〈그림 47〉 요나와 물고기

다. 쾰른성서와 그뤼닝어성서에는 이 모습과 유사한 삽화가 없다. 두 성서보다 앞선 독일어성서 중 하나가 원본으로 사용되었을 수 있다. 이것은 엘리야의 승천을 그린 삽화와 비슷한 경우이다. 예컨대, 차이너 성서에 요나서를 시작하는 두문자 그림이 있는데, 거기서는 물고기에 의해 뱉어지는 요나가 그려져 있다 요나서 1, 2장.

이 외에도 뤼벡성서 삽화의 특이한 점을 언급해 보면, 마카베오서의 경우 쾰른성서와 그뤼닝어성서에 각각 4점의 삽화가 삽입되어 있는 반면, 뤼벡성서에는 삽화가 없다. 4점의 복음서 저자 묘사는 지금까지 언급된 목판화보다 더 작은 크기로 제작되었으며, 쾰른성서의 목판화와 비교해보면 거의 동일하다.

6.3.7.1. 중세의 복장을 한 성서 인물들

뤼벡성서의 삽화들이 이미 예술사적인 측면에서 연구되었기 때문에 이런 관점은 여기서 고려하지 않고, 그 대신에 뤼벡성서만의 특징을 살펴보자. 우선 성서의 인물들과 사건들이 15세기의 세계로 연결되고 있다는 점을 들 수 있다. 이런 현상은 쾰른성서와 그뤼닝어성서에서는 그렇게 분명하게 드러나지 않았다. 뤼벡성서에 이르러서야 비로소 당대의 문화계와 일상생활로 들어가는 포괄적인 시선이 제공되었고 그럼으로써 루터성서의 삽화 콘셉트에 결정적으로 영향을 미치게 되었다. 루터성서에서는 동일한 현상을 분명하게 관찰할 수 있다.

뤼벡성서의 이런 특징을 잘 보여주고 있는 몇몇 사례들을 들어보자. 의상, 건축, 무기, 갑옷 등과 일상생활에서 나온 장면들은 후기 중세세계의 다양한 모습을 현대인에게 제공하고 있다. 특히 의복에 관한 묘사는 중세 연구에 중요한 자료를 제공한다. 또한 다양한 사회계층의 모습과 생활 상황에 대한 사례들이 다양하게 그려져 있다. 성서가 흔히 왕들의 인생이나 활동에 대해 보고하고 있기에 가장 높은 세속의 고위직들이 여러 가지 구상적으로 묘사된다. 삽화는 그들을 나타내는 장식물인 왕관과 왕홀 외에도 값비싼, 대부분 모피로 점령된 긴 외투를 강조한다. 솔로몬은 어깨 주위로 커다란 원으로 구성된 무거운 목걸이를 하고 있다.

요셉이 바로의 궁정에서 최고위직에 재직할 때 그의 의상은 15세기 말 남성들의 귀족 패션을 대변한다. 넓은 외투, 길고 곱실한 머리카락, 깃이 꽂힌 모자 등은 당대의 특징적인 모습이며 다른 인쇄물에서도 자주 등장한다Borst 1983, 276. 귀족 부인의 묘사와 관련해서는 룻의 딸들 그림 6이나 입다의 딸들 그림 20의 모습에서 추정될 수 있다. 그녀들은 전형적인 머리두건을 쓰고 있으며 아주 긴 의상을 착용하고 있다. 족장이나 다른 주요 인물들은, 성서 텍스트가 그들을 유목민을 묘사하고 있을 지라도, 대부분 귀족 의상을 입고 있다.

신분이 낮은 세속계층도 삽화에서 묘사되고 있는데, 그 당시 목동이 일반적으로 지니고 있는 막대기와 가방으로 다윗이 목동임을 보여주고 있으며 그림 24, 미장이와 건설 노동자들이 자신들의 일상적인 작업복을 착용하고 있다 그림 40.

여러 가지 종교적 신분들의 모사는 거의 없다. 단지 히에로니무스만이 중세시대 대주교 복장을 하고 있다. 재판관의 관복 경우에도 다니엘이 두 노인에 대한 판결이 내릴 때 모습이 모사되었다 그림 46. 그 시대 전형적인 여행복은 토비아스가 입고 있다 그림 41. 오늘날의 관찰자에겐 특히 의복의 다양함이 흥미를 끈다. 동일한 신분 내에서도, 특히 귀족의 경우 아주 다양한 의상을 보여주고 있다.

건축과 주거문화에 대한 묘사도 많은 목판화에서 엿볼 수 있다. 뤼벡성서의 삽화가는 하늘사다리에 대한 야곱의 꿈을 재현한 삽화 그림 9에서 도시를 배경으로 그렸는데, 도시 가까이 바다가 있으며, 거기엔 돛을 단 배들이 그려져 있어, 그곳이 뤼벡임을 누구나 추정할 수 있게 해준다. 해안도시의 파노라마 그리고 왼쪽에 그려진 범선의 모습이 항구를 암시하고 있다. 도시의 성벽이 배가 다닐 수 있는 작은 운하와 바다에 직접 맞닿아 있다. 성벽에 연결되어 있는 탑들은 방어 목적과 상업용 창고로 사용되었다. 후기 중세 세계를 완벽하게 묘사한 도시 파노라마가 최소한 조그만 배경이라도 종종 나타나는데, 예컨대 아브넬의 살해그림 27 혹은 압살롬의 죽음그림 31 등에 등장한다. 도시 파노라마는 방어시설이나 도시의 모습을 특징 짓는 수많은 탑들의 인상을 우리에게 심어주며, '7개 첨탑의 도시'인 뤼벡을 쉽게 연상시켜 준다.

형제들과 함께 있는 요셉그림 12, 다윗과 밧세바그림 29, 스바의 여왕과 솔로몬그림 34 등의 경우에 도심都心이 그려진다. 거기서는 변화무쌍한 건물 전면을 보여주는 도시귀족과 부유한 상인의 집들이 조밀하게 밀접해 있다. 원죄그림 3 혹은 블레셋인의 언약궤 강탈그림 23, 스바의 여왕과 솔로몬그림 34 등에서는 고딕식 건축 요소가 드러난다.

집의 내부와 가구들도 종종 그려져 있다. 예컨대, 요셉이 형제들과 식사하는 장면그림 13, 자신의 부인들과 함께 식사하고 있는 엘가나그림 22 등에서 중세의 식사 장면을 유추해 볼 수 있다. 당대 석조, 골조 건축, 창문 상태, 벽에 걸린 도구 등에 대해 보여줄 뿐만 아니라, 식탁에서의 예절도 묘사되어 있다. 모든 사람이 식사용 칼 하나만으로 식탁 중앙에 있는 단 하나뿐인 큰 접시에 담긴 음식과 빵을 먹고 있다. 또한 개개인은 접시가 하나뿐인 것처럼 자신의 컵도 단 하나만 가지고 있다.

가끔 눈에 확 들어와 흥미를 자극하는 세세한 부분도 있는데, 예컨대 아브라함의 집 창틀에 놓여있는 화분그림 5, 늙은 이삭의 집 내부를 꾸미는 가구그림 8, 혹은 파라오의 침실과 침대그림 11 등이 세밀하게 묘사되어 있다. 특히 지체 높은 사람이 여행에서 집으로 돌아올 때 사막을 거쳐 오는 이스라엘 민족의 방랑을 그린 목판화는 후기 중세 천막의 모습을 묘사한다그림 18. 화려한 천막 안에 머리가 잘린 홀로페르네스가 벌거벗은 채 누워있다그림 43.

삽화는 구약의 내용을 근거로 전투장면, 거기에 갑옷, 투구 무기 등의 묘사에 많은 공간을 할애한다. 아말렉족의 전투그림 16에서는 여러 가지 전쟁 기술이 묘사되어 있는데, 특히 투창과 활쏘기가 섬세하게 묘사되어 있다.

열왕기에서 전쟁이나 전투 장면들이 자주 등장한다. 무장에 필요한 구성요소들이 다윗과 골리앗의 전투에서 잘 묘사되어 있는데, 특히 투구, 흉갑, 정강이 보호대, 방패 등을 자세히 볼 수 있다. 방패는 다윗과 사울의 대화에서 왼쪽 부분에 배경으로 한 번 더 나온다. 그 외에도 골리앗의 무장에는 팔 보호대도 등장한다그림 24. 화살, 활, 긴 창, 검, 도끼, 방망이, 단검 등 다양한 중세 무기, 갑옷과 투구는 전투장면을 묘사한 세 점의 목판화에서 잘 드러난다그림 26. 관찰자는 상세히 묘사된 끔찍한 장면을 보게 된다. 일종의 '기사 장면'은 너도밤나무에 매달린 압살롬이 말을 타고 돌진하는 기사의 창에 의해 관통되는 장면으로 묘사된다그림 31.

지금까지 언급한 관점 이외에도 뤼벡성서는 그 당시 문화, 예컨대 일상생활에서 사용되는 물건이나 일상생활을 보여주는 많은 장면을 보여준다. 여기서 모든 것을 언급할 수는 없고 범례적으로 몇 가지만 언급해보자. 한자도시 뤼벡에서 일어난 무역 장면이 재현되는 것은 놀라운 일이 아니다. 요나서 삽화가 그 당시 전형적인 배를 아주 사실적으로 묘사한다그림47. 수평선 돛단배의 조그만 형상을 통해 돛대가 그려진 배의 건축 방식이 아주 인상적으로 묘사되어 있다. 노아의 방주그림4에서도 텍스트에서 언급된 사물을 다루는 예술가의 능숙함이 두드러진다.

집을 운반하는 동물에 대해서도 삽화는 상상력을 중개한다. 즉, 형들에 의해 팔려나가는 요셉의 경우 이스마엘 사람들 곁으로 짐을 실은 말그림10과 이집트에 온 형제들과 함께 있는 요셉에서 짐을 지고 있는 당나귀그림7가 상세히 묘사되어 있다. 또한 아브라함과 이삭이 제단으로 가는 길에 안장과 고삐가 상세하게 그려진 당나귀가 등장한다.

바벨탑 건설을 그린 목판화는 중세의 건축 현장에서 일하는 일용 노동자의 모습을 보여준다그림40. 석공이 벽돌을 원하는 모양으로 만들고 있다. 돌은 작은 광주리에 넣어져 사다리를 이용해 일꾼들에 의해 미장이가 일하는 위로 올려 진다. 좌측 하단에 포로로 보이는 두 남자가 모르타르가 담긴 무거운 양동이가 기중기를 통해 위로 올라가는 것을 감시하고 있다.

천사와 함께 토비아스의 탈출을 그린 삽화는 베틀에서 일하는 부인을 보여주고 있다그림41. 또한 쾰른성서의 많은 목판화는 중세 악기에 대한 연구에 많은 자료들을 제공해준다. 이스라엘 사람들의 찬미가그림15, 승리에 도취한 아버지에게 현악으로 마중하던 입다의 딸, '팀파

니와 트럼펫' 소리에 맞춰 예루살렘으로 입성하는 다윗그림28 등의 장면에서 악기가 등장한다. 또한 요셉을 다룬 목판화그림12는 화려한 행진을 묘사하고 있다.

사형 집행은 아주 사실적으로 묘사되어 있는데, 삽화가가 아마 직접 본 장면을 묘사했을 것이다. 5명의 적국 왕들이 눈과 손을 결박당한 채 나무에 매달려 있고, 사형집행인이 구경꾼들을 쳐다보며 자신에게 주어진 업무를 수행하고 있다. 천으로 덮인 관으로 표현되는 아브넬의 장례식은 엄숙하며, 여러 명의 남성들이 막대기로 관을 묘지로 옮기고 있으며, 조문자들이 그 뒤를 따르고 있다그림27.

이와 같이 성서의 사건들을 독창적인 방법으로 중세의 세계로 옮겨놓은 뤼벡성서의 삽화는 루터성서에 많은 영향을 미쳤다.

참고문헌

김대신, 『수사본의 역사와 이해』, 일진사, 2012.

래리 스톤, 『성경 번역의 역사』, 홍병룡 역, 포이에마출판사, 2010.

로널드 디버트, 『커뮤니케이션과 세계질서. 양피지, 인쇄술, 하이퍼미디어』, 조찬수 역, 나남출판, 2006.

마샬 맥루한, 『구텐베르크 은하계』, 임성원 역, 커뮤니케이션북스, 2001.

베르너 파울슈티히, 『근대초기 매체의 역사』, 황대현 역, 지식의 풍경, 2007.

엘리자베스 L. 아이젠슈타인, 『인쇄 출판문화의 원류』, 전영표 역, 법경출판사, 1991.

최경은, 「독일 타이포그래피의 역사. 프락투어-안티크바 논쟁을 중심으로」, 실린 곳: 『독일문학』 121집 2012, 403-429.

최경은, 「지배와 저항의 문자」. 실린 곳: 『인문논총』 72권 1호, 2015, 1-25.

Ahtiluoti, Lauli: *Zur Verlagenfrage der Kölner Bibeln vor ca. 1478.* Diss. phil. Salo 1967.

Berndt, Eva (Hrsg.): *Biblia Sacra. Deutsche Edition der Bibelausgabe des Hieronymus durch J. Mentelin.* Berlin: Eva Berndt Verlags GMBH 1987.

Biblia. Deutsche Bibeln vor und nach Martin Luther. Ausstellung der Universitätsbibliothek Heidelberg vom 15. 12. 1982 bis 26. 2. 1983.

Katalog v. Joachim-Felix Leonhard. Heidelberg: Universitäts-
bibliothek 1982.

Bloh-Völker, Ute v.: "'Lug fur dich vnd betracht d(a)z gar eb(e)n'. Zu den
Präsentationsformen in Texten und Bildern der Historienbibeln I
und II". In: *Vestigia Bibliae*. Bd. 10 (1988), 450-471.

Blockbücher des Mittelalters. Hrsg. v. Gutenberg-Gesellschaft und
Gutenberg Museum. Mainz: von Zaubernh 1991.

Borst, Otto: *Alltagsleben im Mittelalter*. Frankfurt am Main: Insel 1983.

Braun, H. E.: "Von der Handschrift zum gedruckten Buch", in: *Buchkultur
im Mittelater. Schrift - Bild - Kommunikation*, hrsg.v. M. Stolz u.
A. Mettauer. Berlin 2005, 215-242.

Breuer, Dieter: *Geschichte der literarischen Zensur in Deutschland*.
Heidelberg: Quelle und Meyer 1982.

Brodführer, Eduard: *Untersuchungen zur vorlutherischen Bibelübersetzung.
Eine syntaktische Studie*. Halle: Niemeyer 1922.

Burdach, Konrad: *Die nationale Aneignung der Bibel und die Anfänge
der germanistischen Philologie*. Halle: Niemeyer 1924.

Burger, Konrad: *The printers and publishers of the XV. century with lists
of their works. Index to the supplement to Hain's Repertorium
Bibliographicum, etc.* Mailand: Görlich 1950.

Camille, Michael: "Seeing and Reading: Some Visual Implications of
Medieval Literacy and Illiteracy". *Art History 8*, no.1 1985

Corsten, Severin: "Die Kölner Bilderbibeln von 1478. Studien zu ihrer
Entstehungsgeschichte", In: *Die Kölner Bibel von 1478/1479.
Studien zur Entstehung und Illustrierung der ersten niederdeutschen*

Bibel. Hamburg: Wittig 1981.

Eichenberger, W./H. Wendland: *Deutsche Bibeln vor Luther. Die Buchkunst der achtzehn deutschen Bibeln zwischen 1466 und 1522.* Leipzig: Evang. Haupt-Bibelgesellschaft zu Berlin und Altenburg 1980.

Eis, Gerhard: *Frühneuhochdeutsche Bibelübersetzung. Text von 1400-1600.* Ausgewählt und herausgegeben. Frankfurt/M. 1949.

Feldmann, Ch.: *Martin Luther.* Reinbeck bei Hamburg 2009.

Flachmann, Holger: *Martin Luther und das Buch.* Tübingen 1996.

Friedländer, Max J.: *Die Lübecker Bibel.* München 1923.

Füssel, Stephan: *Gutenberg und seine Wirkung.* Frankfurt am Main u. Leipzig 1999.

Geldner, F.: *Die deutschen Inkunabeldrucker. Ein Handbuch der deutschen Buchdrucker des XV. Jahrhunderts. Bd. 1: Das deutsche Sprachgebiet.* Stuttgart 1970.

Gerhardt, Christoph: "Artikel 'Historienbibel'". In: *Die deutsche Literatur des Mittelalters. Verfasserlexikon.* 2. Aufl. Hrsg. v. K. Ruh u.a. Bd. 4. Berlin/New York: de Gruyter 1983, Sp. 67-75.

Giesecke, Michael: *Der Buchdruck in der frühen Neuzeit.* Frankfurt/M. 1991.

Ising, Gerhard (Hrsg.): *Die niederdeutschen Bibelfrühdrucke. Kölner Bibeln (um 1478). Lübecker Bibel (1494). Halberstädter Bibel (1522). Bd. 1-6.* Berlin: Akademie-Verlag 1961-1976.

Jakobi-Mirwald, Christine: *Das mittelalterliche Buch. Funktion und Ausstattung.* Stuttgart 2004.

Kapp, Friedrich: *Geschichte des Deutschen Buchhandels. Band 1: Geschichte des Deutschen Buchhandels bis in das siebzehnte Jahrhundert,* Leipzig: Verlag des Börsenvereins der Deutschen Buchhändler 1886. (Reprint)

Kartschoke, Dieter: "Biblia versificata. Bibeldichtung als Übersetzungsliteratur betrachtet". In: *Was Dolmetschen fur Kunst und Erbeit sey. Beiträge zur Geschichte der deutschen Bibelübersetzung.* Hrsg. v. H. Reinitzer. Hamburg 1982, S.23-42.

Kartschoke, Dieter: "Deutsche Bibelübersetzung". In: *Lexikon des Mittelalters.* Bd. 2. München/Zürich 1981-1983, Sp. 96-99.

Kaufmann, Thomas: *Der Anfang der Reformation.* Tübingen 2012.

Kautzsch, R.: *Die Holzschnitte der Kölner Bibel von 1479.* Straßburg 1896. Baden-Baden 1971 (Reprint).

Keller, Adelbert von (Hrsg.): *Niclas von Wyla: Translationen.* Repr. Nachdruck der Ausgabe Stuttgart 1861, Hildesheim: Olms 1967.

Keller, H. L.: *Reclams Lexikon der Heiligen und der biblischen Gestalten.* 3. Aufl. Stuttgart 2010.

Kirschbaum, E. (Hrsg.), *Lexikon der christlichen Ikonographie. Bd. 1. Allgemeine Ikonographie. Artikel "Elias"* v. E. L. Palli. Freiburg u.a.: Herder 1968, Sp 607-613.

Knoblauch, P.: *Die Bildinitialen der Augsburger Zainer-Bibel und der Sensenschmidt-Bibel.* Diss. Greifswald 1916.

Knoop, Ulrich: "Entwicklung von Literalität und Alphabetisierung in Deutschland". In: H. Steger/H.E. Wiegand(Hg.), *Schrift und Schriftlichkeit.* Berlin/New York 1994, S.859-872.

Kölner Bibel von 1478/79. Faksimilie (mit Kommentarband). Hamburg: Wittig 1979.

Koppitz, H. J.: "Zur deutschen Buchproduktion des 15. und 16. Jahrhunderts. Einige Beobachtungen über das Vordringen deutschsprachiger Drucke". In: *Gutenberg-Jahrbuch* 1987. 62 Jg. Hrsg. v. d. Gutenberg-Gesellschaft, 16-25.

Kunze, H.: *Geschichte der Buchillustration in Deutschland. Das 15. Jahrhundert.* Leipzig und Frankfurt/M. 1975.

Kurrelmeyer, William (Hrsg.): *Die erste deutsche Bibel.* Bd. 1-10. Tübingen: Literarischer Verein 1904-1915.

Landgraf, M./H. Wendland: *Biblia deutsch. Bibel und Bibelillustration in der Frühzeit des Buchdrucks.* Evangelischer Presseverlag Pfalz, 2005.

Lübecker Bibel. Mit einer Einführung von M. J. Friedländer. München: Piper 1923.

Luther, Martin: *Text der Lutherbibel von 1545 in ursprünglicher Rechtschreibung.* (Online-version, http://lutherbibel.net)

Maas, Utz: "Lesen-Schreiben-Schrift. Die Demotisierung eines professionellen Arkanums im Spätmittelalter und in der frühen Neuzeit." In: *Zeitschrift für Literaturwissenschaft und Linguistik* 59, 1985, S.55-81.

Maurer, Friedrich: *Studien zur mitteldeutschen Bibelübersetzung vor Luther.* Heidelberg: Winter 1929.

Merzdorf, J.F.L. Theodor (Hrsg.): *Die deutschen Historienbibeln des Mittelalters.* Hildesheim: Olms 1963.

Müller, D.: *Das Verhältnis der Ersten und Vierten vorlutherischen Bibel zueinander und zur Vulgata auf Grund der Evangelienübersetzung untersucht.* Halle: Diss. phil. 1911.

Mutter, Richard: *Die ältesten deutschen Bilder-Bibeln. Bibliographisch und kunstgeschichtlich beschrieben.* München: Huttler 1883.

Nast, Johannes: *Litterarische Nachricht von der hochteutschen Bibelübersetzung welche vor mehr als 500 Jahren in den Klöstern Teutschlands üblich war, auch vor Erfindung der Buchdruckerkunst bis zum Jahr 1518 vierzehnmal gedruckt worden. Samt einer charakteristischen Beschreibung diser vierzehn Ausgaben.* Stuttgart: C.F. Cotta 1779.

Pierer, Heinrich August/Julius Löbe (Hrsg.): "Bibelverbot". In: *Universal-Lexikon der Gegenwart und Vergangenheit.* 4. Auflage. Bd. 2, Altenburg 1857, S. 730-731.

Polenz, Peter von: *Deutsche Sprachgeschichte vom Spätmittelalter bis zur Gegenwart I.* Berlin/New York 1991.

Reinitzer, Heimo: *Biblio deutsch. Luthers Bibelübersetzung und ihre Tradition.* Braunschweig: Waisenhaus-Buchdruckerei und Verlag 1983.

Reitz, Hildegard: *Die Illustrationen der Kölner Bibel.* Diss. Köln 1958. Erneut abgedruckt in: *Die Kölner Bibel von 1478/1479. Studien zur Entstehung und Illustrierung der ersten niederdeutschen Bibel.* Hamburg: Wittig 1981, Sp. 75-142.

Reusch, Franz Heinrich: *Der Index der verbotenen Bücher. Ein Beitrag zur Kirchen- und Literaturgeschichte.* 1. Band, Max Cohen & Sohn,

Bonn 1883. (Online-Version: http://www.archive.org/stream/
derindexderverb06reusgoog#page/n6/mode/2up)

Schardt, A.: *Das Initial. Phantasie und Buchstabenmalerei des frühen Mittelalters.* Berlin 1938.

Schmidt, Ph.: *Die Illustration der Lutherbibel 1522-1700.* Basel 1977.

Schmitz, Wolfgang: *Die Überlieferung deutscher Texte im Kölner Buchdruck des 15. und 16. Jahrhunderts.* Köln 1990.

Schöndorf, K.E.: *Die Tradition der deutschen Psalmenübersetzung.* Köln/Graz 1967.

Schramm, Albert: *Der Bilderschmuck der Frühdrucke.* Bd. 1-23. Leipzig: Hiersemann 1920-1943.

Schramm, A.: *Die illustrierten Bibeln der deutschen Inkunabeldrucker.* Leipzig 1922.

Schulze, F.: *Deutsche Bibeln. Vom ältesten Bibeldruck bis zur Lutherbibel.* Leipzig 1934.

Schwarz, Werner: *Schriften zur Bibelübersetzung und mittelalterlichen Übersetzungstheorie.* Hamburg: Wittig 1986.

Sonderegger, S.: "Geschichte deutschsprachiger Bibelübersetzungen in Grundzügen", in: Besch W./A.Betten/O.Reichmann(Hg.), *Sprachgeschichte. Ein Handbuch zur Geschichte der dt. Sprache und ihrer Erforschung.* Berlin/New York 2000. S.229-284.

Stummer, Friedrich: *Einführung in die lateinische Bibel. Ein Handbuch für Vorlesungen und Selbstunterricht.* Paderborn: Ferdinand Schöningh 1928.

Stützer, H. A.: *Die Kunst der römischen Katakomben.* Köln: DuMont

1983.

Vogel, P. H.: *Europäische Bibeldruck des 15. und 16. Jahrhunderts in den Volkssprachen*. Baden-Baden 1962.

Vollmer, Hans: *Materialien zur Bibelgeschichte und religiösen Volkskunde des Mittelalters. Bd. 1. Teil 1: Ober- und mitteldeutsche Historienbibeln*. Berlin: Weidmann 1912.

Volz, H.: *Bibel und Bibeldruck in Deutschland im 15. und 16. Jahrhundert*. Mainz 1960.

Voulliéme, Ernst: *Der Buchdruck Kölns bis zum Ende des fünfzehnten Jahrhunderts. Ein Beitrag zur Inkunabelbibliographie*. Nachdruck der Ausgabe Bonn 1903; Droste, Düsseldorf 1978.

Walther, Wilhelm: *Die deutsche Bibelübersetzung des Mittelalters*. Teil 1-3. Braunschweig: Wollermann 1889-1892. (Digitized by Google)

Wehli, Max: *Geschichte der deutschen Literatur vom frühen Mittelalter bis zum Ende des 16. Jahrhunderts*. Stuttgart: Reclam 1980.

Wehmer, C.: *Deutsche Buchdrucker des 15. Jahrhunderts*. Wiesbaden 1963.

Worringer, W.: *Die Kölner Bibel*. München 1923.

Wulf, Christine: *Die Bibel im Spannungsfeld zwischen Laienemanzipation und Bibelverbot. Deutsche Bibeldrucke vor Luther*. (Online-Version, http://webdoc.sub.gwdg.de/ebook/aw/2000/gutenberg_vortrag/vortrag-wulf.pdf)

Wulf, Christine: *Eine volkssprachige Laienbibel des 15. Jahrhunderts*. München 1991.

Würgler, A.: *Medien in der frühen Neuzeit*. München 2009.

찾아보기

성서 색인

용어 및 인명 색인

도서 색인

코베르거성서 삽화

코베르거성서의 삽화는 쾰른성서의 삽화 123점 중 109점을 그대로 사용하였다. 루터성서 이전에 인쇄된 독일어성서 18종 중 코베르거성서가 가장 많이 인쇄되었으며, 현재에도 가장 많은 부수가 보존되어있다. 이것은 요컨대 삽화의 경우 채색하여 시장에 내놓을 정도로 성서의 외적 장식을 신경을 써서 수용자의 구매욕을 자극했기 때문이기도 했을 것이다. 모두 109점의 채색 삽화는 바이에른 국립 도서관에서 제공하는 인터넷 자료(https://www.bsb-muenchen.de)에서 더 상세하게 감상할 수 있다.

1. 천지 창조

2. 낙원 추방

3. 카인과 아벨

4. 노아의 방주

5. 술 취한 노아

6. 바벨탑 건설

7. 아브라함과 세 남자

8. 아브라함과 이삭

9. 이삭의 장자 축복

10. 야곱의 꿈

11. 형들이 요셉을 팔다

12. 감옥에 갇히는 요셉

13. 파라오의 꿈

14. 이집트에 온 요셉의 형들

15. 선물과 함께 형들을 풀어주는 요셉

16. 이집트에 온 야곱

17. 야곱의 장례

18. 요셉의 장례와 영아 살해

19. 모세의 어린 시절

20. 불타는 가시나무 덤불

21. 파라오 앞에 서있는 모세와 아론

22. 모세와 개구리 소동

23. 이집트의 재앙

24. 이집트의 재앙

25. 이집트의 재앙

26. 메뚜기 떼의 습격

27. 장자의 죽음

28. 유월절 축제

29. 홍해를 건너는 모세

30. 이스라엘 민족의 찬미가

31. 만나를 얻다

32. 가축에게 물을 주는 모세

33. 전투 장면

34. 십계명을 받는 모세

35. 성전을 지을 도구를 만드는 장인

36. 황금송아지

37. 레위 사람들이 배신자를 죽임

38. 시나이산에서 십계명을 받는 모세

39. 십계명을 전달하는 모세

40. 출애굽기

41. 민족을 인도하는 모세

42. 샘물을 달게 만드는 모세

43. 거대한 포도송이를 들고 돌아온 정탐병

44. 반란자들에 대한 형벌

45. 아론의 녹색 지팡이

46. 아론의 장례

47. 놋뱀

48. 발람과 나귀

49. 신명기

50. 신명기

51. 모세의 장례

52. 여리고의 정복

53. 다섯 명의 왕을 처형하다

54. 기드온의 기도

55. 입다

56. 맨손을 사자를 죽이는 삼손

57. 엘가나의 그의 두 부인

58. 언약궤를 강탈당함

59. 사무엘이 사울을 왕으로 삼다

60. 사무엘이 다윗의 머리 위에 기름을 붓다

61. 다윗과 골리앗

62. 전투 장면

63. 사울의 죽음

64. 사무엘

65. 언약궤의 운반

66. 다윗과 밧세바

67. 압살롬의 죽음

68. 요압이 아마사를 죽이다

69. 다윗의 장례

70. 솔로몬의 판결

71. 솔로몬과 스바의 여왕

72. 전투 장면

73. 엘리야의 승천

74. 나아만의 치료

75. 엘리사의 기적

76. 앗수르가 이스라엘을 점령하다

77. 앗수르인과 이사야의 죽음

78. 앨르아살의 용맹

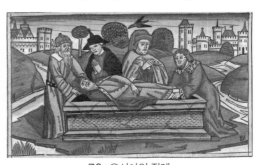

79. 요시야의 장례

80. 다리오와 에스라

81. 토비트가 눈이 멀다

318

82. 물고기를 잡는 토비아스

83. 아버지를 치료하는 토비아스

84. 유딧과 홀로페르네스

85. 왕과 에스더

86. 욥의 수난

87. 그림 50과 동일함

88. 하프를 연주하는 다윗왕

89. 풀무불 속에 있는 3명의 청년

90. 다니엘의 네 짐승 환상

91. 천사에게 비는 다니엘

92. 다니엘과 수잔나

93. 사자굴 속에 있는 다니엘

94. 전투 장면

95. 전투 장면

96. 다니엘

97. 다니엘의 환상

98. 마태와 예수의 조상

99. 마가와 예수의 부활

100. 누가와 예수의 탄생

101. 요한과 삼위일체

102. 요한계시록 1장

103. 요한계시록 기사

104. 요한계시록 6, 7장

105. 요한계시록 7, 8장

106. 요한계시록 9, 10장

107. 요한계시록 11, 12장

108. 요한계시록 12, 13장

109. 요한계시록 14-21장